Bergparadies Mallorca

Die *40* Wege, die Sie kennen sollten

Bergparadies
Mallorca

Renate Gabriele
Wolfgang Heitzmann

BRUCKMANN

Inhaltsverzeichnis

Einleitung
Bergparadies im Mittelmeer — 10

Talaia d'Alcúdia
Ausblick ist alles — 16

Bec de Ferrutx
Bethlehem in den Bergen — 20

Talaia Freda
das Österreicherkreuz — 24

Cales de Manacor
Küste alpin — 28

Sant Salvador
Burgberg, Klosterberg — 32

Puig de ses Bruixes
verhexte Felsen — 34

Nationalpark Cabrera
Steine im Meer — 36

Der Fernweg GR-221
Tramuntana-Trekking — 40

Port d'Andratx – Sant Elm
Prolog per pedes — 42

La Trapa
Mauern mit Meerblick — 44

Mola de s'Esclop
über den Holzschuh — 48

Estellencs – Esporles
Trail in progress — 50

Esporles – Valldemossa
Leben im Wald — 54

Valldemossa – Deià
Reitweg zum Mond — 58

Deià – Port de Sóller
Refugi-hopping — 60

Sóller – Cúber
Beten im Barranc — 64

Refugi des Tossals Verds
»Wasser marsch!« — 68

Cúber – Lluc
Schnee von gestern — 70

Lluc – Pollença
Finale mit 365 Stufen — 74

Beruf »Bergsteigen«
ein Guide auf Tour — 78

Serra de na Burguese
Stadt in Sicht — 80

Puig de sa Morisca
Abenteuer Urzeit — 84

Puig de Galatzó
Gipfel der Geister — 86

Naturparadies Mallorca: Kiefer im Küstenfels (oben), Begegnung mit einer Schildkröte (Mitte) und Wildgladiole (unten)

Miramar, Son Marroig Ludwigs Land	90	**Penyal des Migdia** aufs Dach der Insel	128	

Miramar, Son Marroig
Ludwigs Land 90

Talaia Vella
Wildnis mit Kettenweg 94

Pastoritx
So sah es George Sand 98

Alfàbia, Raixa
Gärten der Berge 102

Salt des Freu
Wasserfall und Höhlendom 106

Castell d'Alaró
auf Umwegen zur Burg 110

Per Bahn in die Berge
Tren de Sóller 114

Punta de Sóller
Höhlen und Klippen 116

Das Tal von Sóller
gesundes Gold 120

Sa Calobra
Zeitreise am Traumweg 122

Puig de l'Ofre
ein Berg im Mittelpunkt 126

Penyal des Migdia
aufs Dach der Insel 128

Torrent de Pareis
tief hinaus 132

Puig de Massanella
nur Normalwege? 136

Weiße Wunder
Mallorca im Winter 140

Puig d'en Alí
Hundstage am Berg 142

Puig Tomir
für Teufelskerle 144

Mortitx
unter Mönchsgeiern 148

Cuculla de Fartàritx
der Spitzberg 152

Vall de Bòquer
im Tal der Vögel 154

Formentor
magic line zum Leuchtturm 156

Wissenswertes 160
Register 162
Impressum 164

Ein »tierisches« Begrüßungskomitee (oben), Blütenpracht im mallorquinischen Frühling (Mitte) und Basar-Feeling (unten)

Einleitung

Ein Bergparadies im Mittelmeer

Was haben der Mount Everest im Himalaya, die Jungfrau in der Schweiz und die höchsten Berge Mallorcas gemeinsam? Es sind drei von derzeit 936 Gebieten weltweit, die in die UNESCO-Liste des Welterbes aufgenommen wurden.

Fels und Meer: Bergparadies Mallorca – wilde Urnatur (oben) und (manchmal) Vorrang für Wanderer … (unten)

Berge auf Mallorca?

Das ist manchen neu, die auf Europas beliebtester Ferieninsel eine oder zwei Wochen Sonne und Strand gebucht haben. Dabei tauchen die Gipfel, gutes Wetter vorausgesetzt, schon beim Landeanflug hinter dem Flugzeugfenster auf. Knapp ein Drittel der 3603 Quadratkilometer großen Inselfläche zeigt sich mehr oder weniger gebirgig – mehr im Westen und Norden, wo etwa 45 Gipfel der Serra de Tramuntana zwischen 1000 und 1500 Meter hoch aufragen, weniger im Osten, wo die Skyline der Serres de Llevant nur an zwei Stellen eine Höhe von 500 Metern erreicht. Die Berge sind jedoch nicht weit vom Meer entfernt – der Begriff »Seehöhe« ist also durchaus wörtlich zu nehmen. Mallorcas »steinerner Hausherr«, der 1436 Meter hohe Puig Major, erhebt sich direkt über der Costa Nord, die zu den wildesten Küstenlandschaften Europas zählt. Zum Vergleich: Der oberbayerische Wendelstein überhöht das Inntal bei Rosenheim um knapp 1400 Meter, das Gipfelkreuz des Großglockners steht etwa 1600 Meter über dem Pasterzenboden.
Als wir die Bergwelt der größten Baleareninsel zum ersten Mal durchstreiften, staunten wir über ihre Vielfalt: Kiefern- und Steineichenwälder umschließen Kulturland mit Olivenhainen und Orangengärten, Gebiete mit *macchie* und *garrigue*, der durch Abholzung und Beweidung entstandenen Gebüsch- und Strauchheidevegetation, begrenzen Felsabstürze, Schluchten und Karstplateaus. Und über allem liegt der Duft des Südens, die würzige Luft des Mittelmeerraumes.

»Dürfen wir über Ihr Grundstück gehen?«

Das World Heritage Committee nahm die Serra de Tramuntana nicht zuletzt deshalb in die Liste der Weltkulturerben auf, weil ihre Berge so stark von der Geschichte geprägt sind. So finden sich auf Schritt und Tritt Spuren der Araber, die zwischen 902 und 1229 über Mallorca herrschten und die Landwirtschaft perfektionierten – mit Bewässerungsanlagen, Terrassenanbau und, nicht zu vergessen, mit heute noch bestehenden Wegen. Im Winter 1229/1230 eroberten die Truppen von König Jaume (Jakob) I. von Aragon und Katalonien die Insel recht unchristlich für die Christenheit zurück. In der Folge ging das Land an Truppenführer und Financiers des Kriegszugs, an Günstlinge und hohe

Ein Bergparadies im Mittelmeer

Geistliche; diese siedelten ihrerseits katalanische Zuzügler an. Viele der großen und oft entlegenen Landgüter gehen auf diese mittelalterlichen Strukturen zurück.

Im Bergland umfassen die so entstandenen Privatgebiete etwa 90 Prozent der Fläche. Nicht alle in- und ausländischen Grundbesitzer schätzen den Outdoor-Tourismus (und leider geben ihnen manche Touristen auch Gründe dafür). So steht man immer wieder vor Schildern mit der Aufschrift *prohibit passar* (»Betreten verboten«), die sich zwar oft nur auf Fahrzeuge beziehen, da und dort aber auch Fußgeher aussperren – und über die sich viele einheimische Wanderer einfach hinwegsetzen. Dezidiert gesperrte Gebiete haben wir stets gemieden, ein paar Mal aber auch einfach gefragt: *Som excursionistes. Podriem passar per ca seva? Moltes gràcies!* (»Wir sind Wanderer, dürfen wir über Ihr Grundstück gehen? Vielen Dank!«). Die meisten Grundbesitzer und Landarbeiter, die wir im Lauf der Jahre trafen, waren sehr freundlich; nach einem höflichen *bon dia* (»Guten Tag«) entspann sich oft sogar eine nette Plauderei.

Die Inselregierung fördert den Wandertourismus durchaus. Sie lässt Wege renovieren, Wegweiser aufstellen und erwirbt ein Landgut nach dem anderen, um es als *finca pùblica* (öffentliches Land) zugänglich zu machen. Abseits davon erlebten wir jedoch weite Teile des Berggebiets so, wie es in den Alpen wohl vor 150 Jahren war: Die Pfade und Routen sind nicht markiert und höchstens mit Steinmännchen – kleinen Haufen oder Pyramiden aus Steinen – gekennzeichnet. Gelegentlich sichtbaren Farbklecksen ist nicht immer zu trauen; unter mallorquinischen Wanderern stoßen sie auf große Ablehnung. So war es manchmal nicht ganz leicht, im Wald, zwischen wucherndem *càrritx* (Dissgras) oder auf felsigem

Viele Routen beginnen so romantisch (oben), wenige sind so gut markiert (Mitte). König Jaume I. auf der Plaça d'Espanya in Palma (unten). Ein Blick über die Bucht von Pollença (links).

Einleitung

Steinmännchen in der Wildnis (oben). Der Puig Major, der höchste Inselberg (Mitte). Und manchmal muss man auch über Zäune steigen (unten).

Boden die richtige Fährte zu finden – aber immer auch ein besonderes Erlebnis. Auf den folgenden Seiten stellen wir Ihnen neben einigen »Wanderklassikern« auch solche wenig bekannten Routen vor. Detaillierte Beschreibungen dazu finden Sie auf unserem Ausflugs- und Outdoorportal www.mallorca-erleben.info – wie, das steht jeweils bei den Toureninformationen.

Anfahrt, Sprache, Jahreszeit

Die Zufahrt zu den Ausgangspunkten ist mit einem Mietwagen und einer Übersichtskarte meist nicht schwierig, denn die Straßen von Mallorca sind gut ausgebaut und mit Nummern versehen (die Küsten- und Bergstraße von Andratx nach Pollença etwa mit dem Kürzel Ma-10). Außerdem erleichtern regelmäßig gesetzte Kilometersteine die Orientierung. Viele Startpunkte erreicht man – zumindest zwischen April und Oktober – gut mit Bussen (www.consorcidetransports.org). Man sollte sich jedoch frühzeitig an den Haltestellen einfinden: Ist ein Bus voll, fährt er einfach weiter; Ersatzfahrten gibt es nicht. Gute Erfahrungen haben wir mit Taxifahrern gemacht: Sie ermöglichten uns erst so manche Tour und waren stets pünktlich am vereinbarten Ort.

Wichtig für die Verständigung mit Einheimischen (und die Interpretation von Wanderkarten) sind zumindest einige Begriffe in *Català*, der katalanischen Sprache. Sie gilt neben *Castellano* (»Spanisch«) als offizielle Amtssprache auf den Balearen; *Mallorquí* ist der auf Mallorca gesprochene Dialekt des Katalanischen. Fragt man z. B. nach einem Berg, so sollte man das Wort *puig* auch richtig aussprechen (»Putsch«). Als tückisch erweisen sich zudem manche Ortsnamen, etwa jene mit einem »x« am Schluss (z. B. Andratx, sprich »Andratsch«). Der kleine Sprachführer im Anhang des Buches ist als erste Hilfestellung gedacht.

Ein Bergparadies im Mittelmeer

Bleibt noch die Frage nach der besten Zeit für das Bergerlebnis am Meer. Für uns ist unbestreitbar das der Frühling. Jedes Jahr freuen wir uns schon auf Wanderungen zwischen blühenden Mandel-, Orangen- und Aprikosenbäumen, durch die gelb-weißen Teppiche der Wucherblumen, vorbei an den Blütensternen des Affodill und den Büschen pinkfarbener Zistrosen, mitunter auch durch ein gelbes Meer aus Stechginster (samt seinen Stacheln). Im Mai setzen Mohnblumen, die violetten Kelche der Wildgladiolen oder der zarte Balearen-Fingerhut Akzente in die sommerlich werdende Landschaft, während Kräuter wie Rosmarin, Lavendel, Thymian, Melisse, Kamille oder das endemische Balearen-Johanniskraut ihren Duft verströmen. Sogar winzige Zwergedelweißblüten haben wir auf den Bergen entdeckt. Bei den hochsommerlichen Durchschnittstemperaturen von über 30 Grad drängt sich ein Tourenaufbruch vor Tagesanbruch auf – oder man wählt Wege entlang der Küste, wo ein thermischer Wind namens *embat* vom Meer her Kühlung bringt. Die zweite Wandersaison beginnt im September; bis Ende Oktober ermöglichen die Luft- und Wassertemperaturen auch noch Strand- und Badepausen. Allerdings erwischte uns im Herbst auch schon die *gota fria* (»kalter Tropfen«) – mit sintflutartigen Regenfällen und heftigen Unwettern. In manchen Jahren beobachteten wir Windhosen über dem Meer und erlebten 2009 fassungslos die Zerstörungskraft eines Tornados. Doch die Niederschläge zaubern wieder frisches Grün ins verdorrte Land, die dunklen Wolken umrahmen bis in den Winter hinein ganz besonders schöne Lichtstimmungen. Dann ist die Insel Mallorca, unsere »zweite Wanderheimat«, wirklich *la luminosa* – »die Erleuchtete«; dann ist ihr Licht, wie der berühmte spanische Maler Joan Miró einmal feststellte, »getränkt von reinster Poesie« …

»No go«: Unwetter mit Windhose (oben). Botanische Kostbarkeiten entdeckt man nur im Schneckentempo (Mitte und Ragwurz, unten). Port de Sóller, ein »Wanderzentrum« unter der Serra de Tramuntana (links).

Das »Parademotiv« Mallorcas, die Halbinsel Formentor (rechts). Die Bucht En Basset bei Sant Elm im Südwesten (oben), ein Minifjord an der Ostküste (Mitte), die Serra de Tramuntana in Wolkenwatte (unten).

Mallorca

Mallorca

Talaia d'Alcúdia: Aussicht ist alles

Al-kudia – »auf dem Hügel«. So nannten die Araber eine Siedlung im Norden Mallorcas, die im Lauf der Jahrhunderte zu einer der liebenswertesten Städte der Insel heranwuchs. Nicht viel mehr als ein Hügel ist auch die höchste Erhebung der Halbinsel von Alcúdia; gerade einmal 446 Meter ragt sie über die Strände hinaus. Und doch ist sie der Mittelpunkt eines kleinen Bergparadieses, gerade recht als Auftakt für montane Mittelmeer-Erlebnisse.

Unterwegs im »Nirgendwo« der Talaia d'Alcúdia (oben). Exotische Blüten schmücken die kahlen Berge der Halbinsel Victòria (unten).

Für halbe Sachen waren die Menschen in Alcúdia nie zu haben. Schon die Römer bauten hier so solide, dass etliche Mauerfundamente, Säulen und sogar ein komplettes Amphitheater bis heute erhalten blieben. Auch die Stadtmauern und ihre Tore, mit deren Errichtung anno 1298 begonnen wurde, prägen das Stadtbild von Alcúdia noch wie im Mittelalter. Da wollten die Wanderwegeplaner nicht nachstehen: Auf dem öffentlichen Land der Halbinsel La Victòria setzten sie inselweit Maßstäbe und beschilderten ein ganzes Netz attraktiver Pfade. Auch auf zwei Aufstiegspfaden zur Talaia d'Alcúdia, dem erwähnten Hauptgipfel der Halbinsel, lassen die Wegweiser der Inselregierung keine Orientierungsprobleme aufkommen. So hat man umso mehr Zeit und Muße, unterwegs die Aussicht zu genießen.

Kirche mit Traumpanorama

Und die Aussicht ist schon beim beliebtesten Touren-Startpunkt des Gebiets, der Ermita de la Victòria, sieben Straßenkilometer östlich von Alcúdia, außergewöhnlich schön: Von der Terrasse des benachbarten Restaurants schweift der Blick zu den gezackten Klippen der Halbinsel Formentor – Harmonie von Flut und Felsen, vor allem bei Tagesanbruch. Kein Wunder, dass dieser herrliche Platz nicht lange geheim blieb: 1679 entstand die kleine Wallfahrtskirche, die aufgrund der Piratengefahr wie eine kleine Festung ausgebaut wurde. Sie birgt die Statue der Verge de la Victòria aus dem 15. Jahrhundert, die ihrem Namen gemäß als Schutzpatronin von Alcúdia gilt. Den ersten Stock des Gotteshauses hat man übrigens zu einem kleinen, feinen Hotel ausgebaut – Gebet und Genuss ist dort kein Widerspruch.

Genießen und gehen auch nicht. Wir schultern den Rucksack und machen uns auf den Weg zur Talaia d'Alcúdia – allerdings nicht bei der Ermita, sondern schon zwei Kilometer davor, beim Campament de la Victòria. Bei diesem Jugendlager beginnt ein beschilderter

Talaia d'Alcúdia: Aussicht ist alles

Weg über den Coll de na Benet auf die Südseite der Halbinsel, von dem bald ein weiterer Pfad zur Ermita abzweigt. Unser Ziel liegt genau dazwischen – und wir müssen, um es ins Auge zu fassen, den Kopf ein wenig in den Nacken legen: Da oben zieht ein Felsgrat vom Coll de na Benet nordwärts zum Gipfel empor. In der Folge richten wir unsere Blicke eher zu Boden, denn eine kleine Schlucht gewährt nur wenige Durchstiegsmöglichkeiten. In der Folge kämpfen wir auf steilen Hängen mit tückischem *càrritx* – Dissgras, dessen Halme Unaufmerksame wie Fallstricke zum Stolpern bringen. Berührt man sie, dann erweisen sie sich als überraschend fest und messerscharf – wer hier in Shorts und ohne Socken unterwegs ist, wird bald eine Pause zum Verarzten blutiger Schienbeine einlegen.

Die Berge im Blick

Inzwischen sind Alcúdia, Pollença und der riesenrunde Felsbuckel des Puig Tomir im Panorama aufgetaucht, im Norden erweist sich die Zackenreihe der Serra del Cavall Bernat über dem Sandstrand von Port de Pollença als »eye catcher«. Und dann endet das kleine Abenteuer viel zu schnell auf der Kammschneide, auf der wir nun weiter ansteigen – bis uns ein schroffer Felsaufbau die Gipfelfreude verwehren möchte. Wir kennen sein Geheimnis schon von früheren Besuchen, und so bleibt nur die Wahl der letzten Aufstiegsmeter: gerade hinaufklettern oder seitlich auf einem verborgenen Mauersims?
So oder so sitzen wir nur Minuten später auf einem der seltsamsten Gipfel Mallorcas. 1567 krönte man ihn mit einem steinernen Wachturm, dem der Berg bis heute seinen Namen verdankt: Talaia d'Alcúdia. Insgesamt 85 solcher *talaies* entstanden damals im Küstenbereich Mallorcas – zur Abwehr der ständigen Piratenüberfälle, die die Küstenbevölkerung am Mittelmeer zwischen dem 11. und 18. Jahrhundert in Atem hielt. Die Freibeuter waren vor allem auf Sklaven bzw. Lösegeld aus. Die runden und bis zu neun Meter hohen Wachtürme verfügten meist über eine eigene Zisterne und waren da und dort sogar mit einer Kanone bestückt; ihr Eingang war meist nur über eine entfernbare Leiter zu erreichen. Da jeder dieser Bauten in Sichtweite zum nächsten lag, ließ sich die gesamte Küstenlinie absichern: Näherte sich ein feindliches Schiff, so

Blick von der Talaia d'Alcúdia zur Penya Roja, im Hintergrund die Halbinsel Formentor (oben).
Die Stadtmauer von Alcúdia (unten).

Der »Kanonenberg« vor der Kulisse der Berge von Artà (oben) und der Blick vom Schiff auf Sa Bassa Blanca und die Talaia d'Alcúdia (unten). Ganz in Weiß: Sa Bassa Blanca (rechte Seite).

gaben die Turmwächter ein Rauch- bzw. Feuerzeichen an ihre Nachbarn weiter – und die Nachricht kam wie das sprichwörtliche Lauffeuer bis zur nächsten Ortschaft und zum Militärkommando in Palma. Leider haben nur etwa 50 dieser »Türken-« oder »Seeräubertürme« dem Zahn der Zeit widerstanden. Auch die Talaia d'Alcúdia verfiel im 19. Jahrhundert, so dass heute nur noch ihre Grundmauern übrig sind. Dafür entstanden gleich daneben zwei Häuser, von denen eines mittlerweile ebenfalls zerstört ist, die Mini-Mauer eines Miradors (Aussichtspunkts) und in jüngster Zeit auch eine Hütte, in welcher Mitarbeiter der Feuerwehr nach Anzeichen von Waldbränden Ausschau halten.

Kanonenberg und Kunstgenuss

Wir halten dagegen Ausschau nach jenen Bergzielen, denen wir beim Abstieg Richtung Nordosten, zur Ermita de la Victòria, entgegenwandern. Der erste davon ist der Puig des Romaní, der »Rosmarinberg« – ein schöner Aussichtspunkt, der sich auf zwei Routen ersteigen, aber nicht direkt überschreiten lässt: Statt Kräutern gab's bei einer Erkundung nur Dornen. Dahinter erhebt sich die viel bekanntere Penya Roja, auch Penya des Migdia genannt. Dieser 358 Meter hohe, weit nach Nordosten vorgeschobene Felskamm ist das zweite landschaftliche Highlight der Halbinsel und dazu ein historisches Unikum: Auf seinem Gipfel steht eine waschechte Kanone, die man im 17. Jahrhundert zum Schutz gegen Piraten dort hinaufschleppte. Das abschüssige Gelände unter dem »Kanonengipfel«, durch das ein schmaler Pfad hoch über dem Meer dahinzieht, wurde mit Mauern befestigt, die nur einen ganz schmalen Durchschlupf freilassen. Ihren Erbauern verdankt Mallorca damit eines seiner bekanntesten Outdoor-Fotomotive. Doch die Erbauer hatten gewiss ganz andere Sorgen, mussten sie in diesem Steilgelände doch auch eine Zisterne, ein Pulverlager, eine Barracke für Soldaten und einen Backofen fertigstellen. Heute genießen Wanderer dort die Aussicht über das Cap des Pinar, eine waldbedeckte Landzunge unterhalb der Wehranlage, auf der ein militärisches Sperrgebiet leider den Zugang zu schönen Kiesbuchten verwehrt.

Ein Gesamtkunstwerk

Wer schwimmen und sonnenbaden möchte, kommt auf der Halbinsel Victòria trotzdem auf seinen Kosten – etwa an der landschaftlich einmaligen Platja des Coll Baix. Man erreicht diese einsame Kiesbucht unter wilden Felsabstürzen von Alcúdia über die Hafensiedlung Mal Pas und auf einer langen Schotterstraße auf der Südostseite des Gebietes; im Anschluss führt ein Wanderpfad über den Coll Baix dorthin. Von dieser Route aus könnte man auch die Talaia d'Alcúdia besuchen – oder das südlich davon gelegene Landgut Sa Bassa Blanca: Dieses zauberhafte, im hispanisch-maurischen Stil errichtete Anwesen birgt zeitgenössische Kunst, aber auch eine Sammlung von etwa 150 Kinderporträts aus verschiedenen Ländern und Epochen sowie das Skelett eines Rhinozeros-Fossils. Ein Skulpturenpark und ein reizvoller Rosengarten verschmelzen hier in der Fundación Yannick y Ben Jakober zu einem harmonischen Gesamtkunstwerk vor der Kulisse des einst so bewachten Berges.

Toureninformationen

Ausgangs- und Endpunkt: Unterhalb des Campament de la Victòria zwischen Mal Pas und der Ermita de la Victòria, 3,5 km nordöstlich von Alcúdia

Zufahrt: Von der Avinguda de la Inca im Süden der Altstadt von Alcúdia der Beschilderung »Mal Pas/Bon Aire/Ermita de la Victòria« folgen. Keine öffentliche Verkehrsverbindung; eventuell Taxi ab Alcúdia, Tel. 9 71/54 98 70.

Anforderungen: anspruchsvolle Bergtour, anfangs im weglosen Gelände, dann auf breiten Wegen und schmalen, stellenweise steilen und felsigen Pfaden; Trittsicherheit, Schwindelfreiheit und Orientierungsvermögen sind notwendig. Einzelne Abschnitte sind beschildert, andere weglos und nur gelegentlich mit Steinmännchen markiert. Etwas Schatten vor allem im Bereich der Penya Roja.

Höchster Punkt: Talaia d'Alcúdia (446 m)

Gehzeit: gesamt 4.50 Std. (auf die Talaia d'Alcúdia 1.30 Std., Übergang zur Penya Roja 1.45 Std., Abstieg zur Ermita de la Vicòria 0.45 Std., zurück zum Ausgangspunkt 0.50 Std.)

Höhenunterschied: 650 Hm bergauf, 650 Hm bergab

Einkehr: Restaurant Ermita de la Victòria; Bars/Restaurants in Mal Pas und Alcúdia

Karten: Editorial Alpina, Kartenset Mallorca 1:50 000; KOMPASS Nr. 230 »Mallorca« 1:75 000

Routenverlauf: Parkplatz bei der Brücke – beschilderter Weg Richtung Ermita de la Victòria – Campament de la Victòria – unbezeichneter Weg in einen Graben – weglose Hänge bis zum Grat – Talaia d'Alcúdia (445 m). Abstieg Richtung Ermita de la Victòria – Stichpfad zur Penya Roja (Penya des Migdia) – auf den »Kanonengipfel« (354 m). Rückweg zur Ermita de la Victòria – beschilderter Weg zum Ausgangspunkt.

Genauer Routenverlauf: www.mallorca-erleben.info › Wandern › Wandern im Norden › Talaia d'Alcúdia (445 m) – Gratanstieg › Penya Roja (Penya des Migdia, 354 m)

Tipp: Sa Bassa Blanca (Fundación Yannick y Ben Jakober), www.fundacionjakober.org

Mallorca

In der Ermita de Betlem kommt man zur Ruhe (oben). Abendblick von Son Real zur Serra de Tramuntana (unten).

Bec de Ferrutx: Bethlehem in den Bergen

Nicht in der Hauptstadt Palma sind die ältesten und seltsamsten Baudenkmäler Mallorcas zu finden, sondern in einem entlegenen Winkel unter den Gipfeln im Nordosten der Insel – Dolmen, steinerne Grabstätten aus der Bronze- und Jungsteinzeit, und die bis zu 2700 Jahre alte Nekropole von Son Real, eine prähistorische »Totenstadt«.

Hoch ist sie nicht, die Berg- und Hügelreihe, die den Pla, die zentrale Ebene Mallorcas, von der Küste trennt: Zwischen 200 bis 500 Meter recken sich die Serres de Llevant, die »Bergketten des Ostens«, in den Himmel. Doch das Mittelgebirge zeigt durchaus Felswände – aufgebaut aus 200 Millionen Jahre altem Kalkgestein, das als Sediment auf dem Boden eines urzeitlichen Meeres entstand, aus den sterblichen Überresten von Milliarden Meereslebewesen und dem, was Flüsse von älteren Landmassen anspülten. Versteinerte Muscheln und Korallen bestätigen diese unglaubliche Geschichte; eingespülte Mineralien sorgten für warme Gelb- und Rottöne im hellgrauen Fels.

Vor 20 Millionen Jahren begann die afrikanische Kontinentalplatte nach Norden gegen die europäische zu drängen; so wurden die Sedimentschichten empor gehoben und wie ein zusammengeschobener Teppich verfaltet. Die Alpen und die Pyrenäen tauchten aus dem Meer, aber auch die *roqueta*, der »kleine Felsen«, wie die Mallorquiner ihre Insel liebevoll nennen. Besonders gut sind die Auswirkungen der tektonischen Kräfte auf der Halbinsel im Norden von Artà zu sehen: Die 562 Meter hohe Talaia Freda und der eindrucksvolle Steinkopf des Bec de Ferrutx bilden eine sehr »alpine« Kulisse über der Bucht von Alcúdia.

Urzeit unter den Bergen

Genau darunter, nahe dem Küstenort Colònia de Sant Pere, verbirgt sich einer der sieben Dolmen, die man bisher auf Mallorca und Menorca fand. Die Bezeichnung kommt aus dem Bretonischen und bedeutet soviel wie »Steintisch«. Der Dolmen von Aigua Dolça ist ein rundes, aus Steinplatten erbautes Grab aus der Zeit um 1800 v. Chr., über das sich einst ein kleiner Hügel aus Erde wölbte – ein stiller, ein magischer Platz. Ebenso wie das Ufergebiet des etwa acht Kilometer weiter westlich gelegenen Landguts Son Real. Das Herrenhaus in einem öffentlich zugänglichen Kiefernwald birgt seit 2008 ein Museum, in dem auch Funde aus der nahen Nekropole an der Punta des Fenicis zu sehen

sind. Direkt am Meer blieben dort 109 steinerne Gräber aus der Zeit zwischen dem siebten und dem ersten Jahrhundert v. Chr. erhalten. Begraben wurden 168 Menschen, die, nach den reichen Grabbeigaben zu schließen, zur führenden Bevölkerungsschicht gehört haben dürften. Man entdeckte auch zwei durchbohrte Schädel. Medizinische Eingriffe? Bekannt ist jedenfalls die damalige Lebenserwartung: Bis zum dritten Jahrhundert v. Chr. etwa 33 Jahre bei Männern und 22 Jahre bei Frauen ... Manche der Deckelsteine hatten Löcher, vielleicht zum Anheben oder Hineinreichen von Opfergaben, möglicherweise aber auch als »Seelenlöcher«, durch die Geister mit dem Wind entweichen konnten. Drei hufeisenförmige Grabhöhlen befinden sich auf der nahen Illot des Porros (»Lauchinselchen«), eine künstlich erweiterte Höhle klafft weiter landeinwärts in einem Felsaufschwung. Jedoch:

Wo lag die Siedlung für eine so große Totenstadt? Woher kamen die Menschen, die hier begraben wurden? Leichter zu beantworten ist die Frage nach der Bedeutung der seltsamen Betonobelisken, die meist paarweise in diesem Küstenbereich auffallen: Es handelt sich dabei um »Peiltürme«, die U-Boote der spanischen Marine bis 1970 für Übungen nutzten.

Einsamkeit zur Ehre Gottes

Ein Hauch von Geschichte schwingt auch bei einer Wanderung zu den schönsten Aussichtspunkten der Muntanyes d'Artà mit. In der Nähe von Colònia de Sant Pere betreten wir einen uralten Weg, der in einen stillen Talkessel führt, vorbei an einer einstigen Kaserne (heute ein Ferienheim für Kinder) und den Cases de Betlem. Diese wurden um 1880 als »Keimzelle« einer Bauernsiedlung nach der Geburtsstadt Christi be-

Eine Stadt für die Toten: die Nekropole von Son Real (oben). Der Bec de Ferrutx über der Bucht von Alcúdia (unten).

Mallorca

Wanderziel mit Weitblick: Bec de Ferrutx (oben). Berge aus Stein und Poseidonsgras (unten). Der Bec de Ferrutx als Blickfang aus nah und fern (rechte Seite).

nannt. Eine Wildbachverbauung stemmt sich bei Unwettern der Zerstörungskraft plötzlicher Fluten entgegen. Ständig rinnendes Wasser bestimmt erst viel höher oben das Landschaftsbild: an der Font de s'Ermita, einer mit einem Löwenkopf und einer Lourdes-Grotte verzierten Quelle. Sie spendet das ganze Jahr über gutes Wasser, nicht nur für die nahe Ermita de Betlem, sondern auch für die Terrassenfelder des dazugehörigen Gartens.

Schließlich stehen wir auf 280 Metern über dem Meer vor einer Zypressenalle, die Schattenstriche über den Weg zur kleinen Wallfahrtskirche wirft. Die klassizistisch ausgestaltete Andachtsstätte birgt Bilder eines Schwagers von Goya; die Statue des »Christus der Agonie« an einem Seitenaltar ist das Ziel einer alljährlichen Wallfahrt der Bewohner von Artà. Die letzten hochbetagten Patres der Einsiedelei sind allerdings im Herbst 2010 ins nicht ganz so entlegene Kloster Trinitat bei Valldemossa übersiedelt; nun kann man hier also auch keine Devotionalien mehr erwerben… Die Gebäude der Ermita entstanden 1805 auf den Fundamenten eines alten Landguts, wobei die Mönche kräftig zupacken mussten: Allein der Transport des Baumaterials vom Meeresufer herauf war eine schweißtreibende Angelegenheit; die heutige Zufahrtsstraße von Artà (mit der leicht zu merkenden Nummer Ma-3333) gab es damals natürlich noch nicht.

Gehen, wo der König jagte

Eine fantastische Aussicht gehört ebenfalls zur Wallfahrt nach Betlem – für »Kurzwanderer« gleich vom nahen Panoramapunkt Sa Coassa. Das Häuschen, das dort hoch über der Bucht von Alcúdia steht, war, wie die Wandzeichnung eines Kampfflugzeuges belegt, während des spanischen Bürgerkriegs ein Militär-Ausguck. Eine längere Bergwanderung fordert dagegen der Bec de Ferrutx, der 522 Meter hohe und höchst auffallende Felskopf am Südwestrand der Berge von Artà, bevor er seine grandiose Rundsicht verschenkt. Eine Wegstrecke von fast sieben Kilometern trennt die Ermita von seinem Gipfelgrat, aber der Marsch lohnt sich!

Gleich nach dem Start fasziniert uns die gewaltige Cova dels Sarraïns in den Felswänden zur Linken. In dieser »Höhle der Sarazenen« leisteten anno 1229 viele Araber monatelang Widerstand gegen die Eroberungstruppen König Jaumes I. Seine Nachfolger, Jaume II. und dessen

Bec de Ferrutx: Bethlehem in den Bergen

Sohn Sanç, frönten in diesem Gebiet ihrer Jagdleidenschaft – damals gab es hier noch reichlich Hirsche, Wildschweine, Fasane und Rebhühner. Der Höhenzug, über den wir im Auf und Ab weitermarschieren, blieb ein magischer Platz für die Mallorquiner. Auch heute sind hier viele einheimische Wanderer mit uns unterwegs, unter seltsamen Gesteinsformationen und über den Coll d'en Pelat – einen Sattel, in dem wir den steinigen Gipfelaufstieg beginnen. Die Vermessungssäule steht auf dem sogenannten Ferrutxet, den ein etwa 300 Meter langer, schroffer Grat mit dem *bec*, dem exponierten »Schnabel« des Berges, verbindet – eine wahre Himmelsleiter zu einem Aussichtspunkt der Superlative: Bei klarem Wetter ist die Ostküste mit der Landzunge der Punta de n'Amer zu sehen, die Inselebene bis zu den »heiligen Bergen« von Randa und Sant Salvador, die Serra de Tramuntana vom dreieckigen Puig de Galatzó über den Puig Major bis zum Puig Tomir, die Zackenreihe der Halbinsel Formentor, die Halbinsel La Victòria – und natürlich die beiden prähistorischen Stätten an der Bucht von Alcúdia.

🦋 Toureninformationen

Ausgangs- und Endpunkt: Zwischen Colònia de Sant Pere und Betlem an der Badia d'Alcúdia.

Zufahrt: Auf der Ma-12 zwischen Can Picafort und Artà, Abzweigung auf die Ma-3331 nach Colònia de Sant Pere und weiter Richtung Betlem; Parkmöglichkeit nach 7 km vor der Abzweigung der breiten Schotterstraße, die links Richtung Meer führt (ca. 350 m vor dem Verkehrskreisel im Ortsbereich). Buslinie 481 von Artà nach Colònia de Sant Pere (keine Haltestelle beim Ausgangspunkt; Zugang etwa 30 Min.).

Anforderungen: mittelschwere, aber lange Bergwanderung, anfangs auf einem beschilderten Weg, ab der Ermita de Betlem auf unmarkierten Pfaden und im weglosen, teils auch felsigen Gelände; Orientierungssinn, Trittsicherheit und zuletzt auch Schwindelfreiheit notwendig; kaum Schatten.

Höchster Punkt: Bec de Ferrutx (522 m)

Gehzeit: gesamt 5.30 Std. (zur Ermita de Betlem 1.15 Std., auf den Bec de Ferrutx 2 Std., Rückweg zur Ermita 1.30 Std., Abstieg 0.45 Std.)

Höhenunterschied: 770 Hm Aufstieg, 770 Hm Abstieg

Einkehr: unterwegs keine; Bars/Restaurants in Artà und Colònia de Sant Pere

Karten: Editorial Alpina, Kartenset Mallorca 1:50 000, KOMPASS Nr. 230 1:75 000

Routenverlauf: Betlem – beschilderter Pfad zur Ermita de Betlem (280 m) – kurzer Abstecher zum Aussichtspunkt Sa Coassa (322 m) und zurück – von der Kirche auf unmarkiertem Pfad zu den Ruinen der Cases de Betlem – Torrent de sa Junquera – unter Sa Talaieta vorbei – am Puig d'en Xoroi vorbei – Coll d'en Pelat – Ferrutxet – Gratübergang zum Bec de Ferrutx (522 m). Rückweg auf derselben Route über die Ermita de Betlem.

Genauer Routenverlauf: www.mallorca-erleben.info › Wandern › Wandern im Osten › Ermita de Betlem (280 m) – Bec de Ferrutx (522 m).

Tipp: www.mallorca-erleben.info › Wandern › Wandern im Osten › Zum Dolmen von Aigua Dolça oder › Wandern im Norden › Zur Finca pública Son Real.

Talaia Freda: das Österreicherkreuz

Mallorcas jüngster Naturpark blickt auf eine bemerkenswerte Geschichte zurück: 2001 gründete ihn die Inselregierung mit einer Fläche von 16 232 Hektar zu Lande und 5275 Hektar Meergebiet, um vier Jahre später – nach einem politischen Machtwechsel – fast 94 Prozent davon zu »kappen«. Heute umfasst der Parc Natural de la Península de Llevant 1576 Hektar des Berglands nördlich von Artà.

Immerhin ist der »Rest-Naturpark« nun mit beschilderten Wegen (und einigen unbewirtschafteten Unterkunftshütten) erschlossen. Einen zentralen Ausgangspunkt bildet das Gehöft S'Alqueria Vella nördlich von Artà, von dem wir, versorgt mit Infomaterial einer freundlichen Naturpark-Mitarbeiterin, Richtung Ermita de Betlem losmarschieren. Bald umgibt uns, was uns für den Rest des Frühsommertages begleiten wird: Hitze und Stille, Dissgras und viele Zwergpalmen. Ihre Stämme, oft wie Büschel auseinanderwachsend, erreichen meist nur Höhen von ein, zwei Metern; die 70 bis 80 Zentimeter breiten, steif abstehenden Fächerblätter dieser Bonsai-Palmen zaubern jedoch einen Hauch von Afrika in die Hänge.

Karges Leben

Wir stoßen auf Mauern, die von Zistrosen und Wildoliven überwuchert sind. Sie erinnern an den harten Arbeitsalltag vergangener Zeiten. Einst verpachteten die meist adeligen Großgrundbesitzer, die *senyors*, ihr Land an *amos* (Kleinbauern), die ihm Getreide, Gemüse, Johannisbrot und Oliven abrangen; nebenbei hielten sie ein paar Schafe, Ziegen oder Schweine. Unglaublich, dass allein in diesem öden Gebiet, das wir gerade durchwandern, einmal 22 kleine Bauernhöfe existiert haben. Die einfachen, einstöckigen Gebäude waren mit Holzbalken oder Ziegeln überdacht; ein oder zwei Räume, eine Vorratskammer und eine Feuerstelle, ein kleiner Garten, ein Brunnen – das musste für eine ganze Familie reichen. Die Kleinbauern hatten nur mündliche Verträge mit ihren Grundherren, denen sie einen Teil ihrer Ernte abtreten mussten. Manche verloren durch die unvorstellbaren Lebensbedingungen alle ihre Kinder.

Wir haben den Wanderweg zwischen den Steinrelikten verlassen und stolpern über einen verwachsenen Grashang in möglichst gerader Aufstiegslinie zum Kamm hinauf. Der Lohn der Mühe: ein wunderbarer Tiefblick auf die Bucht von Alcúdia und die Häuser von Betlem, an dem wir uns auch während des folgenden Aufstiegs zum Puig de sa Creu erfreuen. Dort oben steht, weithin sichtbar, eines der wenigen Gipfelkreuze Mallorcas, das der österreichischen Familie Hatzl-

Das »Österreicherkreuz« (oben), S'Alqueria Vella (Mitte) und ein Blick zu den »verlorenen Stränden« (unten). Das befestigte Heiligtum von Artà (rechte Seite oben) und die Península de Llevant (rechte Seite unten).

Mallorca

Tourenziel Talaia Freda (oben).
Der »Weg der Gefangenen« (unten).
Gewitterwolken über und Meeresblau
unter den Bergen von Artà (rechte Seite).

Thiele zu verdanken ist – daher auch der Name »Cruz Austriaca«.

Kreuz und quer

Im leicht beunruhigenden Gegensatz zum weiten Panorama, das nun auch Teile der Inselebene Es Pla beinhaltet, zeigt der Nachbarberg seine Felszähne: Beim Übergang zur Talaia Freda müssten wir zwei kleine Scharten passieren – und die spitzen Zacken, die sich dazwischen ein Stelldichein geben. Wie so oft: Der raue Fels erweist sich als freundlicher als gedacht, der finale Gipfelaufstieg geht jedoch noch einmal ordentlich in die Beine. Die dürfen erst auf dem Betonsockel des Vermessungszeichens der Talaia Freda, 561 Meter über dem Mittelmeer, ausruhen. Hinter uns ein tiefer *avenc* (Dolinenschacht), 200 Meter hohe Felsabbrüche und die ferne Serra de Tramuntana. Vor uns Mallorcas Ostküste mit den »verlorenen Stränden« von Albarca und dem vielbesuchten Dünenstrand der Cala Mesquida, darüber der Höhenzug der Talaia de Son Jaumell. Aber auch der Blick in die nähere Umgebung fasziniert: Über dem kahlen, von Waldbränden heimgesuchten Gebirge der Halbinsel stehen die Sendeanlagen auf dem benachbarten Puig de sa Tudossa, weit im Norden ist der Wachturm der Talaia de Moreia erkennbar. Dahinter brechen Steilflanken zum Cap Ferrutx ab, wo Kolonien von Kormoranen und Korallenmöwen leben, Wanderfalken, Eleonorenfalken und Zwergadler. Sogar die Mittelmeerschildkröte konnte sich in diesem völlig unzugänglichen,

Talaia Freda: das Österreicherkreuz

oft vom Sturm umtosten Gebiet noch halten.

Über der Inselebene braut sich ein Gewitter zusammen. Also geht's flotten Schritts über das grasige Gipfelplateau zum Nordgipfel hinüber und dann bergab, der Abbruchkante über einem tiefen Talkessel entlang. Rechterhand, mitten durch weite Grashänge, verläuft ein Fahrweg mit auffallend schön gebauten Brücken: der Camí dels Presos, der »Weg der Gefangenen«. An die 900 inhaftierte Republikaner, die vom spanischen Festland auf die Insel verschleppt worden waren, mussten 1941/42 diesen Nachschubweg zu den Artillerieeinheiten General Francos aus dem Gestein schlagen. Als Lager für die Zwangsarbeiter dienten Baracken am Fuß des Puig des Porrassar, der ein Stück weiter südlich wie ein grünes Hütchen aufragt. Vor der Ruine des Campament dels Soldats steht heute ein verwitterter Gedenkstein. Tempora mutantur: Uns überholen fröhliche Mountainbiker, und auch ein paar Wanderer, die das vier Kilometer entfernte Kap besucht haben, leisten uns beim letzten Abstieg Gesellschaft.

Toureninformationen

Ausgangs- und Endpunkt: Parkplatz S'Alqueria Vella d'Avall (218 m) auf der Península de Llevant nördlich von Artà.

Zufahrt: Von der Ortsumfahrung in Artà ins Ortszentrum (Einbahnsystem in engen Gassen) und nach der Beschilderung »Ermita« zum nördlichen Ortsrand unter dem Kirchenberg. Auf der schmalen, asphaltierten Ma-3333 nordwärts durch das Bauernland der Península de Llevant auf die Berge zu. Nach ca. 1,5 km links weiter. Nach weiteren 4 km rechts in den Parc Natural de la Península de Llevant und noch 700 m zum Parkplatz; keine öffentliche Verkehrsverbindung.

Anforderungen: anspruchsvolle und sehr einsame Bergtour, anfangs auf einem alten Pilgerweg, dann weglos im steilen Felsgelände (Trittsicherheit, Schwindelfreiheit und gutes Orientierungsvermögen sind notwendig) und zuletzt auf einer Straße; kaum Schatten.

Höchster Punkt: Talaia Freda (561 m)

Gehzeit: gesamt 3 Std. (auf den Puig de sa Creu 1 Std., Übergang zur Talaia Freda 0.45 Std., Abstieg 1.15 Std.)

Höhenunterschied: 400 Hm Aufstieg, 400 Hm Abstieg

Einkehr: unterwegs keine; Restaurants in Artà

Karten: Editorial Alpina, Kartenset Mallorca 1:50 000, KOMPASS Nr. 230 1:75 000

Routenverlauf: Vom Parkplatz auf dem Weg Richtung Ermita de Betlem – wo dieser auf etwa 300 m Seehöhe scharf nach links schwenkt (Holzpfosten), geradeaus weglos auf den Kamm – Puig de sa Creu (480 m) – über eine Scharte – Felszacken rechts umgehen – in den nächsten Sattel – Aufstieg zur Talaia Freda (561 m) – Übergang zum Nordgipfel (551 m) – Abstieg über eine grasige Anhöhe (ca. 350 m) zur Straße – Campament dels Soldats – Parkplatz S'Alqueria Vella d'Avall.

Genauer Routenverlauf: www.mallorca-erleben.info › Wandern › Wandern im Osten › Talaia Freda (561 m)

Mallorca

Cales de Manacor: Küste alpin

Sandstrände und Tourismushochburgen, Hafenatmosphäre und Hotelanlagen – ein Bergparadies sieht eigentlich anders aus. Felskletterer kennen an Mallorcas Ostküste jedoch geradezu »alpine« Highlights – bis zu 20 Meter hohe Felswände direkt am Meer. Und Wanderer, die sich dorthin verirren, kommen aus dem Staunen nicht mehr heraus.

Die wild zerfurchten Kletterklippen bilden den Rand der *marines*. Ihr Kalkgestein entstand vor etwa fünf Millionen Jahren aus den Ablagerungen in Lagunen, die sich damals hinter Korallenriffen bildeten. Dieses Material wurde später nur wenig angehoben und kaum verformt, so blieb die horizontale Gesteinsschichtung erhalten. Jedes Unwetter schickt unglaubliche Wassermassen ins Meer, und damit entstanden an der Mündung der *torrents* (Schluchten) etliche schmale, von Steilfels begrenzte Buchten, die fast an die Fjorde Skandinaviens erinnern.

Ähnlich wie in den Bergen setzt sich die Zersetzung des Gesteins auch hier unterirdisch fort: Nach dem Motto »steter Tropfen höhlt den Stein« vermag kohlensäurehaltiges Niederschlagswasser Kalkgestein aufzulösen. Durch diese Korrosion entstehen u. a. *avencs* (senkrechte Schächte) und kilometerlange Höhlen, in denen sich der gelöste Kalk stellenweise wieder als Sinter- und Tropfsteinschmuck ablagerte. Der Name der Coves dels Hams, einer vielbesuchten Schauhöhle bei Porto Cristo, geht auf ihre seltsam verformten Stalagmiten zurück (hams = »Haken«), während sich in den benachbarten Coves del Drac (»Drachenhöhlen«) einer der größten unterirdischen Seen der Welt verbirgt.

Steppe und Steilküste

Darüber gibt es Gebiete, die sich seit Urzeiten kaum verändert haben: mit Kiefernwäldern, steppenartiger Weite und Stränden, die nur Wanderer, Kletterer und Bootsbesitzer besuchen. Das größte davon erstreckt sich im Gemeindegebiet der Stadt Manacor, zwischen den Feriensiedlungen S'Estany d'en Mas (Cala Romàntica) und Cales de Mallorca. Das Land erscheint zwar auf den ersten Blick flach wie ein Brett; wer seinen Küstenbereich durchstreift, braucht jedoch Trittsicherheit und Schwindelfreiheit, ja sogar etwas Klettergewandtheit. Und Kondition, denn die sieben Kilometer Luftlinie zwischen Start- und Ziel »erweitern« sich dank der tief eingeschnittenen Felsbuchten, die man oft ein Stück landeinwärts umgehen muss, zu einer fast doppelt so langen Wanderstrecke – ganz zu schweigen von den Höhenmetern, die sich im stetigen Auf und Ab summieren.

Zauber der Steilküste: Klippen mit Felsbändern (oben), Blüten in der Vertikalen (Mitte) und das Felstor nahe der Cala Varques (unten)

Das erste Hindernis will schon wenige Schritte nach dem Losgehen überlistet werden: Die südliche Begrenzung des Sandstrands von S'Estany d'en Mas erweist sich als ein 30 Meter hoher, stellenweise überhängender Wandabbruch, der nur an einer einzigen Stelle einen Durchschlupf freigibt – über steile Felsstufen und künstlich aus dem Gestein geschlagene Tritte. Klimmzüge mit Kontrastwirkung: Hinter der Geländekante breitet sich flacher, steiniger Boden aus, aufgeheizt von der Sonne und ohne den Hauch eines Schattens. Im Osten das verblauende Meer, im Westen die Hügelskyline der Serres de Llevant – und im Süden die Hochhäuser der Cales de Mallorca, stecknadelgroß im Dunst, unermesslich weit weg. Wir kommen ihnen zwischen den Klippen und niedrigem Garriguegebüsch fürs Erste nicht merklich näher. Vielmehr folgen wir steinigen Pfadspuren zwischen Dissgrasbüscheln, balancieren über scharfkantiges Gestein, blicken in die Grotten der Steilküste und auf die lautstark zerstiebenden Wellen, die diese auswaschen. Ein Fahrweg, aufgetaucht aus dem Nirgendwo, verliert sich vor der Küste; er unterstreicht die Einsamkeit dieser Landschaft nur noch. Der erste Sandstrand: die Cala Falcó. Weiße Felsstufen und eine Rampe mit rötlichem Schotter geben den Zugang in ein steinernes Amphitheater frei. Jenseits müssen wir die verlorenen Höhenmeter wieder emporklettern – dieses Spiel wird sich nun noch einige Male wiederholen. Wir passieren den riesigen Kessel einer zusammengestürzten Höhle und eine natürliche Felsbrücke, der sie ihren Namen verdankt: Cova des Pont. Glaube niemand, derlei Naturereignisse hätten sich nur in grauer Urzeit ereignet! In unserem ersten Mallorca-Wanderführer beschreiben wir einen ähnlichen Steinbogen an der Südküste, von dem unsere Leser leider nur mehr einen Hau-

Mallorcas Ostküsten-Felsen von innen und en detail: Coves dels Hams (oben) und Kletterpassage kurz vor dem Tourenziel (unten)

Mallorca

Ein wenig Karibik-Feeling zwischen den Klippen: die Cala Varques (oben). Und dann geht's weiter der Steilküste entlang (unten).

fen Steintrümmer vorfanden: Über Nacht vollendete die Meeresbrandung ihr unentwegtes Zerstörungswerk (und brachte unser Buch um ein attraktives Tourenziel).

Felsen und Fjorde

Hinter der Minibucht des Caló Blanc taucht das vielleicht schönste Strand-Schmuckstück der Ostküste auf: die Cala Varques, 80 Meter lang, hellgelb, feinsandig und sogar von ein paar schattenspendenden Kiefern gesäumt – ein Traumstrand, exklusiv für Fußgänger und Skipper. Grund genug für eine erste Rast mit Blick zum flachen Felsvorsprung der Punta de Llevant. Er schirmt den Strand im Süden ab – allerdings nur halbherzig, denn vor Jahren verschlang eine Sturmflut den zweiten, kleineren Sandstreifen der Bucht. Was Meerwasser mit Kalkfels so alles anstellt, zeigt ein kurzer Abstecher hinter die Hausruine der Landzunge: Nirgendwo sonst fanden wir so bizarr zerfressene, messerscharf zugespitzte und vielfach sogar durchlöcherte Steinformationen wie hier – ein Nagelbrett der Natur!

Weiter geht's nach Süden, der Küste entlang. Der Versuchung, unsere Fußsohlen auch im Wasser der Cala Enganapastor, der Cala Sequer oder des Caló des Serral zu kühlen, widerstehen wir nicht zuletzt wegen des einsamen Anwesens, das erst vor wenigen Jahren auf einem Hügel dazwischen errichtet wurde – kurz vor Inkrafttreten eines Gesetzes, das Neubauten an der unberührten Küste untersagt. Beim Weiterwandern verschwindet es bald wieder hinter der Küstenvegetation, die uns neben seltsamen Steinblöcken bis zum Felsvorsprung der Punta des Moro begleitet. Dahinter liegt die Cala Magraner, ein tiefer Canyon, der einen halben Kilometer weit ins Landesinnere hineinreicht. Der Pfad oberhalb der Felsabbrüche gewährt uns nicht nur gute Sicht auf die grüne Lagune hinter dem Kiesstrand, sondern auch zum bunten Treiben der Kletterer, die in den senkrechten Wänden Routen vom IV. bis zum VII. Schwierigkeitsgrad meistern – unser Abstieg verlangt gottlob nur bescheidene Kletterkünste.

»Mittelmeer-Dolomiten«

Auf der Südseite der Cala Magraner führt uns ein steiler Pfad zu einer Schotterstraße, der man durch weitläufiges Waldgelände bequem bis zur Zufahrt der Feriensiedlung Cales de Mallorca fol-

Cales de Manacor: Küste alpin

gen könnte. Das ausufernde Hotelprojekt, für das sie einst geplant wurde, blieb nur eine Idee, und so können wir unsere Küstentour auch heute noch in aller Ruhe fortsetzen. Ein gut 30 Meter hoher Gras- und Felsrücken trennt uns von der Cala Pilota, ein weiterer Höhenzug von der Cala Virgili, die als einziges Zugeständnis an die Zivilisation mit einem kleinen Bootshaus ausgestattet ist. Oben auf den savannenartigen Grasflächen des Pla des Seny gewährt ein weiterer Erschließungsweg unseren müden Beinen ein wenig Erholung. Die bald erreichte Cala Bota verlassen wir dagegen mit Hilfe eines Seils, das über eine zwei Meter hohe Felsstufe herabhängt. Durch eine merkwürdig zerfressene Felsmulde unter dem flachen Puig Bota erreichen wir den Abstieg zum schmalen Caló des Soldat.

Das letzte Abenteuer unserer Ostküsten-Tour erwartet uns oberhalb dieser Bucht: Mehr oder weniger breite Felsbänder, die fast ein wenig an die Dolomiten erinnern, führen hier mitten durch die Klippen. Auf einer dieser Trassen, die mit jedem Schritt schmaler wird, geht's um den senkrechten Felsvorsprung Racó de sa Cova Blanc herum: ein vergnüglicher Spaziergang für Schwindelfreie, mit dem vibrierenden Donnern der Meeresbrandung als Zugabe… Viel zu rasch endet das Spiel in der Vertikalen. Vor uns glitzert die Cala Antena in der Abendsonne, direkt unter den Bettenburgen der Cales de Mallorca. Stufen hinab zum Sandstrand, Stufen hinauf zum Taxistand am Passeig de Manacor: Sieben Stunden Einsamkeit enden auf dem Rücksitz hinter dem Chauffeur.

🪰 Toureninformationen

Ausgangspunkt: Cala Romàntica (S'Estany d'en Mas) südöstlich von Manacor, Parkplatz vor dem Strand. Beschilderte Zufahrt von der Küstenstraße Ma-4014 bei Km 10,8 (2 km).

Endpunkt: Cales de Mallorca. Rückfahrt per Bus oder Taxi (Taxistand am Passeig de Manacor, Tel. 9 71/575 32 72). Man kann auch in Cales de Mallorca parken und vor der Tour mit dem Taxi zum Startpunkt Cala Romàntica fahren. Busverbindung zwischen Manacor und Cala Romàntica (nur zwischen April und Oktober); Buslinie 424 zwischen Manacor und Cales de Mallorca.

Anforderungen: lange, anspruchsvolle und einsame, aber landschaftlich sehr abwechslungsreiche Küstenwanderung mit einem kurzen Kletter-Auftakt und weiteren Felspassagen, die Trittsicherheit und Schwindelfreiheit erfordern. Dazwischen verläuft die Route auf schmalen, oft verzweigten Pfaden, aber auch weglos über scharf verwittertes Gestein und durch unübersichtliches Felsgelände; stellenweise schwierige Orientierung, kaum Schatten.

Höchster Punkt: ca. 40 m

Gehzeit: gesamt 5 Std. (zur Cala Varques 1.30 Std., zur Cala Magraner 1.30 Std., Übergang zur Cala Bota 1 Std., weiter nach Cales de Mallorca 1 Std.)

Höhenunterschied: ca. 300 Hm Aufstieg, ca. 300 Hm Abstieg

Einkehr: unterwegs keine; Bars/Restaurants in Cala Romàntica und Cales de Mallorca

Karten: unbedingt die Blätter Nr. 725-I und 700-III der Mapa Topográfico Nacional de España 1:25 000; KOMPASS Nr. 230 1:75 000

Routenverlauf: Auf der rechten (südlichen) Seite der Cala Romàntica (etwa 50 m vor dem Meer) zwischen den Felswänden empor-

klettern – an der Oberkante des flachen Küstengebiets zur Cala Falcó – Cova des Pont – Cala Varques – vorbei an der Punta de Llevant – Cala Enganapastor – Cala Sequer – ein Anwesen an der Küste umgehen – Caló des Serral – Punta des Moro – über der Cala Magraner 500 m landeinwärts, dann Abstieg in die Bucht. Weiter über die Gras- und Felsrücken zwischen Cala Magraner, Cala Bota, Cala Pilota und Cala Virgili (teils auf ausgesetzten Felsbändern) – Cala Antena – Cales de Mallorca.

Genauer Routenverlauf: www.mallorca-erleben.info › Wandern › Wandern im Osten › Cales de Manacor – die lange Abenteuertour

Tipp: Kurzer Zugang zur Cala Varques – Zufahrt von der Ma-4014 auf schmaler Schotterstraße (Abzweigung bei Son Fortesa, 150 m vor der Einmündung der Ma-4015 von Manacor Richtung Porto Cristo); nach 1,3 km am Straßenrand parken. Hinter dem Spalt eines Tores Pfad zur Bucht (10 Min.).

Mallorca

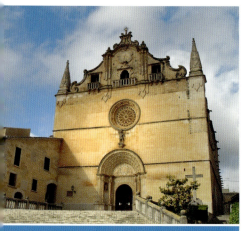

Die Pfarrkirche von Felanitx (oben), die Christus-Statue von Sant Salvador (Mitte) und das Heiligtum auf dem Berg (unten). Das Castell de Santueri (rechte Seite).

Sant Salvador: Burgberg, Klosterberg

Verschanzt hinter Felswänden, trutzig, unnahbar – Mallorcas Festungen üben bis heute eine besondere Faszination aus. Zwei dieser mittelalterlichen Anlagen thronen auf den südlichen Bergen der Serres de Llevant – ein Erbe der Araber die eine, steinernes Gotteslob die andere.

Sonntag, Markttag in Felanitx. Von der Barockfassade der Pfarrkirche bis zu den Palmen auf der Plaça d'Espanya ist halb Mallorca auf den Beinen. Welch ein Kontrast zum Startpunkt unserer Wanderung, zwei Kilometer südlich des Städtchens: Windmühlen mit und ohne Flügel, Weingärten, Obst- und Olivenbäume… Im Osten begrenzen waldreiche Berge die bukolische Landidylle – und ein Berg mit Burg: Auf dem Puig des Carritxó krallen sich Zinnenmauern und Türme an die Felskante des 423 Meter hohen Tafelberges – die Ruine des Castell de Santueri. Sie bleibt der Richtpunkt auf dem teils asphaltierten, teils durch verwunschene Kiefernwälder ansteigenden Camí des Castell, der uns auf einem Sattel direkt unter dem »Burgfelsen« entlässt. Nach dem letzten Stück der Asphalt-Zufahrtsstraße wenden wir uns der Treppe zum ostseitigen Burgtor zu: Manchmal sind die massiven Türflügel offen, manchmal geschlossen – heute lässt die Kette einen schmalen Spalt für einen Durchschlupf offen.

Mittelalterliche Mauern

Überraschung! Hinter den Befestigungsmauern schreiten wir über eine Wiese, auf der vielleicht schon ein Wachturm der Römer stand. Die Araber befestigten dann die Stellen zwischen den senkrechten Randfelsen. Dank eigener Wasserzisternen und dem Vieh, das sie hier hielten, trotzten sie selbst langen Belagerungen. König Jaume I. konnte Santueri erst 1231, zwei Jahre nach der Erstürmung der Hauptstadt Palma, endgültig einnehmen.
Wir genießen die weite Aussicht über den heißen Süden Mallorcas. Hat man sie in früheren Jahrhunderten ebenso genossen? Damals lebten nur wenige Menschen während des ganzen Jahres in der Burg, um für den Kriegsfall zu trainieren und Wache zu halten. Ihr Speisezettel war karg: Fleisch oder gepökelten Fisch gab's nur selten, man stärkte sich vor allem mit Brot und Wein. Die landwirtschaftlich wesentlich versierteren Araber hatten sich gesünder ernährt – mit mehr Gemüse, aber auch mit Obstsäften oder Wasser, das sie mit Zimt oder anderen Gewürzen aufkochten.

Kulinarisches Heiligtum

Was das Essen betrifft, ist das Angebot auf der nördlich benachbarten Wehranlage noch besser: Die Ermita de Sant Salvador, ein Schmuckstück unter Mallorcas 29 Heiligtümern, thront ebenfalls ganz oben auf

Sant Salvador: Burgberg, Klosterberg

einem Berg, in 494 Metern Seehöhe, mit einer Wallfahrtskirche und dazugehörigem Restaurant. Eine erste Andachtsstätte entstand dort anno 1348, zum Dank für die Überwindung der Pest. Was allerdings blieb, waren die Überfälle der Piraten, also befestigte man den Bau 300 Jahre später wie eine Festung. Ihre massiven Mauern tauchen bei unserer Wanderung erst ganz zuletzt über den Wäldern auf – umso eindrucksvoller ist unterwegs der Blick auf das fruchtbare Flachland am Fuß der Berge. In seinen zahllosen Gärten wachsen u. a. Kartoffeln, Reis, Mais, Gemüse, Kapern und auch Wein, außerdem zaubern zahlreiche Mandelbäume im Spätwinter rosarote oder weiße Blütenwolken. Der Herbst bringt dagegen Farbe in die ostseitigen Heidehänge, durch die wir in einigem Auf und Ab dahinmarschieren: Er schmückt die zahlreichen Erdbeerbäume mit knallroten und quietschgelben Früchten.

Auf einem alten, gepflasterten Pilgerweg erreichen wir schließlich die sieben Meter hohe Christusstatue vor der Ermita. Sant Salvador ist ein mit dem Auto erreichbares und daher heute gut besuchtes Ausflugsziel; auf dem Picknickplatz wird gegrillt und gelacht, im Restaurant mit lautstarker Freude getafelt. Nach dem Besuch der Kirche und ihrer weitum verehrten Muttergottesstatue geht's auf dem historischen Kreuzweg wieder bergab, unterbrochen nur vom kurzen Abstecher zum Creu des Picot, dem großen Kreuz auf dem vorgeschobenen Nordgipfel: Dort liegt auch der Pla, Mallorcas riesige Zentralebene, zu unseren Füßen. Bei einem weiteren Steinkreuz tauchen auch wir wieder in diese Kulturlandschaft unter dem »heiligen Berg« des Südens ein …

🦋 Toureninformationen

Ausgangs- und Endpunkt: Die Abzweigung der beschilderten Zufahrtsstraße zum Castell de Santueri von der Ma-14, knapp 2 km südlich von Felanitx (151 m).

Zufahrt: Auf der Ma-14, Parkmöglichkeit kurz nach Km 14 bei der Abzweigung, beiderseits der Ma-14. Bus nach Felanitx, von dort 30 Min. zu Fuß zum Ausgangspunkt.

Anforderungen: mittelschwere und landschaftlich sehr abwechslungsreiche Tal- und Bergwanderung auf asphaltierten Nebenstraßen, Schotterstraßen und Waldwegen; immer wieder Schatten.

Höchster Punkt: Ermita de Sant Salvador (494 m)

Gehzeit: gesamt 4 Std. (zum Castell de Santueri 1.30 Std., Übergang zur Ermita de Sant Salvador 1.15 Std., Abstieg 1.15 Std.)

Höhenunterschied: ca. 550 Hm Aufstieg, ca. 550 Hm Abstieg

Einkehr: Restaurant in der Ermita de Sant Salvador; Bars/Restaurants in Felanitx

Karten: Mapa Topográfico Nacional de España, Nr. 725-I 1:25 000, KOMPASS Nr. 230 1:75 000

Routenverlauf: Straße Richtung Castell de Santueri – nach Sa Coma Nova links zum Anwesen Torre Binifarda – Schotterstraße zu einem Haus – dahinter auf einem alten Weg zum Coll de sa Rota Penjada (293 m) – kurz hinter dem Sattel rechts zur Asphaltsstraße – Castell de Santueri (423 m). Zurück zur Abzweigung unter dem Coll de sa Rota Penjada – geradeaus bergab – in Rechtskurve oberhalb einer Finca links auf Pfad abzweigen – über eine Anhöhe und durch Waldhänge – Pilgerweg zur Christusstatue – Ermita de Sant Salvador (494 m). Abstieg auf dem Kreuzweg (Abstecher zum großen Kreuz auf dem Nordgipfel) – Parkplatz beim Steinkreuz am Fuß des Berges (207 m) – dort links auf Schotterstraße – gleich darauf rechts durch Waldgelände – nach gut 500 m (im freien Kulturland) links weglos über einen Graben – auf Schotterstraße rechts nach Son Benassar – Ma-14 – links 300 m zum Ausgangspunkt.

Genauer Routenverlauf: www.mallorca-erleben.info › Wandern › Wandern im Süden und am Pla › Castell de Santueri – Ermita de Sant Salvador

Mallorca

Puig de ses Bruixes: verhexte Felsen

Gegensätze ziehen sich an – offenbar auch unter Bergen. Denn gegensätzlicher könnten die zwei Erhebungen, die links und rechts der Straße von Llucmajor nach Algaida aus der Inselebene Es Pla wachsen, nicht sein: ein behäbiger, 540 Meter hoher, »heiliger« Berg und ein »heidnischer« Felsspitz, der nur halb so hoch ist.

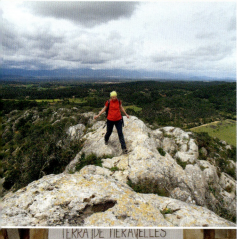

Der »Hexenberg« (oben) und sein Gipfelgrat (Mitte). Der Mönch Ramon Llull auf einer Kachel (unten). Das Santuari de Nostra Senyora de la Gràcia am Berg von Randa (rechte Seite).

Der Theologe und Philosoph Ramon Llull, der im 13. Jahrhundert eine Zeitlang als Einsiedler auf dem breiten Berg von Randa gelebt haben soll, war eine einzigartige Persönlichkeit. Ähnlich wie Franz von Assisi entwickelte er sich vom jugendlichen Raubein zum tiefgläubigen Mystiker, dessen Schriften viele Denker späterer Zeiten beeinflussten. Er entwickelte auch ein halbmechanisches System für logische Kombinationen, um Ungläubige statt mit dem Schwert mit der Kraft des Intellekts zu bekehren – Ramon Llull gilt als ein mittelalterlicher Vordenker moderner Informatik.

Fromme Herren, freche Hexen

In seiner Tradition gründeten Patres später drei Heiligtümer auf diesem Massiv: das Santuari de Nostra Senyora de la Gràcia, das wie ein Schwalbennest unter überhängenden Felswänden »klebt«, die Ermita de Sant Honorat und ganz oben das Santuari de Cura, das eine steinerne Muttergottesfigur birgt. Vor dieser Wallfahrtskirche genießt man eine fantastische Aussicht über 36 Städte und Orte Mallorcas, viele Abschnitte der Küste, die gesamte Serra de Tramuntana sowie die Inseln Cabrera und Ibiza. Allerdings bestückte man in den letzten Jahrzehnten das Gipfelplateau, das auf einer Ausflugsstraße erreichbar ist, auch mit etlichen Sendeanlagen.

Ganz anders zeigt sich der Puig de ses Bruixes: ein Winzling mit 358 Metern Seehöhe, aber auffällig und schroff, durch die merkwürdigen Felsfalten seiner steilen Südflanke unnahbar wirkend. Das beflügelt die Fantasie. So wusste man bald, warum rundum alle Karren steckenblieben: Daran konnten nur Hexen schuld sein! Erblickten sie einen Bauer mit seiner Fuhre, schwirrten sie zu Dutzenden aus, um sich auf den Wagen zu setzen – kein Wunder, dass dann weder Fluchen noch Stockhiebe für die Ochsen halfen. Die Rettung kam wie in so vielen *rondaies*, den mündlich überlieferten Märchen Mallorcas, mit König Jaume I. Er erklomm den Berg, schlug ein Loch in die Gipfelfelsen und errichtete ein Kreuz – von da an war Ruhe.

Auf gut (Gipfel-)Glück

Eines Tages tun wir's dem legendären Herrscher gleich und lenken unsere Schritte ebenfalls auf den Hexenberg. Der König hatte es natürlich einfach, denn zu seiner Zeit gab es noch keine Wochen-

Puig de ses Bruixes: verhexte Felsen

endhäuser am Fuß des Gipfels. Wir dagegen müssen erst einmal den richtigen »Einstieg« im Labyrinth der Zufahrtsstraßen und zwischen den Gartenzäunen finden. Der Aufstieg zum Gipfelgrat ist dann kein großes Problem; die Überschreitung der schmalen Felsschneide bis zum höchsten Punkt bringt vorsichtige und schwindelfreie Bergsteiger zum Jubilieren: diese schier endlose Weite! Der Blick zieht über die Ebene hinaus zum Meer, über die Häuser von Llucmajor und hinüber zum »heiligen Berg« von Randa. Dazwischen schiebt sich noch ein Hügel ins Bild: der Puig de s'Escolà, der »Berg des Messdieners«. Ein solcher soll den unerschrockenen König bei seiner Hexen-Expedition begleitet haben; allerdings wählte der bequeme Herr dann einen leichter erreichbaren Punkt, um ihn mit einem religiösen Zeichen zu krönen …

Heute ist der Puig de ses Bruixes wieder kreuzlos. Da er eigentlich nur den südöstlichen Eckpunkt eines dicht mit Kiefern bewaldeten Hügelzuges bildet, versuchen wir den Übergang zum Puig de Caldent, was mit etwas Unterholzberührung auch gelingt. Für den Abstieg kehren wir zurück zum breiten Sattel zwischen beiden Gipfeln. Natürlich gibt's auch über die Potada des Gegant, das »Portal des Giganten«, eine Sage: Ein Riese soll sich hier mit einem Kollegen getroffen haben, doch statt einem netten Gespräch stand Kampf auf der Tagesordnung. Bei einem Sturz riss einer der beiden mit dem kleinen Zeh ein Stück aus dem Kamm. Mit solch einer Riesen-Schuhgröße wären wir mit einem Schritt wieder unten; so aber müssen wir ein wenig durch den Wald »pfadfindern«, um talwärts den richtigen Weg aufzuspüren.

Toureninformationen

Ausgangs- und Endpunkt: Abzweigung des Camí de Son Saleta von der Ma-5010 bei Km 2,3 zwischen Algaida und Llucmajor

Zufahrt: Auf der Ma-5010, beschränkte Parkmöglichkeit direkt neben der Abzweigung. Bushaltestelle in Llucmajor – von dort müsste man knapp 2 km neben der viel befahrenen Straße zum Ausgangspunkt gehen.

Anforderungen: kurze, aber eindrucksvolle Bergwanderung mit flachem Straßenzugang und einer abschüssigen Felspassage im Gipfelbereich, die Trittsicherheit und Schwindelfreiheit erfordert; nur wenig Schatten.

Höchster Punkt: Puig de ses Bruixes (358 m)

Gehzeit: gesamt 2 Std. (Aufstieg 1.15 Std., Abstieg 0.45 Std.)

Höhenunterschied: 180 Hm Aufstieg, 180 Hm Abstieg

Einkehr: unterwegs keine; Bars/Restaurants in Algaida und Llucmajor

Karten: Mapa Topográfico Nacional de España, Nr. 699-III 1:25 000; KOMPASS Nr. 230 1:75 000

Routenverlauf: Camí de Son Saleta – nach ca. 700 m links auf den Camí de Ferrutxelles – nach 200 m (Casa des Puig) nochmals links abzweigen – ca. 400 m zur Kreuzung bei der Casita Rosa, dort scharf nach rechts – 600 m rechts weiter – bei Straßenteilung geradeaus hinauf – vor dem vorletzten Haus rechts auf einen Waldweg – links auf Pfad (Felsplatten) in einen Sattel – rechts über den Felsgrat zum Gipfel; Abstieg auf derselben Route

Genauer Routenverlauf: www.mallorca-erleben.info › Wandern › Wandern im Süden und am Pla › Auf den Puig de ses Bruixes (358 m)

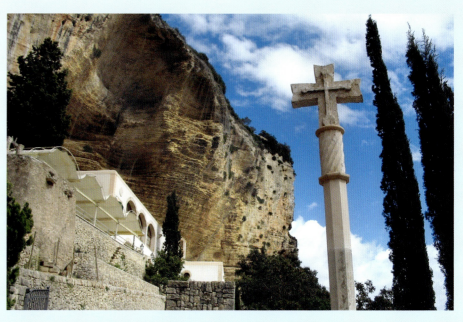

Mallorca

Nationalpark Cabrera: Steine im Meer

Fröhlich schaukeln die Leute im Boot, das von Colònia de Sant Jordi nach Süden schippert – kein Wunder, sind wir doch ein eher exklusives Grüppchen Naturinteressierter: Pro Tag besuchen höchstens 40 bis 50 Menschen den Meeres- und Inselnationalpark Cabrera vor Mallorcas Südküste. Mehr dürfen per Gesetz auch gar nicht kommen.

Insel-Infos gibt's im Cabrera-Zentrum von Colònia de Sant Jordi (oben). Eine Burgbesucherin (Mitte) und ein Küstenbewohner auf Cabrera (unten). Mini-Insel und Burg-Berg (rechte Seite).

Nach etwa 40 Minuten auf den Wellen passieren wir gelbe Bojen: die Grenze des Parc Nacional Marítimoterrestre de l'Arxipèlag de Cabrera, so der offizielle Name des 1318 Hektar großen Schutzgebiets, das insgesamt 19 Inseln umfasst. Die ersten davon ziehen schon an uns vorbei: nackter Fels, vom Salzwasser bizarr durchlöchert, ein paar Grasbüschel im Wind, menschenleere Buchten.

Nicht anders erleben wir die Ankunft auf Cabrera, der 17 Quadratkilometer großen Hauptinsel des Archipels: Kein Dorf, kein Hotel, keine Autos unter den baumlosen, bis zu 172 Meter hohen Karsthügeln, die sich wie die Arme einer versteinerten Krake in alle Himmelsrichtungen ausstrecken. Dank vieler versteckter Buchten bringt es die Insel mit gut fünf Kilometern Nord-Süd- bzw. Ost-West-ausdehnung auf eine Küstenlinie von 38 Kilometern Länge. Nur 20 Menschen leben auf Cabrera, erzählt der Nationalparkwächter vor dem Infobüro, wo nach Voranmeldung geführte Wanderungen auf einige Anhöhen organisiert werden. Auf eigene Faust darf man nur wenige Wege der »Ziegeninsel« erkunden.

Geschichte auf Stein

Einer davon führt zum Castell de Cabrera empor. Die mustergültig renovierte Burg, deren oberste Plattform einen interessanten Rundblick über die Inselwelt bietet, wird erstmals urkundlich im Jahre 1400 erwähnt. Sie geht aber sicher auf frühere Zeiten zurück, vielleicht sogar auf die Römer, die hier die Ziegen erst ansiedelten – so stand bei den Zwischenstopps auf ihren Meeresreisen stets frischer Braten auf dem Speiseplan. Ab dem 10. Jahrhundert herrschten die Araber über Cabrera und noch später Piraten, die die Insel bis ins 17. Jahrhundert als Operationsbasis nutzten. Immer wieder war die Burg heftig umkämpft, wurden ihre Mauern zerstört und neu ausgebaut.

Das schlimmste Kapitel der Geschichte Cabreras spielte sich jedoch im Jahre 1809 ab: Damals, im Unabhängigkeitskrieg gegen Napoleon, deportierte das spanische Militär französische Kriegsgefangene auf die lebensfeindliche Insel. Verschiedene Quellen sprechen von 5000 oder sogar 9000 Mann, die fünf Jahre lang einfach ihrem Schicksal überlassen wurden. Nur 3600 Gefangene

Mallorca

Eidechse auf Cabrera (oben) und Steinmännchen mit Blick zur Inselgruppe (unten). Die Hauptbucht von Cabrera (rechte Seite links), in die das Ausflugsboot fährt (rechte Seite rechts).

überlebten; den Toten widmete man ein kleines Denkmal am Weg vom Hafen Sa Plageta zum Museum »Es Celler«. Dieses birgt eine sehenswerte Sammlung antiker Funde, aber auch Alltagsgegenstände aus dem 19. Jahrhundert, als einige Bauern auf Cabrera Wein anzubauen versuchten – was allerdings die Reblaus zunichte machte. Dafür wurde auf der vergessenen Insel geschmuggelt, was das Zeug hielt – eine Tradition, die sogar Diktator Franco pflegte: Er ließ für die Nazis bestimmtes Penicillin heimlich auf Cabrera lagern, wo es deutsche U-Boote in aller Stille abholten. Nach dem Zweiten Weltkrieg blieb die Insel militärisches Sperrgebiet – bis 1986, als Greenpeace-Boote die Manöver störten, um den Schutz der Inseln zu erzwingen.

Naturwunder Nationalpark

Die jahrhundertelange Abgeschiedenheit erwies sich als Segen für die Natur: Trotz des rauen Inselklimas – viel Wind, kaum Regen, Durchschnittstemperaturen um die 18 Grad – gedeihen auf den von Gebüsch bewachsenen Anhöhen 460 verschiedene Pflanzenarten, darunter 30, die es nur hier gibt. Auf unserer Wanderung über den Coll Roig zum Leuchtturm am südwestlichen Cap de n'Ensiola begegnen wir aber vor allem einer endemischen Unterart der Balearen-Eidechsen, und zwar rauen Mengen davon: Ohne Scheu wieseln die schwarzen Minidrachen über unsere Schuhe. Ziegen leben übrigens keine mehr auf der Ziegeninsel; sie würden das sensible ökologische Gleichgewicht empfindlich stören.

Nationalpark Cabrera: Steine im Meer

Dafür ist das Meer rundum überaus artenreich: Rund um Cabrera tummeln sich Zackenbarsche, Muränen, Delphine und mitunter sogar Meeresschildkröten oder Wale im ungewöhnlich sauberen Wasser. Motorboote und Sportfischerei sind im Nationalpark tabu, Besuche von Segelbooten strikt reglementiert. Das »Mittelmeer des Ulysses, eine Stunde von Palma entfernt« – so brachte es der spanische Naturforscher Félix Rodríguez de la Fuente auf den Punkt. Das Wasser hält schließlich auch am Ende unseres Tagesausflugs eine Überraschung für uns bereit: die Cova Blava, die »blaue Grotte«, die schönste unter den zahlreichen Höhlen der Inselklippen. Unser Bootsführer steuert das Schiff vorsichtig unter das riesige, sechs Meter hohe Steingewölbe. Bald umgibt uns die Finsternis, doch Richtung Höhlenausgang blicken wir plötzlich wie in ein Kaleidoskop unglaublicher blauer Farbnuancen, die an karibischen Curaçao-Likör erinnern. Welch ein schöner Ort, um einmal so richtig blau zu machen!

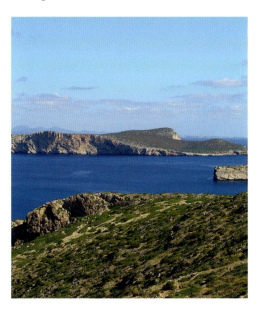

Toureninformationen

Ausgangs- und Endpunkt: Colònia de Sant Jordi, Hafen

Zufahrt: Von Campos auf der Ma-6040, auch Busverbindung. Bootsüberfahrt: Excursions a Cabrera (Büro am Hafen, Tel. 9 71/64 90 34, www.excursionsacabrera.es, täglich ab 10 Uhr, Rückkehr ca. 17 Uhr, Fahrtdauer jeweils ca. 1 Std.) oder Marcabrera (Carrer Gabriel Roca, Colònia de Sant Jordi, Tel. 6 22/57 48 06 oder 9 71/65 64 03, www.marcabrera.com, Abfahrtszeiten mehrmals ab 9 Uhr, auch Inselrundfahrten ohne Inselaufenthalt).

Anforderungen: Bootsausflug mit zwei einfachen Kurzwanderungen auf breiten, teils asphaltierten Wegen; die längere Strecke zum Leuchtturm n'Ensiola erfordert etwas Ausdauer; kein Schatten.

Höchster Punkt: ca. 70 m

Gehzeit: gesamt 4 Std. (zur Burg und zurück ca. 1 Std., zum Museum und zurück ca. 1 Std.; vom Hafen zum Leuchtturm N'Ensiola und zurück ca. 3 Std.) – den Zeitpunkt der letzten Rückfahrt beachten!

Höhenunterschied: Für die beiden Kurzwanderungen insgesamt 100 Hm Aufstieg, 100 Hm Abstieg; zum Leuchtturm 250 Hm Aufstieg, 250 Hm Abstieg

Einkehr: auf der Insel keine; bei Überfahrt mit Excursions a Cabrera Bar an Bord und Verpflegung nach Vorbestellung; Bars/Restaurants in Colònia de Sant Jordi

Karten: Infobroschüre von Excursions a Cabrera mit Übersichtskarte (gibt's gratis bei der Überfahrt), KOMPASS Nr. 230 1:75 000

Routenverlauf: Die Wege vom Hafen zur Burg von Cabrera und über die Bucht Sa Plageta zum Museum »Es Celler« sind beschildert und nicht zu verfehlen. Der Weg zum Leuchtturm N'Ensiola führt auf einer asphaltierten Trasse von Sa Plageta in den Westen der Bucht (S'Espalmador) und zweigt dann links ab. Aufstieg zum Sattel des Coll Roig (ca. 100 m), südseitiger Abstieg zur Bucht S'Avarador des Far und Wiederaufstieg zum Leuchtturm (ca. 100 m); Rückweg auf derselben Route.

Tipp: Das Cabrera-Zentrum in Colònia de Sant Jordi bietet die perfekte Vorbereitung bzw. einen schönen Ausklang für einen Ausflug zur Insel. Carrer de Gabriel Rocca im Ortszentrum, kurz hinter der Platja de es Port (Richtung Ses Salines/Santanyí), Öffnungszeiten derzeit täglich von 9.30–14.30 Uhr und 15.30–18 Uhr.

Der Fernweg GR-221: Tramuntana-Trekking

Mallorquiner wissen meist, woher der Wind weht: *tramuntana*, »über die Berge«. Gemeint ist damit der 88 Kilometer lange, 25 Kilometer breite und bis zu 1436 Meter hoch aufragende Gebirgszug der Serra de Tramuntana, der sich von Calvià im Südwesten bis zum Cap de Formentor im Norden der Insel erstreckt: ein kleines, aber wildes Gebirge, ähnlich den Kalkalpen oder den Abruzzen. Viele seiner Höhenzüge zeigen steile Felsabbrüche gegen Nordwest und sanfter geneigte Hänge gegen Südost, die der Dichter Miquel Costa i Llobera aus Pollença einmal so beschrieben hat: »Sie sind wie große Wellen, die die Erde, von unermesslichem Sehnen ergriffen, aufgetürmt hoch in den angrenzenden Raum.«

Ein Sehnen ergreift da wohl auch manche Wanderer. Einmal quer durch dieses Gebirge, von Dorf zu Dorf, vom Meerblick zum Gipfelpanorama – ein Traum? Ja, aber ein erfüllbarer: Seit Jahren arbeitet die Inselregierung an der Realisierung eines 130 Kilometer langen Wanderweges durch die Serra de Tramuntana, von Port d'Andratx bis Pollença. Neben dem Kürzel GR (»Gran Recorregut«) trägt er die Nummer 221 unter den 241 spanischen Fernwanderwegen.

Immer den Mauern nach …

Romantischer klingt die Bezeichnung *La Ruta de Pedra en Sec* (»Die Route der Trockensteinmauern«). Tatsächlich führt dieser Weg zwischen alten Steinbegrenzungen hindurch, vorbei an zahlreichen Terrassen und Relikten einer längst versunkenen Arbeitswelt. In Kursen der *Escola de Margers del Consell de Mallorca* (Mauerbauerschule), in der bereits mehr als 100 Menschen eine Ausbildung erhielten, wurden ganze Abschnitte des GR-221 mustergültig renoviert – ebenso wie die historischen Gebäude, die nun als *refugis* (Wanderherbergen) Schlafsäle und Verpflegung bieten: Can Boi in Deià (32 Betten), Muleta oberhalb von Port de Sóller (30 Betten), das Refugi des Tossals Verds im Bergland südlich des Cúber-Stausees (30 Betten), Son Amer bei Lluc (52 Betten) und das Refugi de Pont Romà in Pollença (44 Betten). Nächtigung und Essen muss man unbedingt vorbestellen – mindestens fünf Tage und höchstens zwei Monate vor der Ankunft. Die Buchung erfolgt über www.conselldemallorca.net/mediambient/pedra (Button »Reserva refugis«) oder telefonisch (Mo–Fr 9–14 Uhr 00 34/9 71/17 37 00, auch englisch). In jedem Fall wird ein E-Mail- oder Faxformular für

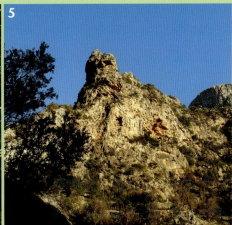

persönliche Daten und die Überweisung des Preises zugesandt; Alpenvereinsmitglieder genießen Ermäßigungen. Allerdings sollen einzelne *refugis* der Inselregierung aus Kostengründen privatisiert werden (aktuelle Infos auf www.mallorca-erleben.info). Einzel-, Doppel- und Mehrbettzimmer bietet übrigens auch das Kloster Lluc (www.lluc.net).
Die Wegetappen zwischen den genannten Herbergen sind gut beschildert und mit Richtungspfosten ausgestattet. Von Port d'Andratx bis Deià blieb der GR-221 jedoch bislang ein »Fernwander-Flickwerk«: Wegweiser gibt's dort nur an einigen Teilstrecken und auch die geplanten *refugis* sind noch nicht fertiggestellt. Aus diesen Gründen finden Sie auf den folgenden Seiten statt der »offiziellen« acht Etappen des GR-221 zehn Teilstrecken und eine Rundtour, die sich auch einzeln für Tagestouren empfehlen. Am einfachsten ist die Anreise zu den Ausgangspunkten mit einem Mietauto; zurück zum Startpunkt gelangt man in den meisten Fällen per Bus (www.consorcidetransports.org).

Für ein erstes Kennenlernen des GR-221 empfehlen wir eine wunderschöne zwei- bis viertägige Tour vom Meer ins Bergland: von Deià zum Cùber-Stausee und vielleicht weiter nach Lluc. Wer gern in einem eigenen Zimmer nächtigt (und einen leichten Tagesrucksack schätzt), bucht ein Hotel in Port de Sóller. Von dort fährt man zunächst mit dem Bus nach Deià und wandert auf Etappe 7 zurück. Dank der Buslinie nach Cúber und Lluc sind dann auch die Etappen 8, 9 und 10 als Tagestouren ab Port de Sóller möglich (allerdings nur von 1. April bis 31. Oktober und nicht an Sonntagen).

Schnupper- oder Supertour?
Schwieriger allerdings wird die Planung einer Gesamtbegehung des GR-221. Da sich in den Etappenorten zwischen Port d'Andratx und Deià kaum Hotelzimmer nur für eine Nacht buchen lassen, empfiehlt sich für die erste Weghälfte ebenfalls ein zentraler Ausgangspunkt: in Palma, wo man für sechs Nächte ein Hotel bucht – möglichst nahe am Busbahnhof beim Hauptbahnhof (Estació Intermodal) an der Placa d'Espanya. Von dort fährt man zu den einzelnen Startpunkten und kehrt abends von den Tageszielen wieder zurück (den Ausgangspunkt der Etappe 3 erreicht man von Andratx aus nur per Taxi). Ab der sechsten Etappe stehen Wanderherbergen für die Übernachtung zur Verfügung – oder man wählt wie bei der »Schnuppertour« ein Hotel in Port de Sóller als zweites Standquartier.
Ob Tageswanderung, Wochenendtour oder Gesamtstrecke: Machen Sie sich beschaulich auf den großen Weg durch Mallorcas großes Gebirge – und Sie werden sich fühlen wie Frédéric Chopin anno 1838 auf Mallorca: »Ich bin in der Mitte des Schönsten, was die Welt zu bieten hat.«

1 Eine Furt im Barranc de Biniaraix 2 Schilder gibt's nicht überall 3 Backofen aus Stein 4 Historische Behausung aus Stein 5 Raue Serra de Tramuntana 6 Mustergültige Mauer – ohne Mörtel gebaut

Mallorca

Port d'Andratx – Sant Elm: Prolog per pedes

Der »Einstieg« in den GR-221 hinterlässt zwiespältige Eindrücke: Hier bestätigt sich manches Klischee über »Malle«, hier beginnt aber auch das vielbeschworene »andere Mallorca«. Der überraschende Blick zur Insel Dragonera lässt das Herz höher schlagen, die Fernsicht macht neugierig auf landschaftliche Fünf-Sterne-Attraktionen des großen mallorquinischen Weges.

In seinem Buch »Das neue Wandern« geht Manuel Andrack auch der Frage nach, was Wanderer unglücklich macht: »Schutthalden und Wohngebiete sind pfui, Steinbrüche und Maschendrahtzäune stören. Und Strommasten gehen gar nicht.« So gesehen bietet Port d'Andratx keinen guten Einstieg in die Route der Trockensteinmauern: Seit vielen Jahren wird die Bucht im Südwesten Mallorcas, die zu den schönsten Naturhäfen der Welt zählt, mehr und mehr zugebaut. Häuser wachsen schier die Hänge hinauf, kaum ein freier Platz, der nicht als Zweitdomizil für betuchte Ausländer adaptiert worden wäre. Die ersten 30 Wanderminuten des Weitwanderweges erdulden wir in einem Gebiet zwischen noblen Villenvierteln, in dem diese Entwicklung auf verwaisten Fundamenten und staubigen Grundstücken stecken geblieben ist – die Folgen von Spekulation und Skandalen.

Vorwärts zur Natur

Doch hinter dem Coll des Vent, dem »Sattel des Windes«, betreten wir eine ganz andere Welt: einen unberührten Kiefernwald, in dem Grauschnäpper und Balearen-Grasmücken durch die Zweige flattern. Und bald wandern wir durch die Dissgrashänge eines Bergrückens, von dem so mancher Sehnsuchtsblick westwärts zum 300 Meter tiefer gelegenen Strand der Cala d'Egos hinabzielt. Bis hinüber zur Sendeanlage hinter dem Puig d'en Ric öffnet sich dann auch die Sicht nach Osten: Grün-braunes Garten- und Feldgesprenkel umgibt das Kleinstädtchen Andratx. Dort wohnen viele, die der Bauboom in ihrem einst weltvergessenen Hafen wohlhabend gemacht hat. Die Nachbargemeinde Calvià, auf deren Gebiet gleich drei Strandorte liegen, zählt zu den reichsten Kommunen ganz Spaniens. Oberhalb davon ziehen jedoch sanft gewellte Waldflächen zur Mola de s'Esclop empor. Dieser nicht ganz 1000 Meter hohe, aber felsmächtige Berg schürt unsere Vorfreude: An ihm führt die dritte Wegetappe des GR-221 vorbei. Hinter dem Sender erwartet uns ein Panoramaplatz der Superlative: die Felskante des Pas Vermell. Unter uns »schwimmt« die Illa de sa Dragonera, die 4,2 Kilometer lange »Dracheninsel«, im

Der Pas Vermell (oben). Sie gibt leider keine Wegauskunft (Mitte). Zielpunkt Cala es Conills (unten). Die Insel Dragonera, gesehen vom Pas Vermell aus (rechte Seite).

Port d'Andratx – Sant Elm: Prolog per pedes

Meer – wie ein steinernes Krokodil mit 349 Meter hohem Buckel. Vor Jahren sollte das Eiland mit Hotels verbaut werden. Mitglieder des mallorquinischen Umweltverbands G.O.B. vereitelten dieses Schicksal und setzten die Schaffung eines Naturparks durch. Täglich tuckert das kleine Boot »Margarita« von Sant Elm hinüber; man darf die Insel (und ihre zahllosen, nur dort vorkommenden, aber recht zutraulichen Eidechsen) nur auf drei markierten Wegen kennenlernen.

Inselblick und Felsenweg

Den Abstieg nach Sant Elm empfinden wir jedes Mal als spektakulär: Auf einem breiten, rot gefärbten Gesteinsband geht es mitten durch die Felsabstürze des Pas Vermell. Im darunter gelegenen, von *macchie* bewachsenen Hang erstrahlen im Frühling Zistrosen, die an zerknülltes Seidenpapier erinnern, und Zwergpalmen sorgen für einen Hauch von Afrika. Am nahen Coll de sa Barrera zeigt ein runder Platz, dass hier ein Löschwasserbecken stand – die Waldbrandgefahr ist allgegenwärtig. Und die Gefahr, sich zu verirren: Hier macht sich das Fehlen von Markierungsschildern besonders negativ bemerkbar. Auf der sicheren Seite bleibt, wer auf der Schotterstraße westwärts in den Canal d'en Sastre absteigt. Aus diesem stillen, von Wald und Felsen umfassten Tal, das gegen das Meer hin ausläuft, führt rechts ein schmaler Weg hinter dem Castell de Sant Elm vorbei Richtung Meer. Wer weiß (oder errät), wo die versteckten Pfade durch Wald und Gebüsch verlaufen, kann die Beine schneller im Wasser der *Cala es Conills* (Kaninchenstrand) von Sant Elm abkühlen.

Toureninformationen

Ausgangspunkt: Port d'Andratx, Bushaltestelle »Club Vela« am Hafen, Parkplätze an Nebenstraßen hinter der Strandpromenade.

Endpunkt: Sant Elm

Zufahrt: Von Palma mit der Buslinie 102; Rückfahrt von Sant Elm Linie 100

Anforderungen: die erste Etappe des GR-221 verläuft auf breiten Wegen und schmalen Pfaden. Nicht beschildert, aber mit Steinmännchen und einzelnen Farbzeichen markiert; vor allem beim Abstieg nach Sant Elm ist die Orientierung nicht einfach; schatten vor allem beim Abstieg.

Höchster Punkt: Pintal Vermell (312 m)

Gehzeit: gesamt 3 Std. (zum Pas Vermell 1.30 Std., Abstecher zum Pintal Vermell 0.30 Std. hin und retour, Abstieg 1 Std.)

Höhenunterschied: 350 Hm Aufstieg, 350 Hm Abstieg

Einkehrmöglichkeit: unterwegs keine; Restaurants und Cafés in Port d'Andratx und Sant Elm

Karten: Editorial Alpina E-25 Mallorca, Tramuntana Sud 1:25 000, KOMPASS Nr. 230 »Mallorca«, 1:75 000

Routenverlauf: Port d'Andratx – auf der Avinguda de Gabriel Roca Garcias zum Yachthafen an der Nordseite der Bucht – rechts auf die Carretera Aldea Blanca – nach 200 m links auf den Carrer de Cala d'Egos Richtung Hotel Mont Port – Schotterstraße zum Coll des Vent (163 m) – Sattel (256 m) – ca. 1 km zu einem Sendemast – nach ca. 150 m scharf rechts auf Pfad zum Pas Vermell (295 m) – wegloser Abstecher zum Pintal Vermell (312 m). Abstieg zu einem Sattel – Schotterstraße links in ein Tal – nach ca. 800 m auf schmalerem Waldweg zu einer Forsthütte – teils betonierte Trasse bis vor den Puig Blanc – links auf einem steilen Pfad und über Felsstufen zur Cala es Conills – Sant Elm.

Genauer Routenverlauf: www.mallorca-erleben.info › Wandern › Weitwanderweg GR-221 › GR-221, 1. Etappe

Mallorca

La Trapa: Mauern mit Meerblick

1810 kamen Mönche des Trappistenordens nach Mallorca, 300 Meter über Sant Elm gründeten sie ein Kloster. Schweigen, Meditation und Askese hatten sie sich auferlegt – doch den Blick zur Insel Dagonera werden sie bestimmt genossen haben. Nach nur zehn Jahren löste der Staat das Kloster auf; die Anlage verfiel. Seit etlichen Jahren wird versucht, sie als Herberge zu revitalisieren – ein Top-Wanderziel am GR-221 ist La Trapa jedoch heute schon.

Die Avinguada de La Trapa – das Tor in ein Zauberreich? Durchaus, denn die flache, nur anfangs asphaltierte Straße führt vom Nordrand von Sant Elm geradewegs in einen stillen Waldgraben. Nach knapp 30 Minuten taucht das verlassene Anwesen Can Toveví auf und damit die Frage: Gleich zur Klosterruine hinauf oder zuvor noch zur Torre de Cala en Basset? Wer den Weitwanderweg GR-221 auf der Agenda hat, sieht den 30-minütigen Abstecher zum alten Seeräuber-Wachturm direkt gegenüber der Insel Dragonera besser für eine eigene Kurzwanderung vor.

Mauern ganz ohne Mörtel

Wir nehmen also den breiten, geradeaus in den Kiefernwald führenden Weg unter die Wanderschuhe. Er verschmälert sich bald zu einem Pfad, der im Zickzack ansteigt. Und hier hält die Ruta de Pedra en Sec erstmals ihr Versprechen: Terrassenmauern! Sie bezeugen, dass einst viel mehr Land von den Großgrundbesitzern bzw. ihren Tagelöhnern bewirtschaftet wurde. 15 000 Kilometer umfasst das Netz dieser (Stütz-)Mauern allein in der Serra de Tramuntana. Trockensteinmauern verhindern das Abrutschen der Erde und ermöglichen die Anlage ebener Flächen, selbst in so steilen Hängen wie hier. Und sie bilden ganz eigene Biotope, in denen allerlei Kleingetier kreucht und fleucht – das Wiesel etwa erhielt von den Mallorquinern den charmanten Namen *donna di muri* (Mauerdame).

Mauerdamen ganz anderer Art kämpfen ein Stück weiter oben mit dem schmaler, steiler und felsiger werdenden Pfad: La Trapa steht im Angebot so gut wie aller Wander-Reisebüros und Wanderführer. Jener, den wir heute hier oben treffen, ist deutlich jünger als seine schwitzenden Schutzbefohlenen, darum macht er auch ein wenig länger Pause auf dem schönen Felsvorsprung, der einen Prachtblick zur Cala en Basset mit ihrem erwähnten Wachturm und zur Insel Dragonera bietet. Oberhalb davon sind noch ein paar künstlich angelegte Stufen zu erklimmen, dann liegt auch La Trapa im Blickfeld: eine Handvoll halb-

La Trapa – Ruine in Traumlandschaft (oben). Cap de Fabioler – 400 Meter über dem Meer (unten).

verfallener (bzw. halbrenovierter) Gebäude, das vollständig mit Terrassenmauern ausgestaltete Tal, rechts darüber die Felszackenreihe des Puntal des Forn und links unten das Mittelmeer mit der »Dracheninsel« als Blickfang. Es lohnt sich, hier ein wenig Zeit zu verbringen und die Aussicht vom alten, kreisrund angelegten Dreschplatz zu genießen.

Kleine Ziegen-Kunde

Wie weit sich das Vall de Sant Josep, das Hochtal oberhalb von La Trapa, wirklich ausdehnt, wird uns erst beim Weitermarsch bewusst. Kurz vor dem Coll de ses Ànimes zieht vom Fahrweg ein schmaler Pfad in die weiten Hänge voller Dissgras – mehr haben die Waldbrände der jüngeren Vergangenheit nicht übrig gelassen. Daher werden da und dort junge Bäume angepflanzt, kleine Kiefern, geschützt in runden Drahtzaun-Umhüllungen. Die Antwort auf das »Warum?« ertönt von allen Seiten: Meckern. Mehr als 20 000 halbwilde Ziegen leben auf Mallorca, die meisten davon im Gebirge. Nett, wenn sie mit neugierigem Blick Eindringlinge in ihrem Revier mustern, um dann oft geradezu gelangweilt davonzutraben. Ökologen haben weniger Freude mit ihnen: Ziegen fressen die Vegetation kahl und verhindern damit die Verjüngung der Wälder.

Bei den meisten Tieren handelt es sich um verwilderte Hausziegen mit grauschwarzem oder dunkelbraunem Fell. Man erkennt sie am weißen Fleck auf der Stirn und an ihrem langen ovalen Hautlappen am Hals. Einst hielt man die Hausziegen in Herden, überließ sie dann jedoch sich selbst. So vermischten sie

sich mit den Wildziegen (*cabras finis*), die schon in prähistorischer Zeit auf die Insel gekommen waren. Diese endemische – also nur hier vorkommende – Tierart hatte sich dem Ökosystem hervorragend angepasst. Heute gibt es auf Mallorca noch etwa tausend Wildziegen. Mit einer Schulterhöhe von etwa 70 Zentimetern sind sie etwas kleiner als ihre verwilderten Verwandten; sie zeigen ein rötlichbraunes Fell mit einem schwarzen Streifen, der über Bauch und Rücken verläuft, bernsteinfarbene Augen und fast waagrecht abstehende Ohren. Die Weibchen bekommen nur ein Junges pro Jahr – verwilderte Ziegen vermehren sich viermal so rasch. Um ihren Bestand wieder ins ökologische Gleichgewicht zu bringen, jagt man sie nun vermehrt – nicht nur mit dem Gewehr, sondern auch per Lasso. Dabei kreisen Hunde die Ziegen ein, dann wird ein Seil um ihren Hals geschlungen. Diese Methode verlangt Geduld und körperli-

Unterwegs im Affodill. »Was will denn dieser Mensch in meinem Revier?«, scheint sich die Wildziege zu fragen (oben und unten).

Mallorca

Die Illa de sa Dragonera (oben) und der Torre de Cala en Basset (unten) – zwei Blickpunkte von La Trapa

che Fitness, hat auf der Insel jedoch eine lange Tradition und eignet sich auch für Gebiete in der Nähe von Siedlungen, wo nicht geschossen werden darf.

Was für ein Tiefblick!
Im Gebiet des flachen Puig de ses Basses stehen wir vor einem großen Steinmann. Und links geht's mit wenigen Schritten zu einem wirklich atemberaubenden Aussichtsplatz: Der Mirador d'en Josep Sastre klebt direkt an den Felsabstürzen, 400 Meter über den Klippen des Morro d'en Fabioler, die den Brechern des sturmgepeitschten Meeres Widerstand leisten. Lieber Foment de Turisme de Mallorca: Danke für das Sicherheit gewährende Mäuerchen! Der 1905 gegründete Tourismusverband der Insel pflegt dieses kleine Ausflugsziel seit vielen Jahren.

Wir können uns von diesem magischen Ort kaum losreißen. Doch der Hund, der uns schon seit geraumer Zeit begleitet, drängt zum Aufbruch. Dünn zum Gotterbarmen, aber fröhlich mit dem Schwanz wedelnd spekuliert er wohl auf einen Happen aus dem Rucksack. Jedenfalls dirigiert er uns bergab zur Caseta de ses Basses; nach diesem Häuschen ist ein weiterer Aussichtspunkt über der Steilküste benannt. Aber wir haben anderes vor: Statt der Originalroute des GR-221, dem drei Kilometer langen Fahrweg zum Coll de sa Gramola an der Küstenstraße Ma-10 zu folgen, wollen wir auf einer längeren, neuerdings sogar beschilderten Route nach S'Arracó wandern. Für das kleine Dorf zwischen Andratx und Sant Elm sprechen gute Gründe: erstens der weltentlegene Weg

La Trapa: Mauern mit Meerblick

dorthin und zweitens die Tatsache, dass wir uns für die Rückfahrt auf der Küstenstraße ein Taxi hätten organisieren müssen – zwischen Andratx und Estellencs gibt's nämlich keinen Busverkehr.

Mallorca, ganz anders ...

Also biegen wir nach dem Gebäude scharf rechts auf einen Karrenweg in den Torrent de sa Font de Bosc ab. Bei unserer ersten Mallorca-Wandervisite konnten wir uns nicht vorstellen, wozu da unten eine Verbauungsmauer besteht – bis sich ein Gewitter über uns entlud: Binnen Minuten donnerten braune Wassermassen durch das sonst knochentrockene Bachbett hinein in eine enge Schlucht, die auch den Pfad am anderen Talhang wieder in die Höhe zwingt. Diesmal wandern wir bei gutem Wetter durch das herbschöne Grasgelände zur Mauerruine der Caseta de l'Amo en Pep – verlassenes Bauernland also auch hier! Über den ersten Kiefern spitzt der schiffsbugartige Puig d'en Farineta empor. Bald wird unser Weg wieder breiter, überrascht mit einem Felseinschnitt und schlängelt sich durch Wald in ein stilles Tal hinab.

Von seinem hinteren Grund führt ein direkter, wenngleich recht verborgener Weg zum Friedhof zwischen S'Arracó und Sant Elm und weiter durch das Tal von Palomera nach Can Tomeví – sein Name: »Seeräuberweg«. Mehrmals drangen Piraten von der Cala en Basset ins Hinterland unter dem Felsriff des Puig d'en Farineta vor, um zu rauben, zu morden und Menschen als Sklaven zu entführen. Ein ganzes Dorf sollen die Freibeuter hier einmal ausgelöscht haben.

🜛 Toureninformationen

Ausgangspunkt: Sant Elm

Endpunkt: Coll de sa Gramola (344 m) an der Ma-10 (Km-Stein 106)

Zu- und Rückfahrt: Mit dem Auto auf der Ma-1030; Gebührenparkplatz am Ortsrand. Buslinie 100 von Palma nach Andratx, nach Sant Elm Linie 102; für die Rückfahrt vom Coll de sa Gramola muss man vorab in Andratx ein Taxi organisieren (Tel. 9 71/23 55 44 bzw. 9 71/13 63 98).

Anforderungen: mittelschwere und landschaftlich sehr eindrucksvolle Wanderung auf schmalen, stellenweise auch steilen Pfaden; eine kurze Felspassage (Schwindelfreiheit und Trittsicherheit notwendig). Die Rundweg-Variante erfordert Ausdauer. Schatten im Aufstieg nach La Trapa und im letzten Abschnitt der Rundweg-Variante.

Höchster Punkt: Mirador d'en Josep Sastre (ca. 400 m)

Gehzeit: gesamt bis Coll de sa Gramola 3.30 Std., Rundtour-Variante 5 Std. (Aufstieg nach La Trapa 1.30 Std., zum Coll de sa Gramola 2 Std., Rundweg-Variante nach Sant Elm 3.30 Std.)

Höhenunterschied: zum Coll de sa Gramoler 500 Hm Aufstieg, 100 Hm Abstieg; Rundweg-Variante 600 Hm Aufstieg, 600 Hm Abstieg

Einkehrmöglichkeit: unterwegs keine; Restaurants und Cafés in Sant Elm und S'Arracó

Karten: Editorial Alpina E-25 Mallorca, Tramuntana Sud 1:25 000, KOMPASS Nr. 230 »Mallorca« 1:75 000

Routenverlauf: Sant Elm – Plaça de Mossèn Sebastià Grau – Avinguda de La Trapa – Can Tomeví – geradeaus auf Waldweg – eine Schotterstraße queren – Pfad nach La Trapa (250 m) – auf Fahrweg Richtung Coll de ses Ànimes – kurz davor links auf einem Pfad gegen den Puig de ses Basses (493 m) ansteigen – Abstecher zum Mirador über dem Cap Fabioler (440 m) – Caseta de ses Basses – Karrenweg zum Coll de sa Gramola (344 m) an der Ma-10

Rundweg-Variante: ca. 400 m nach der Caseta de ses Basses rechts auf dem beschilderten Camí de ses Rotes de s'Hereu in den Torrent de sa Font des Bosc hinab – Aufstieg auf Anhöhe – Caseta de l'Amo en Pep – Sattel am Puig d'en Corso – Abstieg auf Fahrweg – am Talboden in Linkskurve rechts auf schmalen Pfad abzweigen – Can Farineta (132 m) – Coll de sa Palomera (120 m) – Coll des Cairats (106 m) – Can Tomeví – Sant Elm

Genauer Routenverlauf: www.mallorca-erleben.info › Wandern › Weitwanderweg GR-221 › GR-221, 2. Etappe

Mallorca

Mola de s'Esclop: über den Holzschuh

Zur Ehre als »Tausender« fehlen dem Esclop bloß 72 Meter. Die Berglandschaft im Südwesten Mallorcas prägt das sagenumwobene Felsmassiv, dessen Name mit »Holzschuh« übersetzt werden könnte, trotzdem ganz entscheidend.

Frühmorgens ist es noch ganz still im Hochtal des Pla de s'Evangèlica. So können wir an der Küstenstraße Ma-10 in aller Ruhe nach der Abzweigung des GR-221 in die Coma de ses Selles suchen. Auch die kleinen Anwesen dieses Waldtals liegen verlassen da, bis zu den Feldern der Caseta des Carabinero lauschen wir ungestört dem Vogelkonzert. Gottlob entdecken wir den verborgenen Pfad, der dort abzweigt und sich oberhalb eines Felsturms zum Pas Gran emporschlängelt. Hinter dem Einschnitt überrascht uns ein licht bewaldeter, zerklüfteter und schräg ansteigender Rücken, auf dem Gebüsch die Pfadspuren verschluckt. Steinmännchen lassen jedoch kaum Orientierungsfragen aufkommen, außerdem gibt der (noch ferne) Esclop nun die Richtung vor.

Verborgene Welt

Im Rückblick zeigen sich die Klippen des Morro des Fabioler, ein *Avenc* (Felsschacht) mahnt, dass wir uns hier im Karstgelände befinden, und ein Zaun will per Leiter überwunden werden. Dann entdecken wir das unter Bäumen verborgene Haus Ses Alquerioles, das wir respektvoll umgehen. Bei einem steinernen Brunnen beginnt der »alpine« Tourenbereich. Klettern im hohen Gras? Das ist nur eine der Übungen, die uns vor dem Gipfelglück abverlangt werden. Verzweigte Pfade unter einer Felswand, vom Sturm gestürzte Kiefern und ein origineller Felsspalt, der Pas d'en Ponsa, halten die Spannung auf hohem Level. Schließlich entdecken wir auf einer schmalen Hochebene direkt unter dem schroffen Gipfelaufbau der Mola de s'Esclop Hüttenfundamente, Mauern und einen Dreschplatz, die belegen, dass einst selbst so entlegene Gebiete landwirtschaftlich genutzt wurden.

Von dort soll der GR-221 dereinst am Fuß des Berges zum Coll de sa Font des Quer hinüberziehen. Eine schöne Höhenwanderung unter bizarren, bleichen Gesteinsformationen – aber wir sind neugierig, wie der steinerne »Holzschuh« oben aussieht. Es scheint einen Durchschlupf zwischen den Felsabstürzen zu geben; zumindest die Mauerreste einer verfallenen Viehkoppel finden wir weiter oben vor einer Halbhöhle. Daneben ermöglicht eine breite Rinne einen erstaunlich einfachen Aufstieg zur Gipfelsäule. Dort, 928 Meter über dem Mittelmeer, überrascht uns ein optischer Paukenschlag: Der gegenüber aufragende Puig de Galatzó zeigt sich über duftigen Nebelschwaden – ein schwebender Zauberberg!

Die Mola de s'Esclop (mit Zwergpalme, oben). Das Landgut Sa Coma d'en Vidal (Mitte). Es Castellet, dahinter der Puig de Galatzó (unten).

Mola de s'Esclop: über den Holzschuh

Abenteuer eines Gelehrten

Das weite Gipfelpanorama lockte im Jahre 1808 den französischen Astronomen, Physiker und Mathematiker Rosselló Dominique François Aragó an. Für seine Vermessungsarbeiten ließ er auf dem Gipfel eine Hütte bauen, deren Steinmauern heute noch stehen. Gedankt hat man ihm seine aufopferungsvolle Tätigkeit damals, zur Zeit der Napoleonischen Kriege, nicht: Verdächtigt als Spion entkam er dem Scharfrichter nur knapp. Allein war Aragó wohl nicht auf seiner hohen Warte, das belegen die Ruinen von Hütten und Terrassen auch jenseits des Berges.

Doch wie geht's dort hinunter? In der abweisenden Ostflanke zeigen Steinmännchen eine Route, die man sich von unten kaum vorstellen kann. Vorsichtig tasten wir uns über Felsstufen abwärts und landen bei einer Trockensteinmauer, die zwischen dem Esclop und dem benachbarten Felsklotz Es Castellet zwei Landgüter voneinander trennt.

Der weitere Abstieg gestaltet sich beschaulicher. Am Fuße der Serra des Pinotells stehen wir vor einer Mauer, deren Zaun eine Lücke aufweist – unser Waypoint für den nun wieder beschilderten Weg ins Tal von Vidal. Das dortige Landhaus Sa Coma d'en Vidal wurde von der Inselregierung als Naturschutzzentrum und weitere Herberge am GR-221 adaptiert. Im weiteren Abstieg zur Küstenstraße beeindrucken die wilden Wände der Serra des Pinotells mit einem Hauch von Dolomitenflair – ein beeindruckender Schlussakkord, bevor man die letzten zwei Wegkilometer der Etappe nach Estellencs auf »Schleichwegen« neben der Straße hinter sich bringt.

Toureninformationen

Ausgangspunkt: Pla de s'Evangèlica zwischen Andratx und Estellencs (330 m), Abzweigung bei Km 104,4 an der Küstenstraße Ma-10 (etwa 1,5 km nordöstlich des Coll de sa Gramola, Schild »Sa Coma de ses Selles«)

Endpunkt: Estellencs (150 m)

Zufahrt: Wer mit dem Auto auf der Ma-10 anreist (nur wenige Parkmöglichkeiten am Ausgangspunkt), steigt vom Gipfel wieder auf der Aufstiegsroute ab oder organisiert für die Rückfahrt von Estellencs (kürzer schon von Km 97) ein Taxi. Buslinie 100 von Palma nach Andratx. Keine Buslinie von Andratx zum Ausgangspunkt bzw. nach Estellencs, Anfahrt (und eventuell Rückfahrt von Km 97 der Ma-10 bis Estellencs) nur per Taxi möglich (Tel. 9 71/23 55 44 bzw. 971/13 63 98). Buslinie 200 von Estellencs nach Palma.

Anforderungen: anspruchsvolle Bergwanderung auf Straßen, breiten Wegen und schmalen Pfaden, die Trittsicherheit, Schwindelfreiheit und gutes Orientierungsvermögen erfordern. Nur gelegentlich Steinmännchen und Farbzeichen, stellenweise schwierige Orientierung; Beschilderung nur ab Coma d'en Vidal bis zur Küstenstraße Ma-10; in den unteren Bereichen Schatten.

Höchster Punkt: unterhalb der Mola de s'Esclop (844 m) bzw. auf dem Gipfel (928 m)

Gehzeit: gesamt 5 Std. bzw. 5.30 Std. (Aufstieg zum Fuß des Berges 2 Std., Übergang zum Coll de sa Font des Quer 0.30 Std., über Sa Coma d'en Vidal zur Ma-10 1.30 Std.; weiter nach Estellencs 1 Std.; Variante über den Gipfel 0.30 Std. mehr

Höhenunterschied: 800 Hm Aufstieg, 920 Hm Abstieg (Variante über den Gipfel 50 Hm mehr)

Einkehrmöglichkeit: unterwegs keine; Restaurants und Cafés in Andratx und Estellencs

Karten: Editorial Alpina E-25 Mallorca, Tramuntana Sud 1:25 000, KOMPASS Nr. 230 »Mallorca« 1:75 000

Routenverlauf: Straße in die Coma des Selles – vom Fahrweg-Ende Pfad zum Pas Gran – rechts nach Ses Alquerioles (ca. 650 m) – Pas d'en Ponsa – Hochebene unter der Mola de s'Esclop (844 m) – links auf Pfadspuren zum Coll de sa Font des Quer (737 m) hinab – Abstieg zu Mauer mit Zaun, dort links (Lücke) zum Landgut Sa Coma d'en Vidal (550 m) – Fahrweg zur Küstenstraße Ma-10 (Km 97). Wer zu Fuß bis Estellencs geht, folgt schon vorher rechts einem Abkürzungsweg zur Straße, dann am Straßenrand bzw. auf Umgehungswegen über den Coll des Pi in den Ort (150 m).

Gipfel-Variante: leichte Kletterei auf die Mola de s'Esclop (928 m), links über das Gipfelplateau und felsiger Abstieg zum Coll de sa Font des Quer

Genauer Routenverlauf: www.mallorca-erleben.info › Wandern › Weitwanderweg GR-221 › GR-221, 3. Etappe

Mallorca

Estellencs – Esporles: Trail in progress

Der Wegabschnitt des GR-221 zwischen Estellencs an der Nordwestküste und Esporles in der Serra de Tramuntana zählte zu den ersten, die die Beamten der Inselregierung beschildern ließen. Mit den Besitzern einer Finca, die an dieser Strecke liegt, hatten sie allerdings nicht gerechnet …

»Augenblicke« am GR-221: die Terrassen von Banyalbufar (oben), der Camí de Correu (Mitte) und die Finca Planícia (unten)

Eine Handvoll Steinhäuser, enge, verwinkelte Gassen, Terrassenmauern über die Hänge hinauf und bis zum winzigen Fischerhafen am Meer hinunter: Das gut 200 Meter über dem Meer gelegene 288-Seelen-Dorf Estellencs ist ein Schmuckstück Mallorcas. Wir verlassen es nur ungern, dafür mit der Erinnerung an das gestrige Abendessen auf der Treppe vor dem kleinen Restaurant Montimar: eine wahrhaft schräge Sache, köstlich-mallorquinische Küche und jeder Tisch auf einer eigenen Stufe … Das Dahinmarschieren am Rand der Küstenstraße bietet weitaus weniger Genuss. Immerhin weisen uns die Holzschilder des GR-221 mit der Aufschrift »Banyalbufar« bald nach dem Waschhaus auf einen schmalen Seitenweg. Die alte Pflasterung aus Kieselsteinen zeigt, dass es sich um eine historische Verbindung von Dorf zu Dorf handelt. Dieses Wegenetz dürfte schon zur Zeit der Araber bestanden haben; in alten Quellen ist von »Straßen der Sarazenen« die Rede. Abseits der heutigen Verkehrsstrecken blieben zumindest Teile der Routen von Hirten und Holzfällern, Fischern, Köhlern, Soldaten und Pilgern bis heute erhalten. In unzugänglichen Küstenbereichen findet man sogar noch kühn angelegte Mauerreste uralter Schmugglerpfade.

Wegsperre und Wanderfinca

Wie öde und gefährlich sind dagegen die 600 Meter Asphalt und Autoverkehr, die uns zwischenzeitlich wieder an die Gegenwart erinnern. Aber dann geht's endgültig in die Stille! Das Herrenhaus des Landguts Son Serralta wacht wie eine Festung über unserem Weg, der sich zwischen Olivengärten in den Wald schlängelt. Dort quert bald eine Asphaltstraße. Die Schilder weisen geradewegs weiter Richtung Banyalbufar, doch sie schicken Wanderer zu einem verschlossenen Tor: Die Besitzer der Finca Es Rafal sperrten die seit Jahrhunderten begangene Route vor einigen Jahren kurzerhand an ihrer Grundstücksgrenze – historisches Wegerecht hin, offizielle Beschilderung her. Der Streit ging ans Gericht und dieses gab den streitbaren Fincabewohnern Recht.
Inzwischen zeichnete sich jedoch eine ganz andere Lösung ab: Die Inselregierung kaufte 2009 das 200 Meter weiter oben gelegene Landgut Planícia. Dieses 445 Hektar große Gebiet, das fast ein

Estellecs – Esporles: Trail in progress

Viertel des Gemeindegebiets von Banyalbufar umfasst, reicht von der Küste bis zur Mola de Planícia, einem 934 Meter hohen Berg der Serra de Tramuntana. Dazwischen breiten sich weite, dichte Steineichenwälder aus, aber auch die landwirtschaftlich genutzten Flächen der *possessió* – so wird auf Mallorca ein Landgut bezeichnet – üben einen ganz eigenen Reiz aus. Also den Fahrweg hinauf – nun ohne GR-Beschilderung, aber mit Hilfe lokaler Wegweiser Richtung Planícia. Das Gebäude wirkt ein bisschen verlassen, jedenfalls während der Woche. Am Sonntag geht's hier oft hoch her, wenn ganze Familien mit Kind und Kegel zum fröhlichen Picknick heraufmarschieren.

Der Wald der Köhler

Der folgende Routenabschnitt schließt die Lücke des GR-221, die durch die streitbaren Finca-Nachbarn entstand – man muss ihn allerdings erst einmal hinter dem Nebengebäude der Casa de les Collidores finden. Wir sind wieder einmal ohne Beschilderung unterwegs. Dafür entdecken wir im Wald auf Schritt und Tritt seltsame Gebilde: kreisrunde niedrige Steinfundamente. Es sind einstige Köhlerplätze, auf denen im Frühjahr und Herbst die *sitjas* (Holzkohlemeiler) glühten. Für die Gewinnung von Holzkohle nutzte man häufig Abfallholz der Landgüter. Meist verwendete man jedoch Bäume aus den flacheren Bereichen der Berge, die in etwa fünf Hektar große *ranxos* aufgeteilt waren. Diese durfte man, um die Wiederaufforstung zu gewährleisten, nur etwa alle sieben Jahre nutzen – eine Regelung, die allerdings nicht immer eingehalten wurde.

Die runden Fundamente bestanden meist aus Tonerde; zwischen den Steinen blieben Spalten für die Regelung der Luftzirkulation frei. Darüber schichtete man das Holz auf, wobei man in der Mitte einen Schacht für den Rauchabzug freiließ. Zuletzt bedeckte man den Meiler mit Ästen, Stroh und Erde, entzündete das Holz und brachte es durch genau dosierte Luftzufuhr zum gleichmäßigen Verkohlen – ein Vorgang, der eine oder eineinhalb Wochen dauerte und ständig überwacht werden musste. Oft sind auch noch die Steinrelikte kleiner runder Hütten zu sehen, unter deren konischem Grasdach zeitweise *carboners* (Köhler) lebten.

Tausend Terrassen

Am Ende der Pfadfinderei hinter dem verfallenen Gipsbergwerk Son Sanutges

Schnurrender »Turmwächter« (Torre de ses Ànimes bei Banyalbufar, oben) und renovierter Pflasterweg (unten)

Mallorca

La Granja d'Esporles zeigt, wie luxuriös einst die Landbesitzer in Mallorca gelebt haben: Loggia (oben) und noble Räume (unten). Zahlreiche Wasserbecken prägen die Hänge der Costa Nord; sie dienen zur Bewässerung der Terrassen (rechte Seite).

führt eine Asphaltstraße nach Banyalbufar hinunter. Der GR-221 tangiert das berühmte Ausflugsziel über der Nordwestküste leider nicht mehr direkt, man müsste schon ein halbe Stunde hinunterwandern. Dabei würde man bald ein Gluckern und Plätschern neben der Straße hören, Becken mit unterschiedlich hohen Wasserständen sehen und über kunstvoll aufgemauerte Terrassen staunen. All das gibt es hier seit der Zeit der Araber. Sie nannten den Ort *banya* – etwa »neue Siedlung«; später wurde der Begriff *bahar*, also »nahe dem Meer«, zur näheren Präzisierung angefügt. Etwa 2000 dieser bis heute genial bewässerten Terrassen gliedern die Hänge rund um das Dorf. Ein eigener Beamter sorgte für die festgesetzte Verteilung des kostbaren Nasses. Auf den Terrassen zog man früher vor allem Malvasiertrauben; der edle Tropfen aus Banyalbufar war selbst am Königshof begehrt. Heute gedeihen auf den fotogenen Flächen auch Gemüse und Obst.

Post fürs Landgut

Oberhalb des Dorfes leiten uns immerhin wieder Wegweiser und Markierungspfosten weiter, und zwar auf dem Camí des Correu ins Landstädtchen Esporles. Auf diesem alten »Postweg« transportierte man einst Briefe, Pakete und Neuigkeiten. Stellenweise rubbeln unsere Schuhsohlen wieder über abgetretene Pflastersteine, vorbei an ebenso betagten Trockensteinmauern. Adleraugen entdecken im Gestein die Potada des Cavall – Vertiefungen, die sich die abergläubischen Menschen als sagenhafte

Estellecs – Esporles: Trail in progress

Hufspuren erklärten. Hinter dem Sattel des Coll des Pi erreichen wir Aussichtsplätze, die einen Blick zur Bergwelt um Valldemossa und einen ersten Blick auf Esporles freigeben.

Davor aber, an der Landstraße am Pla des Murtar, kündigt ein Schild »La Granja« an. Ob sofort oder zu einem späteren Zeitpunkt: Die Besichtigung dieses großen, prachtvollen und dementsprechend viel besuchten Museums-Landguts lohnt sich sehr! La Granja d'Esporles verdankt seine Existenz nicht zuletzt einer großen, schon von den Römern genutzten Quelle, die auch einen hohen Springbrunnen speist. In späterer Zeit wurde das Anwesen von Mönchen des Zisterzienserordens bewirtschaftet. Rund um das Herrenhaus mit seiner Loggia sind Werkstätten, landwirtschaftliche Betriebe, ein verwinkelter Keller (samt Folterkammer) und ein Garten aus maurischer Zeit zu besichtigen. Dort steht der vermutlich älteste Baum Mallorcas, eine Eibe, deren Alter auf 2000 Jahre geschätzt wird. Für die insgesamt 60 Erlebnisstationen und einen eigenen Wanderweg zu einem schönen Aussichtspunkt kann man sich mit kulinarischen Kost- und Weinproben stärken. »Esporles 15 min« informiert uns ein Schild über den Ausklang eines langen Wandertages. Im Torrent de Sant Pere plätschert Wasser aus der Quelle von Sa Granja gegen das Flachland hinaus, Platanen, Eschen und Pappeln, die das kühle Nass schätzen, spenden Schatten. Hinter einer Anhöhe, zwischen Gärten und Kiefern, schlendern wir über die Steinstufen der Costa de Sant Pere, der dem heiligen Petrus geweihten Kirche des Städtchens, entgegen.

Toureninformationen

Ausgangspunkt: Estellencs (150 m)

Endpunkt: Esporles (200 m).

Zufahrt und Rückfahrt: Buslinie 200

Anforderungen: mittelschwere Wanderung durch Wälder und Kulturland, die man mit einem Abstecher nach Banyalbufar (Bushaltestelle) auch in zwei einzelne Wanderungen teilen kann. Nur abschnittsweise Beschilderung; dazwischen schwierige Orientierung im Waldgelände. Viel Schatten.

Höchster Punkt: ca. 510 m

Gehzeit: gesamt 4.30 Std. bzw. 5.45 Std. (zur Finca Planícia 1.30 Std., weiter nach Son Sanutges oberhalb von Banyalbufar 1 Std., zur Kreuzung bei La Granja 1.30 Std., nach Esporles 0.30 Std.; eventuell Abstieg nach Banyalbufar zusätzlich 0.30 Std., Wiederaufstieg 0.45 Std.)

Höhenunterschied: 500 Hm Aufstieg, 500 Hm Abstieg (mit Variante Banyalbufar 200 Hm mehr)

Einkehrmöglichkeit: unterwegs keine; Restaurants und Cafés in Estellencs, Banyalbufar und Esporles

Karten: Editorial Alpina E-25 Mallorca, Tramuntana Sud 1:25 000, KOMPASS Nr. 230 »Mallorca« 1:75 000

Routenverlauf: Estellencs – auf dem beschilderten GR-221 neben der Straße und auf Wegen Richtung Banyalbufar – Son Serralta – Asphaltstraße, auf dieser rechts zur Finca Planícia (410 m) hinauf – von der letzten Rechtskurve vor dem Landgut links zur Casa de les Collidores – unbezeichnete Route über einen Einschnitt beim Penyal de Vela – Anhöhe (ca. 500 m) – Schotterstraße nach Son Sanutges (359 m; ab hier eventuell Abstecher nach Banyalbufar) – Camí des Correu – Coll des Pi (454 m) – Coll de sa Talaieta – Hauptstraße nach Esporles (Abzweigung nach La Granja) – Esporles (200 m). Bushaltestelle an der rechten oberen Parallelstraße Carrer de Quarter/Ecke Carrer de Jaume I.

Genauer Routenverlauf: www.mallorca-erleben.info › Wandern › Weitwanderweg GR-221 › GR-221, 4. Etappe

Mallorca

Esporles – Valldemossa: Leben im Wald

Machen auch Gebirge mal Pause? Die Serra de Tramuntana scheint zwischen dem ruhigen Städtchen Esporles und dem quirligen Tourismus-Anziehungspunkt Valldemossa eine einzulegen. Dort erreichen ihre Berge gerade einmal 700 Meter Seehöhe und sie zeigen sich von ihrer grünen Seite.

Fröhliche Fira in Esporles (oben). In den Steineichenwäldern herrscht eine fast magische Stimmung (Mitte und unten).

Alt und neu sind hier durch eine Platanenallee getrennt: im Norden die Vila Vella, das noble Ortszentrum von Esporles rund um die turmlose Pfarrkirche, die im 13. Jahrhundert erbaut und 1904 neu errichtet wurde, im Süden die kleineren Häuser der im 18. und 19. Jahrhundert zugewanderten Land- und Fabrikarbeiter in der Vila Nova, der Neustadt. Ihre Nachfahren seien, so sagt man, ein streitbares, aber sehr gemütliches Völkchen und keinem fröhlichen Fest abgeneigt. Wir können dies angesichts der *fira dolça*, der Süßwarenmesse, die gerade lautstark, fröhlich und genießerisch in den Straßen zelebriert wird, nur bestätigen.

Beim Brunnen der winzigen Plaçeta des Pla, am östlichen Ortsrand, sind wir wieder allein, und wir werden es den ganzen Tag über bleiben. Die Beschilderung des GR-221 »Coll de sa Basseta« leitet uns zunächst noch recht verlässlich neben dem Torrent de Son Cabaspre aufwärts, hinein in ein weites Hochtal voller Terrassenkulturen, Olivenhaine und Mandelbäume. Im Rückblick erscheinen die Mola de Planícia und sogar der Puig de Galatzó, vor uns – über der Possessió Son Cabaspre – der felsige Penyal Vermell und der lange Höhenzug der Mola de Son Ferrandell. Dort oben enden dann Asphalt und Beschilderung – dafür beginnt der große Wald.

Vögel in der Falle

Über dem Sattel des Coll de sa Basseta entdecken wir einen Vogel-Fangplatz, auf mallorquinisch *coll de tord*. Die Jagd auf Singvögel hat auf der Insel eine lange Tradition: Die Tiere fliegen durch Schneisen zwischen Bäumen oder Felsen, daher auch der Name *coll* (»Übergang«). Dort baut man Gestelle aus Schilfrohren, zwischen denen sich blitzschnell ein Netz aufspannen lässt – und die Reise der gefiederten Sänger ist zu Ende. Heute darf nur noch einigen Finkenarten (Grünling, Bluthänfling, Girlitz und Stieglitz) nachgestellt werden. Im Kochtopf landen gottlob kaum noch Vögel – zumindest nicht mit offizieller Lizenz und Wissen des Umweltministeriums. Man fängt sie hauptsächlich zu Zuchtzwecken oder aus Liebhaberei. Wie viele illegal mit der Schrotflinte abgeschossen werden, ist allerdings nicht bekannt. Vogelschutzverbände befürchten, dass es pro Jahr mehr als eine halbe

Million Zugvögel sein könnten, darunter auch bedrohte Arten wie Turteltauben, Wachteln oder Bekassinen.

Naturwunde Steineiche

Hinter der brüchigen Mauer am Pas de Son Cabaspre wird das Gelände auf gut 500 Metern Seehöhe flacher, aber auch sehr unübersichtlich. Die Hochfläche der Mola de Son Pacs zeigt sich teils licht bewaldet, teils von dichten Steineichenbeständen bedeckt. Die immergrüne Steineiche (*quercus ilex*) ist der am besten ans Mittelmeerklima angepasste Baum. Sie wird maximal 15 Meter hoch und ist also deutlich kleiner als ihre mitteleuropäische Eichen-Verwandtschaft. Ihre ausladende, runde Krone trägt grüne Blätter mit grauer Unterseite, die der Baum nur alle drei bis vier Jahre wechselt. Zwischen April und Mai hängen die gelben Blüten der männlichen Bäume in Gruppen von den Zweigen. Die Blüten der weiblichen Bäume erscheinen weniger auffällig und sorgen für die zwei bis drei Zentimeter großen Eicheln, die im Herbst reif werden. Mancher Steineichen-Methusalem wird bis zu 700 Jahre alt.

Der *encinar*, der Eichenwald, ist resistent gegen Brände, die Bäume schlagen selbst aus einem verbrannten Stamm erneut Triebe. Besonders auf der Nordwestseite der Serra de Tramuntana, wo die Wolken Feuchtigkeit bringen, bilden sich an den Ästen zerzauste Flechten, während sich um ihre Wurzeln Moose bilden. So herrscht in diesem dämmrigen Hartlaub-Dickicht eine romantische, oft geradezu mystische Stimmung.

Hütte und Wasserbecken – bemerkenswerte Architektur im Wald (oben). Nebel ziehen über die Mola de Son Ferrandell (unten).

Mallorca

Die Kartause von Valldemossa (oben) ist ein Touristenmagnet ersten Ranges – nicht zuletzt dank ihres prominenten Gastes Frédéric Chopin (unten).

Heute ist das Fällen der Steineiche natürlich streng reguliert, doch verwilderte Ziegen schädigen das Unterholz und behindern die Regeneration der Steineichenwälder; einige der Wälder wurden zum Schutz ins europäische Netzwerk Natura 2000 aufgenommen.

Architektur im Wald

Einst waren auch in dem heute so gottverlassenen Gebiet zwischen Esporles und Valldemossa zahlreiche Köhler tätig – wie die runden Meilerstätten, aber auch die beiden schön erhaltenen Backöfen neben unserem Weg bezeugen. Gleich dahinter staunen wir über das rund überdachte Wasserbecken des Aljub de la Mola de Son Pacs, aus dessen Brunnenschacht man heute noch Wasser schöpfen kann. Es fungiert übrigens auch als »Waypoint« für die Abzweigung zu einem der raren Aussichtspunkte im Waldmeer: Die 726 Meter hohe Mola de Son Ferrandell schiebt sich wie ein steinerner Laufsteg gegen die Nordwestküste hinaus – eine felsige Rampe, von deren Randkante man wahlweise Esporles oder das Landgut Son Olesa bei Valldemossa betrachten kann. Noch schöner ist allerdings der Blick von einem Felsabbruch im Norden der Mola de Son Ferrandell, der auch den winzigen Hafen von Valldemossa und den Gipfel der Talaia Vella im Teix-Massiv mit einschließt.

Im Abstieg vom Pas de sa Mola Son Pacs, einer Art Felskluft, zum Coll de Sant Jordi ist der Wald weiterhin vor lauter Bäumen nicht zu sehen.

Nur schemenhaft schimmert der benachbarte Berg durchs Geäst: die Comuna, der 704 Meter hohe »Gemeindeberg« von Valldemossa, der nun überwunden werden will. Déjà-vu: Steinmännchen und Steinmauern unter Steineichen, Hüttenreste, Köhlerplätze, ein weiteres überdecktes Wasserbecken – und weitere Vogelfangstellen. Auf der Nordostseite der Comuna steigen wir schließlich durch den Wald, zwischen Terrassen und im Dissgras nach Valldemossa ab.

Wanderziel Valldemossa

Die ersten Willkommensgrüße: ein einsamer Wegweiser und die Molí de sa Beata, die alte Windmühle des Klosters von Valldemossa, die auf einem Hügel über dem Tal thront. »Wadi muza« nannten es die Araber, »vallis de mossa« hieß es in lateinischer Sprache, als im 14. Jahrhundert die Kartause aus den Mauern einer königlichen Burg entstand. Ihr heutiges Aussehen erhielt die

Esporles – Valldemossa: Leben im Wald

cartoixa vor allem durch Umbauten im 18. Jahrhundert; 1835 wurden die Kartäusermönche enteignet und vertrieben. Die damals verkauften Klosterzellen stehen bis heute in Privatbesitz; einige der Räume wurden als Museum ausgestaltet. Man flaniert darin durch die einstige Klosterapotheke, eine Bibliothek und eine historische Druckerei – aber deswegen kommt kein Mensch nach Valldemossa. Alle Welt strömt zu den Zellen Nr. 2 und Nr. 4, in denen die französische Schriftstellerin George Sand mit ihren beiden Kindern und ihrem lungenkranken Lebensgefährten Frédéric Chopin im Winter 1838/39 zwei Monate lang gewohnt hat. Ob es wirklich diese beiden Räume waren, ist nicht sicher. Doch die authentische Einrichtung, eine Haarsträhne des Komponisten, eine Kopie seiner Totenmaske, das Manuskript für George Sands Reisebeschreibung »Un Hiver à Majorque« (Ein Winter auf Mallorca), Zeichnungen ihres Sohnes Maurice oder die beiden Klaviere, auf denen der Meister spielte, geben ein berührendes Bild der Begebenheit. Mit der Anziehungskraft der Kartause kann es der nahegelegene Palast des Königs Sanç ebensowenig aufnehmen wie das erwähnte Unterdorf. Dort sind fast alle Fassaden mit Pflanzen und gepflegten Mini-Gärten geschmückt. Dazwischen plätschert Quellwasser in einer Grotte zu Ehren der einzigen Heiligen Mallorcas: Catalina Tomàs wurde 1531 in Valldemossa geboren und ist heute noch neben jeder Haustür auf einer Kachel präsent. Wir haben hier viel Muße, eine nach der anderen zu betrachten – und wir genießen die Ruhe nach unserer stillen Wanderetappe.

Toureninformationen

Ausgangspunkt: Esporles (200 m)

Endpunkt: Valldemossa (430 m)

Zufahrt: Buslinie 200 Palma – Esporles, Rückfahrt von Valldemossa nach Palma mit der Linie 210

Anforderungen: mittelschwere und lange Wald- und Bergwanderung auf teils asphaltierten Straßen, breiten Wegen und schmalen, an einer Stelle auch abschüssigen Pfaden; Trittsicherheit und Schwindelfreiheit erforderlich. Am Beginn und am Ende der Route Beschilderung, dazwischen nur Steinmännchen; schwierige Orientierung im Waldgelände; viel Schatten!

Höchster Punkt: Sa Communa (704 m)

Gehzeit: gesamt 3.30 Std. (zum Coll de Sant Jordi 2.20 Std., weiter nach Valldemossa 1.10 Std.)

Höhenunterschied: 750 Hm Aufstieg, 550 Hm Abstieg

Einkehrmöglichkeit: unterwegs keine; Restaurants und Cafés in Esporles und Valldemossa

Karten: Editorial Alpina E-25 Mallorca, Tramuntana Central 1:25 000, KOMPASS Nr. 230 »Mallorca« 1:75 000

Routenverlauf: Esporles – den Wegweisern

»Coll de sa Basseta« folgend neben dem Torrent de Son Cabaspre bergauf – Son Cabaspre – Camí des Bosc – Can Buades – Camí de sa Coma Lloberta – Coll de sa Basseta (457 m) – von dort unbeschilderte Waldpfade zum Pas de Son Cabaspre – Mola de Son Pacs – Aljub de la Mola de Son Pacs (615 m) – Pas de sa Mola Son Pacs – Abstieg zum Coll de Sant Jordi (478 m) – Wiederaufstieg zum Puig de sa Comuna (704 m) – nun wieder nach den Wegweisern Richtung »Valldemossa« abwärts – Molí de sa Beata – Carrer de Uruguay – Valldemossa (430 m)

Genauer Routenverlauf: www.mallorca-erleben.info › Wandern › Weitwanderweg GR-221 › GR-221, 5. Etappe

Mallorca

Valldemossa – Deià: Reitweg zum Mond

Ein »Wanderklassiker« auf Mallorca: Die Etappe des GR-221 über den Felsgrat des Caragolí über Valldemossa zählt zu den Top-Ten-Tipps, die in keinem Insel-Tourenführer fehlen. Der Abstieg aus der Mondlandschaft des Teix-Massivs nach Deià, eine uralte Fährte der Hirten und Jäger, ist nicht weniger atemberaubend. Beide Routen zusammen ergeben eine GR-221-Etappe der landschaftlichen Superlative.

Nicht weit vom Reitweg des Erzherzogs (oben und unten) entfernt verbirgt sich eine Einsiedlerhöhle (Mitte). Auf dem Caragolí erinnert eine Tafel an den bis heute hochverehrten »arxiduc« (rechte Seite).

Als erster verbürgter Wanderer ohne wirtschaftlichen Zweck gilt Francesco Petrarca, der 1336 den Mont Ventoux in der Provence erstieg. Der Petrarca Mallorcas war ein Österreicher: Erzherzog Ludwig Salvator von Habsburg-Toscana (1847–1915) erwarb zwischen Valldemossa und Deià mehrere Landgüter und ließ dort auch Wege ins Gebirge anlegen. Er selbst wanderte allerdings nicht auf Schusters, sondern auf echten Rappen. Daher ist der Camí de s'Arxicuc, der »Reitweg des Erzherzogs« auf den 945 Meter hohen Caragolí, so breit, dass er auch vier Hufen kein Problem bereitete.

Wandertrubel, Höhlenstille

Diese Route genießen heute oft Karawanen von Wanderern. Schon auf den Straßen Valldemossas fahnden Rucksackbepackte nach dem richtigen »Einstieg«, denn die ersten Wegbeschilderungen ließ die Inselregierung etwa eine Gehstunde oberhalb des Ortes aufstellen. Erst auf der knapp 700 Meter hoch gelegenen Lichtung des Pla des Pouet lichtet sich der Trubel ein wenig, denn dort zweigen beliebte Pfade zum Puig des Teix und zum Mirador de Can Costa ab.

Wir folgen dem GR-221 geradeaus, rasten ein wenig auf der steinernen Sitzbank im Sattel Coll de Son Gallard und wandern dann auf dem Reitweg des Erzherzogs Richtung Caragolí. Bald leitet ein Seitenpfad zu einem wahrhaft verwunschen Platz: Eine zeitweise bewohnte Einsiedlerhöhle klafft im Fels, davor Mauern, ein Kreuz und ein winziger Garten. »Cova de s'Ermita Guiem« nennt sie die Wanderkarte; »Ermita de la Hesychia« steht auf einem Schild.

Himmelsleiter, Sehnsuchtsgipfel

900 Meter über dem Meer ist dann die Felskante erreicht. Wand und Weite – das gibt's nur hier. Manche Wanderer können sich darüber nicht ganz entspannt freuen und blicken eher angestrengt nach Süden, wo die Bucht von Palma im Dunst schimmert. Wir aber freuen uns über die etwa 400 Meter lange »Himmelsleiter« direkt neben den Felsabstürzen – und über die schier senkrechte Schau auf die einst herzoglichen Anwesen Miramar und Son Mar-

Valldemossa – Deià: Reitweg zum Mond

roig an der Costa Nord. Der spektakuläre Wegabschnitt endet am Rand einer kargen Hochfläche, die mit ihren Kuppen und Mulden an eine Mondlandschaft erinnert. Über diese zieht der Reitweg, wie mit dem Lineal gezogen, zur Steinkuppe Es Caragolí. Dort oben erinnert eine Gedenktafel an den Erschließer all dieser Schönheit, der seinen Weg weiter gegen den Puig des Teix plante. Dieser kantige »Tausender-Gipfel« darf seit dem Frühjahr 2010 nicht mehr erstiegen werden: Trophäenjagd auf Wildziegen für solvente Gäste – »Big Game«, wie ein Schild verkündet. Mit einem Federstrich bleibt die Allgemeinheit von zwei Dritteln eines ganzen Gebirgszuges ausgeschlossen.

Bergab durch die Felswand

Wir schwenken jedoch schon vor dem Caragolí auf die Meerseite ein und folgen dem wieder wegweiserlosen Weg Richtung Deià hinab. Plötzlich stehen wir an der Felskante der Cingles de Son Rullan und haben zum zweiten Mal an diesem Tag viel Luft vor den Sohlen: der Tiefblick auf Deià lässt den Atem stocken, ebenso wie die Frage, wie man da hinunterkommen soll.
Eine nahe Felsplattform lüftet das Rätsel: Ein System schmaler und steil abfallender, stellenweise bewaldeter Gesteinsbänder gibt den Weg mitten durch die Wandabstürze vor. Vier weite Kehren, ein wenig Kribbeln im Magen – und schon stehen wir unten am Fuß der Wände. Unterhalb der Ruinenmauern des Castell des Moro leuchten die Dächer des fernsehberühmten Dorfes Deià – und nun kennen wir auch den spannendsten Weg dorthin.

Toureninformationen

Ausgangspunkt: Valldemossa (430 m)

Endpunkt: Deià (220 m)

Zu- und Rückfahrt: Buslinie 210 von Palma nach Valldemossa und von Deià nach Plama

Anforderungen: anspruchsvolle Bergwanderung auf breiten Wegen und schmalen, stellenweise auch abschüssigen Pfaden; Trittsicherheit und Schwindelfreiheit sind daher notwendig. Nur im öffentlichen Gebiet oberhalb von Valldemossa beschildert; immer wieder Schatten.

Höchster Punkt: Caragolí (944 m)

Gehzeit: gesamt 3.30 Std. (auf den Caragolí 1.45 Std., Abstieg nach Deià 1.15 Std.)

Höhenunterschied: 500 Hm Aufstieg, 700 Hm Abstieg

Einkehrmöglichkeit: unterwegs keine; Restaurants und Cafés in Valldemossa und Deià

Karten: Editorial Alpina E-25 Mallorca, Tramuntana Central 1:25 000, KOMPASS Nr. 230 »Mallorca« 1:75 000

Routenverlauf: Von der Hauptstraße (Avinguda Palma) zum großen Gebührenparkplatz – links auf den Carrer de la venerable Sor Aina – bei der zweiten Abzweigung (gegenüber Sportplatz) rechts – links auf dem Carrer de les Oliveres bis zum oberen Ortsrand – gegenüber Can Massana links auf einem breiten Schotterweg in den Wald – Aufstieg zum Pla des Pouet (685 m) – Font des Pouet – Coll de Son Gallard (766 m) – auf dem nun beschilderten Camí Vell de s'Arxiduc (Reitweg des Erzherzogs) auf den Caragolí (944 m).

Abstieg: Wieder kurz zurück zu einer Abzweigung (zwei Steinmännchen), dort rechts zu den obersten Steineichen hinab – über kleine Felsstufen zur Abbruchkante – Pfad durch die Vingles de Son Rullan (schmale Felsbänder) – Mauer von Son Rullan – unter dem Castell des Moro vorbei – Hotel Es Molí – beschilderter Camí de Can Quet zur Küstenstraße Ma-10 – Deià

Genauer Routenverlauf: www.mallorca-erleben.info › Wandern › Weitwanderweg GR-221 › GR-221, 6. Etappe

Mallorca

Start im Morgengrauen in Deià (oben), mittags Rast bei der Capella de Castelló (Mitte) und am Abend auf Muleta (unten)

Deià – Port de Sóller: Refugi-hopping

Das Carlos-Santana-Album »Abraxas« ist ein Klassiker der Rockmusik. Seine Hits (»Samba Pa Ti«, »Black Magic Woman«) verpackte man 1970 in ein Plattencover, das ebenso Kult wurde wie die Musik des mexikanischen Gitarristen. Das darauf dargestellte Gemälde des 2002 verstorbenen Malers Mati Klarwein kommt Mallorca-Wanderern merkwürdig bekannt vor – kein Wunder, es zeigt die Bucht von Deià.

Die Cala de Deià ist ein Musterbeispiel für die winzigen Fischerhäfen der Orte an der Nordwestküste: grober Kies, Felswände rundum und Höhlen, in die man die Boote über eine Art Rutschbahn aus Holzstangen zieht. Das Wasser ist hier meist glasklar; bei Sturm zerbersten jedoch Riesenwellen am Steinblock in der Mitte der Bucht.

200 Meter weiter oben hat sich jahrhundertelang kaum etwas verändert: Die Quellen am Fuße des Teix-Massivs ermöglichen Obst- und Gemüseanbau. So entstand dort eine kleine Siedlung – *ad daia* bedeutet im Arabischen einfach »Dorf«. Steinhäuser mit grünen Fensterläden, verwinkelte Gassen und viel Blumenschmuck – das faszinierte auch den Schriftsteller Robert Graves (»Ich, Claudius, Kaiser und Gott«), als er 1927 zum ersten Mal nach Deià kam. Er war der vielleicht berühmteste der europäischen und amerikanischen Freigeister, Musiker, Schriftsteller und Schauspieler, die das Dorf schon gegen Ende des 19. Jahrhunderts »entdeckt« hatten. Er ließ sich hier die Finca Ca n'Alluny bauen (heute ein Museum); er starb 1985 in Deià und wurde auf dem winzigen Friedhof neben der Pfarrkirche beigesetzt – so wie alle Einwohner: stehend, denn Platz für waagrechte Bestattungen gibt es nicht.

Steinschlag am Hüttenweg

Von Deià folgt der GR-221 dem Camí de Castelló, einer historischen Route, die heute das Refugi Can Boi mit dem Refugi de Muleta verbindet. Da wir uns mit der Pfadfinderei nun schon auskennen, schieben wir eine unbeschilderte und anspruchsvollere Routenvariante nahe der Küste ein, denn die Cala de Deià verlockt zu mariner Erfrischung. Die Terrassen der beiden Bars an der Cala sind vollbesetzt – und sogar vor dem Steinblock, den mutige Burschen als Sprungturm nützen, bildet sich eine Warteschlange. Wie schön, dass wir auf den Terrassenmauern über dem bunten Treiben ganz allein sind. Wir bummeln der Klippenkante entlang, hinter dem kleinen Haus Cas Coix im Angesicht der Còdols Blancs, dreier sonnengebleichter Felstürme vor der Küste.

Plötzlich verwehrt ein tiefer, mit grobem Gestein gefüllter Graben das Weiterkommen: Umsichtige Menschen haben hier ein hilfreiches Seil gespannt – ebenso oft wie vergeblich, denn es wird immer wieder abgeschnitten und geklaut. So balancieren wir über entwurzelte Baumstämme, verflochtenes Geäst und fest verkeilte Steinbrocken. Fest verkeilt? Mit trockenem Krachen schlägt einer davon knapp neben dem schmalen Pfad auf dem blankgescheuerten Fels auf, zerspringt in dutzende Stücke und hinterlässt eine Staubwolke. Nach einer weiteren heiklen Passage neben einer eingestürzten Mauer, direkt am Abgrund der Klippen, erklimmen wir lieber den schmalen Treppenweg hinauf zur Kapelle des 17-Einwohner-Dorfes Llucalcari. Die wenigen, aber überaus fotogenen Häuser haben römische und arabische Namenspatrone: Das lateininische Wort *lucus* bedeutet »Wald«, das arabische *alkari* soviel wie »kleine Ansiedlung«. Hier gibt's kein Geschäft und nicht einmal eine Bar, aber dafür sehr viel Ruhe.

Wandern international

Ruhe herrscht auch noch ein »Stockwerk« weiter oben, am stellenweise noch schön gepflasterten Camí de Castelló, der ohne große Höhenunterschiede durch Wald, Felder und einen felsigen Graben Richtung Sóller zieht. *Hola!* grüßen entgegenkommende mallorquinische Wanderer, *Servus!* Gäste offenbar bayerischer Zunge – und auch ein paar Engländer sind unterwegs: *Hi!* Über ein paar Worte aus ihrer französischen Heimat freut sich dagegen die Besitzerin der Finca Son Mico, die Orangensaft

Die Còdols Blancs nahe der Cala de Deià (oben) und das Grab von Robert Graves am Dorffriedhof (unten)

Mallorca

Bizarr verdrehte Olivenbäume (oben) und ihre Früchte (unten). Das Refugi de Can Boi in Deià (rechte Seite).

und leckere Zitronentorte offeriert – untermalt von Chansons und der Sicht über das Tal von Sóller: ein weites, fruchtbar-grünes Becken unter gezackten Felskämmen, wuchtigen Steinflanken und dem wuchtigen Steinmonument des Puig Major.

Vom unmittelbar daneben angebauten Herrenhaus Can Prohom spazieren wir zur 1626 erbauten, aber leider halb verfallenen Capella de Castelló, um dort den gleichnamigen Weg zu verlassen. Wir wechseln über die Küstenstraße hinüber ins Gebiet um das Landgut Muleta Gran. Wie eine Festung steht das schon 1586 urkundlich erwähnte Gebäude mit seinem trutzigen Wachturm über einer kleinen Hochfläche, auf der Mallorcas älteste Olivenbäume wachsen.

Der Berg der Oliven

Trutzig und seltsam verdreht stehen die Bäume beidseits der Straße, ehrwürdig und uralt. Wie alt? Oliven brachten die Phönizier und Griechen nach Mallorca. Die kalkhaltigen Böden mit ihren Tonerde-Zwischenschichten, aber auch das feuchte Klima boten beste Bedingungen für den Olivenanbau, der von den Arabern intensiviert wurde. Der älteste wissenschaftlich untersuchte Olivenbaum der Insel steht bei Artà im Nordosten und stammt aus dem Jahre 1314; der Großteil der Olivenhaine ist wohl zwischen 300 und 500 Jahre alt. Diese »Methusalems« liefern aufgrund der intensiven Nährstoffe, die ihr Holz speichert, aromatischere Früchte als junge Pflanzen. Die Veredelung erfolgt durch das Aufpfropfen auf einen jungen Wildstamm. Der Olivenbaum, der bis zu fünf Meter hoch werden kann, ist anspruchslos und braucht keine künstliche Bewässerung. Er liebt aber Licht und Wärme, daher muss er alle paar Jahre beschnitten werden. Dadurch, aber auch durch genetische Faktoren oder sogar durch den Einfluss der Erdrotation, entstanden seltsam verdrehte Baumgestalten: Drachen und Pferde, Kamele, feixende Kobolde ...

Noch im 16. Jahrhundert rodeten die Mallorquiner große Waldflächen, um Olivenhaine anzulegen. Bis ins 19. Jahrhundert war das Olivenöl einer der wichtigsten Exportartikel der Insel und eine Haupteinnahmequelle vieler Landgüter, die über eigene *tafones* (von Maultieren angetriebene Ölmühlen) verfügten. Öl galt als Tauschware für Einfuhrprodukte wie etwa Weizen. Zum Anbau der Oliven gehört auf Mallorca

übrigens seit jeher die Schafzucht – die Tiere vertilgen das Unkraut und liefern organischen Dünger.
Im Bergland finden wir Olivenkulturen noch in 700 Metern Seehöhe, auf südseitig ausgerichteten Terrassen, auf denen der Einsatz von Maschinen kaum mehr möglich ist. Die Oliven werden im Herbst, wenn sie ganz reif sind, vom Boden aufgelesen.

Es geht Richtung Meer!

Im 20. Jahrhundert warf der Olivenanbau immer weniger ab. Im Jahr 2003 umfassten die Anbauflächen in den Bergen noch etwa 9000 Hektar, während mehr als die Hälfte der Kulturen verwildert. Von den einst so zahlreichen Ölpressen sind nur noch zwei Betriebe in Sóller und einer in Caimari in Betrieb. Das dort hergestellte Qualitätsöl hat allerdings einen Aufwärtstrend eingeleitet: Heute gedeihen auf Mallorca ungefähr 750 000 Olivenbäume. Verwilderte Olivenkulturen auch hier, wo sich der GR-221 nordwärts Richtung Meer schlängelt. Die Macchia holt sich zurück, was der Mensch nicht mehr pflegt. Sehr gepflegt wirkt dagegen das Refugi de Muleta, das aus einer 1912 erbauten Telegrafiezentrale des Militärs hervorging. Das Haus ist gemütlich und ein guter Tipp für gesellige Gruppen – eine Berghütte mit Blick zum benachbarten, 112 Meter hohen Leuchtturm über dem Cap Gros. Und wer nicht in Stockbetten übernachten möchte: Eine halbe Gehstunde weiter unten gruppieren sich Hotels um die runde Bucht von Port de Sóller. Die berühmte Straßenbahn (oder – weitaus billiger – der Bus) ersparen müden Beinen die letzten vier Wegkilometer in die Stadt Sóller.

Toureninformationen

Ausgangspunkt: Deià (220 m)

Endpunkt: Refugi de Muleta (130 m) bzw. Port de Sóller

Zufahrt und Rückfahrt: Buslinie 210 von und nach Palma

Anforderungen: mittelschwere und sehr abwechslungsreiche Wanderung auf Straßen, breiten Wegen und Pfaden (die Variante über Llucalcari ist schwieriger; Trittsicherheit und Schwindelfreiheit notwendig). Durchgehend beschildert (die Variante über Llucalcari ist nicht markiert); im ersten Abschnitt mehr, im zweiten Teil der Tour weniger Schatten

Höchster Punkt: ca. 300 m

Gehzeit: gesamt 3.40 Std. (zum Hotel Son Bleda 2 Std., weiter zum Refugi de Muleta 1.10 Std., Abstieg nach Port de Sóller 0.30 Std.; Variante über Llucalcari 1 Std. mehr)

Höhenunterschied: 220 Hm Aufstieg, 440 Hm Abstieg

Einkehrmöglichkeit: Restaurants und Cafés in Deià und Port de Sóller, frischer Orangensaft und Kuchen in der Finca Can Prohom, Getränke im Refugi de Muleta (Essen und Nächtigung nur nach Vorbestellung)

Karten: Editorial Alpina E-25 »Mallorca, Tramuntana Central« 1:25 000, KOMPASS Nr. 230 »Mallorca« 1:75 000

Routenverlauf: Deià – GR-221 neben der Hauptstraße Ma-10 Richtung Sóller – in den Graben oberhalb der Cala de Deià hinab – jenseits zur Finca Son Bujosa hinauf – Camí de Castelló – Son Coll vorbei – Son Mico/Can Prohom (273 m) – bei der nahen Capella de Castelló links zum Hotel Son Bleda an der Ma-10 (Bushaltestelle) – neben der Ma-10 kurz Richtung Deià – GR-221 nach Son Augustinus – Muleta Gran – vor dem Anwesen links – Refugi de Muleta (132 m). Wer dort nicht übernachtet, wandert auf der Asphaltstraße nach Port de Sóller hinunter. Schwierigere Variante über Llucalcari: Deià – Cala de Deià – kurz vor der Bucht rechts über eine Treppe hinauf – oberhalb der Klippen auf verzweigten Pfaden der Küste entlang (Steinschlaggefahr) – Llucalcari (100 m) – Ma-10 (Bushaltestelle) – Casa d'Amunt Nova – Camí de Castelló.

Genauer Routenverlauf: www.mallorca-erleben.info › Wandern › Weitwanderweg GR-221 › GR-221, 7. Etappe

Mallorca

Sóller – Cúber: Beten im Barranc

Um das Jahr 1400 war es nicht schwer, in den Himmel zu kommen: Damals versprach der Bischof von Palma allen, die bei der Ausbesserung der 2000 Stufen des Weges durch den Barranc de Biniaraix mithalfen, 40 Tage Ablass von allen Sündenstrafen. Vielleicht blieb die kunstvoll angelegte Trasse in der Riesenschlucht deswegen so gut erhalten?

Auf Tour im Barranc de Biniaraix – S'Estret, Wasserfall, Treppenweg (von oben nach unten)

Auf der Plaça de la Constitució von Sóller herrscht wie immer bunter Trubel. Die Steinengel auf der Jugendstilfassade der Pfarrkirche blicken milde über die gut besetzten Cafétische, Hausfrauen plaudern nach dem Einkauf, Jugendliche lassen ihre Skateboards über die Steinplatten um den Brunnen brettern, waghalsige Sprünge inklusive. Mittendrin rumpelt die Straßenbahn nach Port de Sóller quer über den Platz – immer wieder ein Blickfang, da mag man noch so oft in das bezaubernde Städtchen kommen.

Erst auf dem GR-221 zum winzigen Weiler Binibassí umfängt uns wieder ländliche Ruhe und Einsamkeit. Wir schwelgen im Blick über die Orangengärten und Olivenkulturen der Horta und zur Riesenkerbe der Felsschlucht hinter Biniaraix. Binibassí, Biniaraix – immer wieder *bini* im Ortsnamen! Es geht auf das arabische *beni* oder *banu* zurück und deutet auf die Söhne einer Familie. So ein großer Sohn aus der Sippe von Binibassí war übrigens der Dichter Guillem de Torrella, der im 14. Jahrhundert eine phantastische Seereise auf einem Wal zum Sagenkönig Artus beschrieb.

Der Weg in die Schlucht

Nicht weniger phantastisch ist die Reise, die uns hinter Biniaraix erwartet: Das kleine Dorf ist Startpunkt für eine der schönsten Touren auf Mallorca – die Wanderung durch den Barranc de Biniaraix. Der Camí des Barranc geht ebenso wie der Ortsname auf maurische Zeit zurück; urkundlich ist er seit dem 14. Jahrhundert dokumentiert. Von unten gesehen scheint ein Durchkommen zwischen den fast 1000 Meter hohen Felsköpfen der Cornadors und dem Morro de ses Solanes kaum möglich, und doch zogen die Menschen hier einst hunderte Stützmauern in Trockensteintechnik hoch, pflasterten Serpentine um Serpentine mit Millionen Steinen, bauten unterirdische Wasserabflussgräben und Brücken über die Schlucht. Manche Wegabschnitte wurden, um Bodenunebenheiten auszugleichen, erhöht wie Dämme angelegt. Wir können die Kunst der *margers* (Steinsetzer) und der *mestres de paret* (Mauerbaumeister) nur

bewundern. Sie wird heute wieder gelehrt: Den Mitarbeitern der »Mauerbauerschule« ist u. a. auch die Renovierung des Camí des Barranc zu verdanken.

Auf den Trittsteinen der Furten wird man rasch wieder zum Kind. Sie verhindern nasse Füße, zumindest zeitweise, denn im Frühling oder nach Regenfällen plätschert ein kräftiger Bach durch den Barranc. Die ursprüngliche Wegtrasse schraubt sich über den rechten Hang zum aussichtsreichen Einschnitt des Coll d'en Se empor, die Route durch die kurze, aber einst ungangbare Klamm S'Estret entstand erst später. Spätestens in dieser schmalen Felskluft stellt sich die Frage nach der Entstehung einer solchen Schlucht. Ihr Verlauf folgt tektonischen Verwerfungen des Kalkgesteins, aber auch großen, durch Verkarstung entstandenen Höhlensystemen. Stürzen diese ein, so hinterlassen sie riesige Löcher und bizarre Grotten wie im oberen Bereich des Barrancs de Biniaraix, wo sich der gelöste Kalk in Form von Tropfsteinen wieder ablagert. Den Rest der Arbeit erledigt abfließendes Hochwasser, das ganze Schluchten ausspült und mit Hilfe mitgerissener Steinbrocken enge Klammen aus dem Untergrund fräst.

Pilger, Bauern, Wanderer

Heute rinnt ein bescheidener Teil des Wassers durch eine schmale Rinne, die auf der bachseitigen Begrenzungsmauer des Weges durch die Schlucht »reitet«; weiter oben verschenkt sie über einen Hahn sogar gutes Quellwasser an durstige Wanderer. Und derer gab's genug über die Jahrhunderte, denn der Camí des Barranc ist Teil des historischen Pilgerweges zur *moreneta*, der hochver-

Die Felskuppen der Cornadors (oben) und ein Anwesen in der Schlucht (unten)

Mallorca

Blick vom Cornador Gran auf den Weg im oberen Schluchtbereich (und den krönenden Puig de l'Ofre, oben). Das Kreuz am Coll de l'Ofre (unten). Wer balanciert, bleibt trockenen Fußes (rechte Seite)!

ehrten Madonna von Lluc im Herzen der Serra de Tramuntana. Auch Bauern und Landarbeiter nutzen den Weg bis heute, denn hinter der engsten Schluchtpassage weitet sich das Tal ein wenig und gibt Raum für Oliventerrassen und eine Handvoll bescheidener Häuschen. Die Glöckchen von Schafen bimmeln, ein Maultier freut sich über ein wenig Zuspruch.

Hier treffen beide Wegvarianten wieder zusammen, und hier zischt von Zeit zu Zeit ein versteckter Wasserfall aus dem oberen Teil der Schlucht, dem Gorg de Can Catí. Nur abseilerprobte Canyoning-Fans bekommen ihn zu Gesicht. Davon ahnen aber nur wenige der deutschen und englischen Aktivurlauber, die heutzutage mehrheitlich in der Gegenrichtung durch den Barranc marschieren – die gut 800 Höhenmeter zwischen dem Tal von Sóller und dem Coll de l'Ofre sind bergab doch bequemer zu überwinden. So wandern wir also »gegen den Strom« der Entgegenkommenden über zahllose Kehren weiter, genießen dafür aber das Privileg einer stetig wachsenen Aussicht. Von einem breiten, luftigen Felsband hoch über der Schlucht blicken wir weit ins »Goldene Tal« hinaus. Ein weiterer Aussichtspunkt verbirgt sich oben, neben dem weiten Hochtal der Finca l'Ofre, die dem darüber aufragenden Berg

Sollér – Cubér: Beten im Barranc

ihren Namen verliehen hat: Der Puig de l'Ofre, als einziger der »hohen« Gipfel Mallorcas fast bis zum höchsten Punkt hinauf bewaldet, ist bei Wanderern ebenso beliebt wie der Barranc, denn beide Gebiete liegen nicht weit vom Cúber-Stausee an der Bergstraße Ma-10 entfernt.

Lake District

Dieser See ist auch unser heutiges Tagesziel. Am Nachmittag ist der »Gegenstrom« der Wanderer längst verebbt, und so schlendern wir allein vom Coll de l'Ofre durch die breite Talmulde von Binimorat – schon wieder *bini!* Links über uns die kahlen Felsstufen der Serra de Cúber, rechts die steilen Hänge der Franquesa und des Puig de sa Rateta, der »kleinen Ratte«. Und vor uns, am Fuße des kolossalen Puig Major, kräuseln sich richtige Wellen: Das Embassament de Cúber liefert keinen Strom, speichert aber – viel wichtiger! – Trinkwasser für die Hauptstadt Palma. Im Frühling und bis in den Sommer hinein fühlt man sich an diesem Gewässer, das eine Finca und sogar prähistorische Funde verschlang, fast wie am Gardasee. Im Herbst bietet es einen eher traurigen Anblick: Oft bleibt nur noch eine schmutzige Lacke übrig, und die Palmesaner müssen auf entsalztes Meerwasser umsteigen. Dann findet natürlich auch der letzte Höhepunkt des heutigen Wandertages nicht mehr statt: der Gang übers Wasser. Am Nordwestufer spazieren wir über einen schnurgeraden Damm, neben dem ein zweiter, viel kleinerer Teich blaut. Hier, im Herzen der Serra de Tramuntana, ist es eben auch heute noch leicht, sich himmlisch zu fühlen …

🦗 Toureninformationen

Ausgangspunkt: Refugi de Muleta, Port de Sóller oder Sóller

Endpunkt: Embassament de Cúber (Cúber-Stausee, 750 m)

Zufahrt und Rückfahrt: Buslinie 354 zwischen Port de Sóller und dem Cúber-Stausee (April bis Oktober, nicht am Sonntag)

Anforderungen: anfangs ebene Tal-, dann mittelschwere Bergwanderung, erst auf asphaltieren Straßen, dann auf einem alten, gepflasterten Pilgerweg (bei Regen rutschig); durchgehend beschildert; immer wieder Schatten.

Höchster Punkt: Coll de l'Ofre (875 m)

Gehzeit: gesamt 5.40 Std. (Refugi de Muleta – Sóller 1.50 Std., nach Biniaraix 1 Std., durch den Barranc de Biniaraix zum Cúber-Stausee 2.50 Std.)

Höhenunterschied: 970 Hm Aufstieg, 550 Hm Abstieg

Einkehrmöglichkeit: unterwegs keine; Restaurants und Cafés in Port d'Andratx und Sant Elm

Karten: Editorial Alpina E-25 »Mallorca, Tramuntana Central« 1:25 000, KOMPASS Nr. 230 »Mallorca« 1:75 000

Routenverlauf: Wer im Refugi de Muleta übernachtet, marschiert auf der Asphaltstraße nach Port de Sóller und fährt mit der Straßenbahn (oder – billiger – per Bus) nach Sóller (50 m). Der GR-221 führt dagegen zur Finca Muleta Gran zurück – links zur Finca Muleta de Ca s'Hereu und ins Tal von Sóller hinab – links nach Port de Sóller, rechts nach Sóller. Von der Plaça da la Constitució auf dem Carrer de sa Lluna und der Avinguda de la Victòria de l'11 de Maig zum Fußballplatz – rechts zur Pont de Can Rave – Camí Vell de Fornalutx – Binibassí – rechts nach Biniaraix (90 m) – Waschhaus – Camí des Barranc – Aufstieg durch den Barranc de Biniaraix – Can Silles – vor der Finca l'Ofre links zum Coll de l'Ofre (875 m) – Abstieg zur Finca Binimorat – Cúber-Stausee an der Ma-10 (750 m, Bushaltestelle).

Genauer Routenverlauf: www.mallorca-erleben.info › Wandern › Weitwanderweg GR-221 › GR-221, 8. Etappe

Mallorca

Sicherungen am Pas Llis (oben).
Karstgestein vor dem Puig d'Alaró (Mitte).
Trinkwasser im Cúber-Stausee (unten).
Wandern an der Wasserrinne, darüber der Puig Major (rechte Seite).

Refugi des Tossals Verds: »Wasser marsch!«

Trinkwasser ist auf Mallorca kein selbstverständliches Gut: Der Verbrauch steigt, der Grundwasserspiegel sinkt wegen zu großer Förderung; einsickerndes Meerwasser treibt den Salzgehalt weit über die Grenzwerte der Weltgesundheitsorganisation. Erstaunlich, dass man dem kostbaren Nass ausgerechnet im knochentrockenen Zentrum der Serra de Tramuntana begegnet.

Gebirgswasser nutzte der Besitzer der Posessió Massanella bei Mancor de la Vall schon anno 1750. Damals gelang Monserrat Fontanet, einem Bediensteten des Anwesens, die Fassung einer Quelle am Fuß des Puig de Massanella und der Bau einer sieben Kilometer langen Wasserleitung – ein technisches Meisterwerk jener Zeit, denn sie führt hoch über eine Schlucht und durch einen Tunnel ins Nachbartal. Die spektakulärste Passage der Canaleta de Massanella, ein Aquädukt auf Steinbögen (*arcs*) direkt vor einer Felswand, liegt nahe an der GR-221-Etappe zum Refugi des Tossals Verds.

Am kühlen Nass entlang

Der GR-221 zum Refugi des Tossals Verds beginnt am Picknickplatz bei der Font des Noguer. Nach wenigen Schritten stehen wir vor einer Betonrinne, in der Wasser aus dem östlich benachbarten Stausee Gorg Blau heranplätschert. Dieser liegt etwa 150 Meter tiefer, daher muss es erst emporgepumpt werden, bevor es fünf Kilometer quer durch die Abhänge der Serra des Teixos, des Morro d'Almallutx und des Puig de sa Font fließt. Der Begleitweg bietet dazu eine faszinierende Sicht zum gegenüber aufragenden Puig de ses Vinyes und zum massigen Puig Major mit seiner Radar-Gipfelkuppel.

Wanderabschnitt Nummer zwei führt uns über den mit Steineichen bewaldeten Coll des Coloms zum Prat de Cúber, einer Talweitung am Fuße des Massanella-Massivs. Durstig folgen wir dem hier abzweigenden GR-221 kurz Richtung Lluc, denn nach zehn Minuten gibt's gutes Quellwasser: hinter dem Gittertor der Font des Prat (oder Font de Massanella, wie über dem gemauerten Torbogen der Quellfassung zu lesen ist). Dort beginnt die Rohrleitung, die über weite Strecken auf einer Trockensteinmauer verläuft; leider beginnt die Konstruktion allmählich zu zerbröckeln. Dafür entdecken wir im Talgrund Reste einer Wassermühle – und nach einer Felshangquerung, nahe den verfallenen Cases Velles de Tossals, das Brunnen-Mauerrund des Pou de sa Bassola.

Refugi di Tossals Verds: »Wasser marsch!«

Hüttenrast und Felsenweg

Schließlich stehen wir vor dem Refugi des Tossals Verds, einem im 19. Jahrhundert errichteten Landhaus auf 525 Metern Seehöhe. Die alte Wanderherberge steht am Südabhang der Tossals Verds, der »grünen Hügel«. Ein Garten und Teile einer Ölmühle, die man während der Renovierung freigelegt hat, erinnern noch an den einstigen Arbeitsalltag in der Einsamkeit der Serra de Tramuntana. Heute freuen sich seine Besucher über den Blick zum Burgberg von Alaró und auf den verhexten Felsklotz des Puig de s'Alcadena – und vielleicht auch auf den spannendsten Weg in diesem Gebiet, der hoch über dem Torrent d'Almadrà dahinführt. Seine »Schlüsselstelle«, der Pas Llis, ist mit Stahlseilen gesichert; wir turnen dort also auf einem Mini-Klettersteig durch die steilen Schluchtwände. Auf der anderen Talseite klaffen seltsame Löcher im Gestein: die Eingänge von fünf Tunnels der Wasserleitung, die 1972 von der Cúber-Staumauer zur Aufbereitungsanlage in Lloseta gebaut wurde. Die Röhren sind begehbar; mit einer Taschenlampe lässt sich der abenteuerliche »Wasserleitungsweg« alternativ in die Rundtour um die Tossals Verds einbauen. Noch eindrucksvoller ist allerdings der ostseitige Pfad, der uns unter einem mächtigen Felszacken und an bizarren Karstfelsen vorbeiführt. Unter dem Coll de sa Coma des Ases passieren wir die Absturzstelle eines Kleinflugzeugs (der Pilot überlebte, das Wrack wurde von Souvenirjägern ausgeweidet). Oben am Sattel bedeutet der Tiefblick auf die beiden Stauseen dann den finalen Höhepunkt der Tour: Unter uns beherbergen bleiche Kalkfelsen fast 13 Millionen Kubikmeter Wasser!

🪰 Toureninformationen

Ausgangs- und Endpunkt: Cúber-Stausee (750 m)

Zufahrt und Rückfahrt: Auf der Ma-10, Parkplatz am Ausgangspunkt. Buslinie 354 von Port de Sóller (April bis Oktober, nicht am Sonntag).

Anforderungen: mittelschwere Bergwanderung auf breiten Wegen und schmalen Pfaden. Bei der schwierigen Variante über den Coll de sa Coma des Ases und den Pas Llis ist eine gesicherte Passage im steilen Felsgelände zu überwinden (Trittsicherheit und Schwindelfreiheit notwendig); immer wieder Schatten.

Höchster Punkt: Coll des Coloms (808 m); Variante Coll de sa Coma des Ases (903 m)

Gehzeit: gesamt 4 Std. (zum Refugi des Tossals Verds 2 Std., Rückweg 2 Std.); Variante über den Pas Llis gesamt 4 Std.

Höhenunterschied: 300 Hm Aufstieg, 300 Hm Abstieg (Variante 450 Hm Aufstieg, 450 Hm Abstieg)

Einkehr: Refugi des Tossals Verds (Getränke, Essen und Unterkunft nur nach Voranmeldung)

Karten: Editorial Alpina E-25, Mallorca Tramuntana Central 1:25 000, KOMPASS Nr. 230 »Mallorca« 1:75 000

Routenverlauf: Picknickplatz (Àrea Recreativa sa Font des Noguer) – GR-221 neben dem Canal des Embassaments (Wasserrinne) gut 2,5 km zu einem Betonsteg – Aufstieg zum Coll des Coloms (808 m) – kurzer Abstieg zu einer Abzweigung, dort geradeaus – Brücke und Bachfurt – Sattel bei den Cases Velles (707 m) – zwei beschilderte Wegvarianten zum Refugi des Tossals Verds (540 m). Rückweg auf derselben Route.

Schwierigere Variante: Parkplatz am Cúber-Stausee – noch vor dem Leiterüberstieg rechts zu einer verfallenen Mauer – links neben der Mauer zum Coll de sa Coma des Ases (903 m) – Abstieg über dem Torrent d'Almedrà – Pas Llis (Drahtseile) – Anhöhe – Refugi des Tossals Verds – Rückweg über den Coll des Coloms.

Genauer Routenverlauf: www.mallorca-erleben.info › Wandern › Weitwanderweg GR-221 › GR-221, 9. Etappe

Mallorca

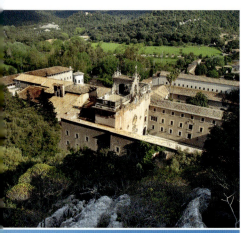

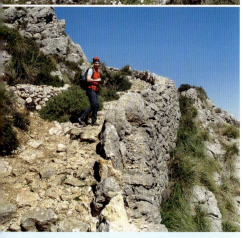

Das Heiligtum von Lluc (oben), ein »Schneehaus« vor dem Puig Major (Mitte) und der renovierte Schneesammlerweg (unten)

Cúber – Lluc: Schnee von gestern

Als es noch keine Tiefkühlkost und keine Eisschränke gab, behalfen sich die Mallorquiner mit einem Naturprodukt: Sie kühlten Lebensmittel (vor allem Fische) oder Arzneien mit Schnee. Schon im frühen 18. Jahrhundert zauberte man aus der weißen Pracht sogar Speiseeis. Wie? Um das zu erfahren, muss man zu den höchsten Bergen der Insel wandern …

Dort oben findet man bis zu 16 Meter lange, vier bis acht Meter tiefe und mit Trockensteinmauern ausgekleidete Gruben: *cases de neu*, »Schneehäuser«. Die Mauern der meisten dieser Anlagen ragten etwa einen Meter über den Boden hinaus und besaßen an ihrer Schmalseite eine Öffnung, hinter der man auf einer Leiter oder mittels Wandvertiefungen ins Innere hintersteigen konnte. An ihrer Längsseite bestanden Fenster, durch die man Schnee einfüllen konnte.

Eiskalte Geschäfte

Bis 1927 war das letzte Schneehaus in Gebrauch. Die ältesten Dokumente über die *nevaters*, die Schneesammler, gehen zurück bis ins Jahr 1595. Die *nevaters* trugen den Schnee des Winters zusammen und stampften ihn in den Gruben zu Eis. Bis zu hundert Tonnen lagerten dort manchmal, geschützt unter Asche, Salz, Reisig oder einem Grasdach, bis in den Sommer hinein. Da und dort erleichterten eigens angelegte Terrassen das Schneesammeln; Trockensteinmauern grenzten die »Erntegebiete« voneinander ab. Neben vielen Schneehäusern standen Hütten für die Arbeiter und ihr Werkzeug. In der heißen Jahreszeit transportierte man das kalte Gut Stück für Stück ins Tal hinab – nachts auf dem Rücken von Eseln oder Maultieren, die auf gemauerten Schneesammlerwegen dahintrabten, unten in Kutschen. Juan Martorell, genannt Juan de s'Aigo, soll diesen Wirtschaftszweig im 18. Jahrhundert im größeren Stil etabliert haben. Das Café Can Joan de s'Aigo in Palma (Carrer Can Sanç nahe der Kirche Santa Eulalia) steht noch heute in der Tradition des »Wasserhannes«. Genießen Sie dort das hervorragende Mandeleis im Gedenken an diese seltsame Profession. Die meisten Ruinen von Schneehäusern findet man in den höheren Lagen der Serra de Tramuntana.

Die Sache mit der Suche

Rund um den Puig d'en Galileu, einer 1182 Meter hohen Erhebung im Norden des Massanella-Massivs, finden sich besonders schöne Relikte des »kalten Gewerbes«. Von diesen hörten wir, als wir Ende der 1990er-Jahre für einen Mallorca-Wanderführer recherchierten. Damals gab's noch ziemlich viel *terra*

incognita auf der Insel – etwa Wege, die der Zahn der Zeit fast zum Verschwinden gebracht hatte. Zu einem Schneehaus führt immer ein Weg – also brachen wir im Morgengrauen auf und begannen mit der Fahndung: im Steineichenwald über der Urbanisation Son Macip, neben den Schutthalden unter dem Puig d'en Galileu, in den Felshängen Ses Voltes. Die Stunden gingen dahin, mehr und mehr wich die Entdeckerlust dem Kein-Weg-in-Sicht-Frust. Schon wollten wir aufgeben – da schimmerte von hoch oben eine Stützmauer zwischen Dissgras und Felsbrocken herab. Also doch! Nichts hielt uns mehr, weder Geröll noch sperrige Äste, bis wir auf einer schrägen Rampe standen. Ihre noch erstaunlich gut gepflasterte Trasse stieg neben einer zerfallenen Begrenzungsmauer zu einem Grasplateau an: der Camí de Ses Voltes des Galileu, der uns zu den Schneehäusern des gleichnamigen Berges führte – für Wanderbuchautoren damals ein Fund wie die Blaue Mauritius.

Einige Jahre und Buchauflagen später nahm sich die »Mauerbauerschule« des verborgenen Baudenkmals an. Die *margers* renovierten den Weg mustergültig, statteten ihn im unteren Bereich mit vielen Kehren aus und banden ihn in den Verlauf des GR-221 ein.

Von Schneehaus zu Schneehaus

Dieser Weg führt seither vom Prat de Cúber zwischen dem Cúber-Stausee und

Die Mauern der Schneesammlerhütte unter dem Puig d'en Galileu wurden ebenfalls hergerichtet (oben); heute nächtigen dort jedoch nur mehr Schafe (unten).

Mallorca

Dorthin marschieren wir schließlich auf dem revitalisierten Schneesammlerweg. *Lucus* – das lateinische Wort erinnert an einen »heiliger Hain«. Tatsächlich finden wir in den rund 600 Meter hoch gelegenen Wäldern zwischen dem Puig Major und dem Puig Tomir viel Ungewöhnliches – etwa den Torrent de Pareis, die längste Schlucht der Insel; wir sehen den tiefen Spalt im Felsgelände gut vom Wanderweg aus. Oder die zahlreichen Karstformationen zwischen den Bäumen, allen voran das berühmte »Kamel«, mit dem der Natur eine zerklüftetes Meisterplastik geglückt ist.

Lluc – das Heiligtum von Mallorca

Nur wenige Bauernhöfe gibt es im riesigen Gebiet von Escorca, einer Gemeinde ohne Dorf, dafür aber mit göttlichem Beistand: Das Verwaltungspersonal arbeitet in einem Trakt des Monestir de Lluc. Die Wallfahrtskirche im Herzen der Tramuntana gilt als das bedeutendste Heiligtum der Insel. Ihre Gründungslegende erzählt von einem maurischen Hirtenknaben, der zum Christentum übergetreten war und den Namen Lukas (auf Mallorquinisch *lluc*) angenommen hatte: Er soll hier eine Madonnenfigur entdeckt haben, für die eine Kapelle erbaut wurde. Die Statue der Mare de Deu de Lluc ging vermutlich auf das 13. Jahrhundert zurück – und leider verloren. Die jetzt in der Kirche aufgestellte Muttergottesfigur, die *moreneta* (die »kleine Braune«), stammt aus dem 16. Jahrhundert, vermutlich aus Belgien, und wurde von einem reichen Händler gestiftet. Das 1230 entstandene Gotteshaus wurde 30 Jahre später zu einer Einsiedelei erweitert und im 18. Jahrhun-

Die Wallfahrtskirche von Lluc, das Heiligtum von Mallorca, (oben) birgt eine schwarze Madonnenstatue aus dem 16. Jahrhundert (unten). Eines der zahlreichen »Schneehäuser« unter dem Puig de Massanella (rechte Seite).

dem Refugi des Tossals Verds hinauf zum Coll des Prat, einem 1205 Meter hochgelegenen Sattel direkt am Fuße wilder Felsmauern, mit denen der noch 163 Meter höhere Puig de Massanella nordseitig abbricht. Beim Abstieg zum Coll des Telègraf, auf dem tatsächlich noch Reste einer Telegrafenleitung zu sehen sind, tauchen weitere Gruben der Schneesammler auf. Die schönste – weil erst kürzlich renovierte – Anlage, die Casa de neu d'en Galileu, verbirgt sich jedoch im Norden des gleichnamigen, langgezogen Gras- und Felsrückens, dem alle (Weit-)Wanderer einen kurzen Abstecher widmen sollten: Der Panoramablick von seinem leicht erreichbaren Ostgipfel umfasst die niedrige, aber mehr als drei Kilometer lange Wand des Puig de Massanella und den protzigen Puig Major ebenso wie das riesige Waldgebiet um Lluc.

dert zur heutigen Größe ausgebaut. Schon damals kamen immer mehr Pilger aus allen Richtungen. Unter dem Franco-Regime galt Lluc als Symbol mallorquinischer Eigenständigkeit.

Unter der Kuppel der dunklen Klosterkirche herrscht eine wundervolle, stille Atmosphäre; die Muttergottesfigur mit dem Christuskind »residiert« in einem Schrein hinter dem Hauptaltar. Der Kinderchor von Lluc, *els blauets*, singt täglich, die *festa litúrgica* zu Ehren der Gottesmutter von Lluc findet am 12. September statt. Recht ruhig ist es übrigens auch im zauberhaften Botanischen Garten des Heiligtums, in seinem kleinen Museum und auf dem Puig dels Misteris: Der »Berg der Geheimnisse« hinter der Kirche lockt mit einem riesigen Kreuz und einer ebensolchen Aussicht über das Bauernland der Clot d'Albarca im kaum bekannten »Hinterland«.

Tagsüber sind vor dem Gotteshaus meist viele Ausflügler und Wanderer unterwegs; letztere können in einfachen Zimmern über den einstigen Pferdeställen günstig übernachten. Auf den Picknickplätzen in der Nähe versammelt sich an Sonntagen halb Mallorca zum Grillen; wer im Freien campieren möchte, findet hier den einzigen Zeltplatz der Insel. Und wem die Tageswanderung auf den GR-221 zu wenig Herausforderung gewesen sein sollte: Seit 1973 setzen sich alljährlich am ersten Augustwochenende bis zu 50 000 Menschen auf der Placa des Güell in Palma in Bewegung, um bei der *marxa des Güell a Lluc a peu* nach Lluc mitzumarschieren – 48 schweißtreibende Kilometer bei Volksfeststimmung in allen Orten am Weg.

Cubér – Lluch: Schnee von gestern

🪰 Toureninformationen

Ausgangspunkt: Cúber-Stausee (750 m)

Endpunkt: Lluc (490 m) oder Refugi de Son Amer (547 m)

Zufahrt und Rückfahrt: Buslinie 354 (April bis Oktober, nicht am Sonntag)

Anforderungen: mittelschwere Bergwanderung auf beschilderten Wegen und Pfaden; im ersten Abschnitt stellenweise, im zweiten Abschnitt nur wenig Schatten.

Höchster Punkt: Coll des Prat (1205 m)

Gehzeit: gesamt 5.15 Std. (zum Coll des Prat 2.45 Std., Übergang nach Lluc 2.30 Std., weiter zum Refugi de Son Amer 0.20 Std.)

Höhenunterschied: 850 Hm Aufstieg, 850 Hm Abstieg

Einkehr: Restaurants in Lluc, Refugi de Son Amer (Essen und Nächtigung nur nach Vorbestellung)

Karten: Editorial Alpina E-25, Mallorca Tramuntana Nord 1:25 000, KOMPASS Nr. 230 »Mallorca« 1:75 000

Routenverlauf: Cúber-Stausee – GR-221 Richtung »Refugi des Tossals Verds« über den Coll des Coloms – bei der Abzweigung dahinter links (Richtung »Lluc«) – Font des Prat – Aufstieg durch Comellar des Prat zum Coll des Prat (1205 m) – links zu einer Scharte – Abstieg zum Coll des Telègraf (Coll de ses cases de Neu, 1126 m) – Aufstieg zum Rücken des Puig d'en Galileu (1142 m) – Abstieg zum Plateau der Casa de neu d'en Galileu – restaurierter Schneesammlerweg – Ma-10 bei Son Macip – Lluc (490 m). Eventuell weiter zum Refugi de Son Amer (547 m).

Genauer Routenverlauf: www.mallorca-erleben.info › Wandern › Weitwanderweg GR-221 › GR-221, 10. Etappe

Mallorca

Lluc – Pollença: Finale mit 365 Stufen

Was in Italien für Rom gilt, gilt auf Mallorca für Lluc: Alle Wege führen dorthin – nicht nur von Sóller, sondern auch von Pollença und Caimari. Genau genommen kann man eine Wallfahrt in fast jedem Ort der Insel starten: Uralte »Camins de Lluc« führen von allen Seiten zu diesen »Pilger-Knotenpunkten«.

Time to say goodbye: Die letzte Etappe der Ruta de Pedra en Sec führt uns noch einmal alle Schönheit der Serra de Tramuntana vor Augen, und zwar schon beim Zugang zum nahen Refugi de Son Amer, einem zur Wanderherberge umgebauten Landgut, das im 13. Jahrhundert dem Templerorden gehörte. Es thront auf einem Steineichenhügel, unter dem ein Bach einst die Mühlräder des Klosters antrieb. Jenseits der Landstraße Ma-10 entdecken wir mit Gras gedeckte Köhlerhütten, einen Brunnen samt Wasserleitung und einen Aussichtspunkt über einer Felswand – und mittendrin eine schmucklose und daher oft übersehene Steinhütte: S'Ermita, die Wallfahrtskapelle von Son Amer.

Feuer und Stein im Wald

Auf dem Weiterweg fällt der Rest einer runden Steinmauer auf, in der einst Kalk gewonnen wurde. Für das gefragte Baumaterial brauchte man möglichst reinen Kalkstein. Wo der vorhanden war, grub man ein etwa zwei Meter breites und tiefes Loch in einen abschüssigen Hang. Dieses kleidete man mit einer Steinmauer und einer Schutzschicht aus Lehm aus; zuletzt entstand aus großen Steinen eine Art Gewölbe darüber. Frei blieben nur Spalten für die Luftzufuhr und eine Öffnung zum Einfüllen des Brennmaterials. Das Feuer, das dann unter den eingefüllten Kalksteinen entfacht wurde, erzeugte Temperaturen um die 1000 Grad Celsius, bei denen Kohlendioxid entweicht und reiner Kalk zurückbleibt. Jeder Brennvorgang dauerte zwischen einer und drei Wochen und verschlang ungefähr zehn Tonnen Holz. Damit entstanden 100 bis 300 Tonnen Kalk, den man mit Wasser »löschte« und dann als Bindemittel für den Mörtel oder als Maueranstrich verwenden konnte. Unterhalb der Moleta de Binifaldó wandern wir durch den Bosc Gran, den »Großen Wald«. Aus dem Geröll unter dem östlichsten »Tausender« der Insel, dem Puig Tomir, sprudelt frisches Wasser – direkt in die ehemalige Mineralwasserabfüllanlage Font de Binifaldó. An der asphaltierten Zufahrtsstraße steht der einstige Bauernhof Binifaldó. Das heutige Naturschutzheim erinnert mit seinem Namen einmal mehr an die arabische Ära *binihaldon* (»Söhne des Haldum«). Dort zweigen wir auf die Carretera Vella de Pollença ab. Auf dieser historischen Wegtrasse am Fuß der Tomir-Nordwest-

Der Kalvarienberg in Pollença (oben) und eine mit Gras gedeckte Köhlerhütte bei Lluc (unten). Pollença ist das Ziel des GR-221 (rechte Seite).

Auch im Vall d'en Marc sind zauberhafte Details zu entdecken (oben und unten). Die Pfarrkirche von Pollença und die GR-221-Karte im Refugi de Son Amer (rechte Seite).

wände ritten schon Mallorcas Könige nach Lluc. Uns gewährt sie einen königlichen Wanderausklang, vorbei an der Quelle der Font de Muntanya, durch einen seltsamen Felseinschnitt und in unzähligen Kehren bergab. Im Norden tauchen immer wieder *ciurons* und *fics* zwischen den Bäumen – faszinierende Felstürme mit senkrechten, für die Karstkorrision so typischen Karrenrillen, die dort ein ganzes Minigebirge aufbauen.

Flacher Fernweg-Ausklang

Das Vall d'en Marc, das wir auf so abwechslungsreiche Weise erreichen, bedeutet für manche Weitwanderer eine letzte Prüfung: Sieben Kilometer bis Pollença! Immerhin marschieren wir auf extra angelegten Pfaden etwas abseits der vielbefahrenen Straße; sogar eine Fußgängerbrücke wurde am Pas d'en Barqueta aufgestellt. Außerdem haben der liebe Gott und die örtlichen Bauern viel zum Schauen geschaffen: das Felsmassiv von Ternelles etwa, gepflegte Gärten und Felder oder die Wassermühlen von Llinàs, die in einer Reihe übereinander errichtet (und in den letzten Jahren als Wohnhäuser adaptiert) wurden ... Das Refugi del Pont Romà am Ortsrand von Pollença setzt den offiziellen Schlusspunkt des Fernwanderweges. Das 1908 als Schlachthaus erbaute Gebäude erlebte nach 99 Jahren eine Wiedergeburt als Wanderherberge. Es empfiehlt sich auch als Startpunkt für eine Besichtigung des liebenswerten Städtchens – gleich um die Ecke überspannt etwa der Pont Romà den Torrent de Sant Jordi. Teile dieser zweibogigen Steinbrücke stammen aus dem fünften nachchristlichen Jahrhundert, der Rest eher aus

Lluc – Pollença: Finale mit 365 Stufen

dem Mittelalter. Schon zur Zeit der Römerzeit prosperierte die Siedlung Pollentia – allerdings fast zehn Kilometer weiter südwestlich an der Bucht von Alcúdia. Das dem Ortsnamen zugrunde liegende Verb pollere (»stark sein«) half während der Plünderung durch die Vandalen im Jahre 425 nur wenig: Die Siedlung wurde an ihrem heutigen Platz neu aufgebaut, am Fuß des Puig de Maria, einem 325 Meter hohen Kloster- und Wallfahrtsberg. Die Araber befestigten das nahe Castell del Rei und leisteten den Truppen König Jaumes I. erbitterten Widerstand; auch die verwinkelte Altstadt erinnert immer noch ein wenig an eine nordafrikanische Kasbah.

Direkt über der Pfarrkirche lockt ein allerletztes »Tourenziel«: der berühmte Kalvarienberg. Was könnte die lange Wanderung durch Mallorcas großes Gebirge also besser beenden als die Überwindung seiner 365 alten (und 48 neuen) Treppenstufen?

Toureninformationen

Ausgangspunkt: Lluc (490 m) oder das Refugi de Son Amer (547 m)

Endpunkt: Pollença (66 m)

Zufahrt und Rückfahrt: Buslinie 354 von Pollença nach Lluc (Haltestelle an der Carretera Lluc Richtung Port de Pollença kurz vor dem Verkehrskreisel – April bis Oktober, nicht am Sonntag). Rückfahrt nach Palma mit den Buslinien 340-42 (Haltestelle am Carrer de Cecili Metel im Süden der Stadt).

Anforderungen: einfache und schöne Wanderung auf breiten Wegen und Pfaden, zuletzt ein Stück auf der Straße; im ersten Abschnitt viel, im unteren Bereich weniger Schatten.

Höchster Punkt: Coll Pelat (686 m)

Gehzeit: gesamt 5 Std. (Lluc – Refugi de Son Amer 0.20 Std., nach Binifaldó 1.45 Std., Abstieg nach Pollença 3 Std.)

Höhenunterschied: 250 Hm Aufstieg, 700 Hm Abstieg

Einkehr: unterwegs keine; Bars/Restaurants in Lluc und Pollença

Karten: Editorial Alpina E-25, Mallorca Tramuntana Nord 1:25 000, KOMPASS Nr. 230 »Mallorca« 1:75 000

Routenverlauf: Wer im Kloster Lluc über-

nachtet hat, beginnt die Tour mit dem Zugang zum Refugi Son Amer. Von dort auf dem GR-221 Richtung Pollença – Parkplatz an der Ma-10 – ins Tal am Fuß des Puig de ses Covasses – Coll de sa Font (680 m) – Coll Pelat (686 m) – Camí des Porxo durch den Bosc Gran zum Coll des Pedregaret – Asphaltstraße nach Binifaldó (580 m) – 70 m nach dem Gebäude rechts auf den Schotterweg (Camí vell de Lluc a Pollença) – Muntanya – Abstieg ins Vall d'en Marc – neben der Ma-10 (105 m) und dem Torrent de la Vall d'en Marc – Brücke – Asphaltstraße zum Refugi Pont Romà in Pollença.

Genauer Routenverlauf: www.mallorca-erleben.info › Wandern › Weitwanderweg GR-221 › GR-221, 11. Etappe

Beruf »Bergsteigen« – ein Guide auf Tour

Leider bekommen wir gemeinsame Touren nur selten auf die Reihe – trotzdem sind wir auf Mallorca stets mit unserem Freund Jaume Tort unterwegs, mit seinen Tipps, seinen Infos, seinen Wanderkarten. Und oft treffen wir ihn ganz unverhofft: Jaume an der Spitze fröhlicher Gipfelstürmer, Jaume am Steuer seines Vans, mit dem er gerade eine Wandergruppe abholt, Jaume mit Kettensäge in einer Schlucht, wo er vom Sturm gefällte Baumstämme aus dem Weg räumt.

Der Insel-Insider
Jaume Tort Sagues, Jahrgang 1961, ist – so scheint's – omnipräsent in Mallorcas Bergen. Das war er nicht immer: Bis 1989 arbeitete der studierte Pharmazeut als Apotheker, dann wurde es ihm zu eng zwischen Medikamentenschränken und Pillendosen. Seither ist er professioneller Fußgänger: als staatlich geprüfter Natur- und Kulturwanderführer bei großen Outdoor-Reiseanbietern, als polyglotter Tourenguide für private Gruppen, als Fotograf, Kartenbearbeiter und Wanderbuchautor. Und als Gestalter eigener Internetportale. Die sind so aktuell, dass man beispielsweise nachsehen kann, ob die Felslöcher in der Schlucht des Torrent de Pareis gerade unter Wasser stehen oder ob die Durchquerung machbar ist.

»Besonders gerne zeige ich den Gästen ›mein‹ Mallorca«, lacht der Naturbursche. Die größte Freude an seinem Job? »Die Überraschung meiner Gäste, wie einsam und naturbelassen die Insel ist.« Und die ist vor allem bei deutschen und englischen Wanderern groß. »Viele sind zum ersten Mal auf Mallorca«, erzählt er, »naturbegeisterte Menschen, die sich nicht gleich alleine ins unmarkierte und mitunter gefährliche Berggelände wagen.« Viele schätzen aber ganz einfach perfekt geplante Touren, die organisierte Zu- und Abfahrt, ein bewährtes, vorab gebuchtes Hotel als Standquartier. Und natürlich das Know-How des Mallorca-Experten, etwa über die perfekte Wanderverpflegung: »Pa amb oli – traditionelles Graubrot, eingerieben mit dem Fleisch saftiger Tomaten und bestrichen mit Olivenöl. Das bringt Kohlenhydrate, Vitamine und Fett mit einem Bissen!« Wird Mallorcas »klassischer« Snack dann noch mit luftgetrocknetem Schinken und Käse belegt, gibt's auch genügend Salz und Eiweiß dazu.
Wer Mallorcas Natur intensiv kennenlernen will, profitiert zudem vom Spezialwissen des Ex-Apothekers: Mit Jaume bleibt keine Blüte am Weg

unerwähnt, keine Orchidee verborgen, kein Blättchen namenlos. Bei der Rast nennt er jeden Gipfel im Panorama beim Namen; anhand unscheinbarer Felsbrocken erklärt er die Entstehung der Insel. Daneben nimmt der Guide über schwarze Schafe unter seinen Landsleuten oder über selbstherrliche Ausländer kein Blatt vor den Mund: Er kennt sie alle, die die historischen Wege mit Zäunen sperren, die abzocken und wegen kurzfristigen Profits die Natur zerstören. Bei diesen Themen kann er emotional werden, dann wird sein Redeschwall noch schneller als sonst schon.

Viele Fragen, viele Wege

Mit Begeisterung dagegen spricht der Mallorca-Experte über Abenteuertouren. Seine Führungen über verborgene und oft sehr exponierte Schmugglerpfade, auf denen bis in die 1960er-Jahre Mehl und Zucker, Kaffee, Tabak und Alkohol »zollfrei« von einsamen Buchten ins Land gebracht wurden, sind ein echtes Erlebnis. Ohne seine Begleitung würde man die nur Eingeweihten bekannten Überstiegsmöglichkeiten im Steilfels, die »heimlichen« Schneisen im Unterholz nie finden. Auch bei Schlucht-Touren wie durch den Torrent de Pareis vertrauen sich viele seiner Führung an.

Für einen Tourenguide heißt es zwischen März und Oktober: kein freier Tag, kein Hobby, kein Tropfen Alkohol. Mit seinen Gruppen ist er meist von Samstag bis Samstag unterwegs, das heißt: 100 Prozent Präsenz vom Frühstück bis lange nach dem Abendessen, Zeit für viele Gespräche, Verständnis für Stimmungsschwankungen, Zuspruch bei Motivationslöchern, Erste Hilfe bei Verletzungen. Vor und nach den Tagestouren fungiert er als Chauffeur, im Stau auch mal als Alleinunterhalter. Administrative Tätigkeiten laufen dagegen hinter den Kulissen. Und wenn nötig, steht spontane Improvisation auf der Tagesordnung – etwa, wenn Schlechtwetter geplante Bergtouren verhindert und ein Ersatzprogramm erzwingt. Sonntags muss dann auch ein Wanderführer Wäsche waschen. Ausrüstung will überprüft, die Mailbox gecheckt werden. Für seine Lebenspartnerin Aina Escrivá, die ebenfalls als Wanderführerin arbeitet, oder für Freunde bleibt da wenig Zeit. Es gab schon gemeinsame Essen, da fielen dem Vielbeschäftigten fast die Augen zu.

Ein Leben mit den Bergen

Im Sommer, wenn es auf Mallorcas Bergen oft zu heiß zum Wandern ist, führt Jaume Tort Mitteleuropäer durch die Pyrenäen, in den letzten Jahren auch vermehrt spanische und katalanische Wanderer durch die Alpen oder ins Balkangebiet.
Was aber machen Wanderführer im Winter? Andere mögen Erholung suchen – Jaume und Aina aber recherchieren neue Routen, bearbeiten Bücher und Wanderkarten, organisieren den Vertrieb auf der Insel. Und jedes Jahr erreichen uns ihre Weihnachtsgrüße aus fernen Erdteilen – vom Berg, woher sonst?
Info: www.mallorca-camins.info, www.gr221.info, www.torrentpareis.info

1 Jaume mit »Wander-Nachwuchs« 2 Der Guide erkundet alte Schmugglerpfade 3 Der erste eigene Wanderführer mit Karten 4 Sommertour in den Pyrenäen 5 Ein Mallorquiner in den Westalpen 6 Winterurlaub auf Hawaii-Vulkanen

Mallorca

Serra de na Burguesa: Stadt in Sicht

Wer beachtet bei einer Stadt wie Palma schon die Umgebung? Alle Blicke bleiben an der gewaltigen gotischen Kathedrale hängen oder am Castell de Bellver über dem Hafen. Aber die unspektakulären Hügel dahinter? Die Serra de na Burguesa spielt ihren größten Trumpf – den Prachtblick auf Mallorcas Hauptstadt – erst aus, wenn man ganz oben steht.

Palmas Hausberg bietet Stadt-Blicke (oben), Wanderwege (Mitte) und viele Pilze (unten). Sonnenaufgang vom Hotel Bon Sol in Ses Illetes (rechte Seite oben), Insel vor Portals Nous (rechte Seite unten).

Bendinat, Ses Illetes, Portals Nous: eine noble Gegend, in der wir aus dem Bus steigen und einen ersten *café solo* nehmen. Der Westen der Bucht von Palma wurde ganz anders aus seinem touristischen Dornröschenschlaf geweckt als die östlich der Hauptstadt gelegene Strandmeile von S'Arenal. Das Castell de Bendinat etwa stand vor 60 Jahren noch mutterseelenallein im Kiefernwald unter den südlichsten Ausläufern der Serra de Tramuntana. Das neugotische Schloss geht auf ein islamisches Bauerngut zurück, dem Namen nach möglicherweise auf einen »Sohn des Bartlosen«. Eher unwahrscheinlich ist dagegen die Legende, König Jaume I. hätte hier während seines Eroberungsfeldzuges im Jahre 1229 gut gegessen (*bé hem dinat*). Im 15. Jahrhundert war das Anwesen jedenfalls im Besitz der Familie Burgues, deren Name auf den Gebirgszug darüber überging: Na Burguesa.

Tourismus-Geschichte

Gut speisen kann man in dieser Gegend immer noch, in haubengekrönten Restaurants und sternegeschmückten Luxushotels. Das erste davon entwickelte sich 1951 aus einer kleinen Villa, die zum Schloss gehörte. Weil der nächste Nachbar zwei Kilometer weit entfernt war, fühlte sich die Besitzerfamilie Xamena dort recht einsam und richtete die ersten Gästezimmer ein. Bald fühlten sich illustre Besucher wie Hollywoodstar Errol Flynn im Hotel Bon Sol wie zuhause.

Bergblick – Stadtblick

Heute erstreckt sich ein ganzer Gürtel gediegener Feriendomizile entlang der Felsküste. Oberhalb davon, im Waldgraben über der Villensiedlung Costa d'en Blanes, erinnert allerdings nichts mehr an mondänes Urlaubsflair: Die Abhänge der Serra de na Burguesa sind wilde Urnatur, mit rauen Felsen gesprenkelt und von kleinen Schluchten zerfurcht. Jetzt im Frühling wuchern die Blüten der Zistrosen über ganze Geländeabschnitte, im Herbst bringen Wälder von Erdbeerbäumen ihre Früchte zum Leuchten. Das Dahinwandern dort oben erweist sich als wunderbarer Panoramaweg: Im Westen versuchen wir die Gipfel der

Mallorca

Aussicht zur Mola de s'Esclop (oben). Blick von der Kathedrale von Palma zu den Ausläufern der Berge (unten). Die Serra de na Burguesa ist ein Wander- und Blumenparadies (rechte Seite).

südlichen Serra de Tramuntana zu zählen, markant zeigen sich die Mola de s'Esclop und der dreieckige Puig de Galatzó. Bald tritt auch die Küste um Calvià mit den Hochhäusern von Magaluf und der bewaldeten Halbinsel Rafalbetx ins Blickfeld. Bei der Vermessungssäule auf dem 488 Meter hohen Puig Gros de Bendinat fügt sich auch die Bucht von Palma ins 360-Grad-Panorama. Die »Kathedrale des Lichts« macht ihrem Namen im Häusermeer der Hauptstadt alle Ehre und auch das runde Castell de Bellver ist zu sehen; einst ein Gefängnis für unbotmäßige Fürsten und untreue Ehefrauen, heute ein Touristenmagnet.

Erstaunlich übrigens, wie vielen Einheimischen wir auf dem Gipfel begegnen. Sie kommen vom Coll des Vent, einem leicht erreichbaren Straßensattel zwischen Palma und Calvià, oder vom hoch gelegenen Stadtteil Gènova, der für seine bodenständigen Restaurants bekannt ist. 1967 errichtete man über ihnen das 22 Meter hohe und dementsprechend weit sichtbare Monument de na Burguesa mit der Muttergottes des Friedens. Im Herbst, so erzählte man uns, ist noch mehr Betrieb am »Hausberg« der Hauptstadt – allerdings weniger aus Wanderlust, sondern weil dort Pilze im Überfluss wachsen sollen …

Serra de na Burguesa: Stadt in Sicht

Unterirdische Geheimnisse

Vor dem Rückweg lockt uns noch ein Felsvorsprung im Norden, auf dem eine verfallene Steinhütte zu erkennen ist: der Mirador de n'Alzamora, der eine ausgezeichnete Sicht zu den Buchten von Santa Ponça und Peguera und zu den landwirtschaftlichen Anwesen im Vall de Valldurgent am Fuße des Berges verspricht. Verwachsene Steinrampen und Abraumhalden erinnern unterhalb davon an ein vergessenes Bergbaugebiet, dessen Stollen schon lange eingestürzt sind. Ganz in der Nähe öffnen sich die sogenannten »Marmorhöhlen«, deren Gestein für die Herstellung kunstgewerblicher Gegenstände abgebaut wurde. Eine Höhle fällt uns auch beim Abstieg vom Puig Gros de Bendinat auf: die Covata des Puig Gros. Doch wir können uns vom Tiefblick auf die Inselmetropole nicht losreißen – déjà-vu: Wer schaut bei einer Stadt wie Palma schon auf die Umgebung?

Toureninformationen

Ausgangs- und Endpunkt: Der untere Bereich der Ferienhaussiedlung Costa d'en Blanes bei Portals Nous (30 m)

Zufahrt: Auf der Autobahn Ma-1 von Palma Richtung Andratx; von der Ausfahrt Portals Nous/Costa d'en Blanes bergwärts in die Siedlung Costa d'en Blanes, bei der ersten Abzweigung rechts und auf dem Carrer Santa Lavinia bis zu einem Graben; dort Parkmöglichkeit neben der Brücke. Haltestelle der Buslinie 103 und 104 in Portals Nous, von dort zu Fuß in 15 Min. zum Ausgangspunkt.

Anforderungen: mittelschwere Bergwanderung auf breiten Wegen, schmalen Pfaden und Schotterstraßen, die an einigen Abzweigungen gutes Orientierungsvermögen erfordern; nur im oberen Bereich stellenweise Schatten.

Höchster Punkt: Puig Gros de Bendinat (488 m)

Gehzeit: gesamt 4 Std. (auf den Puig Gros de Bendinat 1.45 Std., Abstieg 1.15 Std.); Variante über den Mirador de n'Alzomora zusätzlich 1.30 Std.

Höhenunterschied: 500 Hm Aufstieg, 500 Hm Abstieg (Variante 100 Hm mehr)

Einkehrmöglichkeit: unterwegs keine; Restaurants und Cafés in Portals Nous

Karten: KOMPASS Nr. 230 »Mallorca« 1:75 000

Routenverlauf: In einen bewaldeten Graben – eine Asphaltstraße überqueren und weiter in den Talgrund – nach einer Brücke links – auf den Rücken der Serra de na Burguesa (366 m) – rechts zum Coll de Bendinat – Puig Gros de Bendinat (488 m). Abstieg rechts über der Coma de sa Font de s'Ermita – Sattel – Coma des Mussols – kurz vor der Autobahn rechts auf einer Schotterstraße nach Costa d'en Blanes.

Variante über den Mirador de n'Alzamora: Von der Straßenteilung vor dem Puig Gros links zum Coll des Pastors (443 m) – unterhalb des Puig d'en Bou (503 m) vorbei – links zum Mirador de n'Alzomora – zurück zur Wegteilung, rechts zum Coll des Pastors

Genauer Routenverlauf: www.mallorca-erleben.info › Wandern › Wandern im Südwesten › Serra de na Burguesa (488 m)

Mallorca

Puig de sa Morisca: Abenteuer Urzeit

Mallorcas kleinster Wandergipfel hat eine große Vergangenheit: Ein Ausflug auf den gerade einmal 119 Meter hohen Puig de sa Morisca führt uns von der Bronzezeit bis zum Jahr 1229, als König Jaume I. mit seinen Truppen in der Bucht von Santa Ponça landete, um Mallorca den Arabern zu entreißen.

Aus der Ferne fallen die Steinblöcke nicht besonders auf. Erst beim Näherkommen meint man, urzeitliche Riesen hätten sie übereinander aufgetürmt: Zyklopenhafte Mauern aus unbehauenen Felsbrocken umgeben den bewaldeten Hügel im Süden des vielbesuchten Ferienorts Santa Ponça – Relikte der sogenannten Talaiotkultur aus der Zeit zwischen dem 13. und dem 2. vorchristlichen Jahrhundert.

Schöner wohnen in der Vorzeit

Der katalanische Begriff *talaiot* geht auf das arabische Wort *atalaji* für »Wache« zurück. Bei den zahlreichen mallorquinischen *talaiots* dürfte es sich also um Verteidigungseinrichtungen gehandelt haben. In ihrem Schutz entstanden Siedlungen mit bis zu 500 Bewohnern. Diese waren Meister in der Kunst des Steinschleuderns und verdingten sich daher häufig als Söldner. So soll der punische Begriff *ba'le yahro* – »werfen« – zum Namen der Balearen geführt haben. Die talaiotische Kultur entwickelte die Landwirtschaft, die Zucht von Rindern, Schafen oder Schweinen und – wie Funde fremder Götterstatuen belegen – den Handel mit fernen Regionen, vor allem mit Metall. Damals lebten, so vermuten Forscher, schon 40 000 bis 70 000 Menschen auf Mallorca. Wie – das können wir im 35 Quadratkilometer großen Parque Arqueológico rund um den Berg ein wenig nachvollziehen. Dieses Ausgrabungsgelände ist eines der bedeutendsten unter den etwa 3500 archäologischen Fundstätten der Insel. Experten der Frühgeschichte und ihre Studierenden entlockten dem steinigen Erdreich in mühevoller Kleinarbeit Keramikscherben und Reste von Tierknochen, sogar ein prähistorischer Mahlstein zum Schroten von Getreide kam zum Vorschein. Einer Sensation glich die Entdeckung der nahen Begräbnisstätte bei Son Ferrer, die der Friedhof der Siedlung am Berg gewesen sein könnte. Man fand dort sogar Hinweise auf Kultrituale, beispielsweise Asche von Pflanzen, die Halluzinationen hervorrufen.

Prähistorischer Rundblick

Oben beim 1929 aufgestellten Gipfelkreuz bestaunen wir die Grundmauer eines Talaiot-Turmes, ein archaisches Steinrund von neun Metern Durchmesser. Wie bei den meisten dieser Bauten

Ein Gipfelkreuz 119 Meter über dem Meer (oben), Talaiot-Mauern (Mitte) und ein Denkmal, das an die Landung König Jaumes I. anno 1229 erinnert (unten). Im archäologischen Park befinden sich auch renovierte Köhlerhütten (rechte Seite).

Puig de sa Morisca: Abenteuer Urzeit

stand im Inneren eine Säule aus aufgetürmten Riesensteinen, auf der als Dach tonnenschwere Steinplatten lagerten – für uns unvorstellbar, wie die Menschen derlei ohne heutige Technik fertiggebracht haben. Vom Fundament aus überblicken wir die Bucht von Santa Ponça und das Gebiet bis zur Kette der Serra de Tramuntana, das bis in die 1950er-Jahre hinein kaum besiedelt war. Diese grandiose Rundsicht war sicher auch ein Grund dafür, dass Teile der prähistorischen Anlage später von den Arabern genutzt wurden. Der Puig de sa Morisca war dann wohl die erste maurische Siedlung, die von König Jaume I. bei seiner Eroberung im Jahre 1229 eingenommen wurde. Seine Schiffe landeten unten in der Bucht. Asche von Dachbalken, zerschlagenes Geschirr und ein kleines Messer deuten auf einen Kampf um den Berg hin; ein dazwischen entdecktes Bronzeabzeichen dürfte ein Soldat der katalanischen Eroberungstruppen verloren haben. Selbst im Spanischen Bürgerkrieg (1936–1939) wurde vom Gipfel des Puig de sa Morisca geschossen.

Wie friedlich ist's dagegen heute auf dem sechs Kilometer langen, verschlungenen Wanderwegenetz rund um den Puig de sa Morisca. Die Zweitwohnsitze und Golfplätze von Santa Ponça sind diesem Erholungsgebiet zwar schon bedenklich nahegerückt; trotzdem fühlen wir uns dort wie in eine andere Zeit versetzt. Ein paar Jogger traben im Schatten der Kiefern dahin und von der Schule am Fuß des Berges klingt Kinderlachen herüber – sonst aber sind wir ganz allein in diesem kleinen Labyrinth aus Natur und Geschichte.

Toureninformationen

Ausgangs- und Endpunkt: Santa Ponça im Südwesten Mallorcas

Zufahrt: Von der Autobahnausfahrt Santa Ponça (bei der Windmühle) Richtung Ortszentrum, beim folgenden Verkehrskreisel links Richtung Habitat Golf Santa Ponça und geradeaus den Berg hinauf; Parkmöglichkeit neben der links abzweigenden Via del Puig de na Morisca – nicht am Parkplatz der Schule! Haltestelle der Buslinien 102, 103 im Ortszentrum von Santa Ponça, von dort zu Fuß in 30 Minuten zum Ausgangspunkt.

Anforderungen: leichte Spazierwege und schmale Wanderpfade rund um und auf einen kleinen Berg. Keine Beschilderung; manche der Routen sind stellenweise etwas überwachsenen, immer wieder Schatten.

Höchster Punkt: Puig de sa Morisca (119 m)

Gehzeit: je nach Wegwahl 1 bis 2 Std.

Höhenunterschied: 60 Hm Aufstieg, 60 Hm Abstieg

Einkehrmöglichkeit: unterwegs keine; Restaurants und Cafés in Santa Ponça

Karten: KOMPASS Nr. 230 »Mallorca« 1:75 000

Routenverlauf: Parkplatz bei der Schule – breiter Weg in den Wald unter dem Puig de sa Morisca – Wege-Dreiteilung: auf dem mittleren Pfad – teils über Stufen – auf den Gipfel (119 m). Die beiden anderen Routen lassen sich beim Rückweg jeweils in eine kurze Rundwanderung einbeziehen.

Mallorca

Puig de Galatzó: Gipfel der Geister

Bitte sehen Sie nach oben: *Si el Galatzó du capell*… Wenn der Galatzó mit einem Nebelhut bedeckt ist – das weiß der Volksmund –, dann gibt's ordentlich Regen. Zum Staunen gibt's auf diesem Berg aber auch bei Schönwetter genug.

Er könnte für die ägyptischen Pyramiden Modell gestanden haben: Der Puig de Galatzó, mit einer Gipfelhöhe von 1027 Metern der westlichste »Tausender« der Serra de Tramuntana, ist leicht an seiner Dreiecksform erkennbar – vom Flughafen aus, von Palma und natürlich von den Tourismuszentren im Südwesten. Als es die noch nicht gab, suchten nur wenige Menschen im Umfeld des Berges ihr Auskommen. Man erzählte uns, die Schafhirten hätten ihn gemieden und den Besitzern der wenigen Landgüter seien ihre Arbeiter rasch davongelaufen, auch wenn der Lohn noch so gut war.

Ein Berg der Götter und der Geister, ein Berg seltsamer Phänomene wie etwa der Schlangen, die sich an warmen Wintertagen zu hunderten an seiner Südseite in der Sonne wärmen sollen. Und ein Berg der Sagen und Legenden, die dem Unaussprechlichen, das die Menschen lange Zeit fürchteten, ein Gesicht und einen Namen gaben: *Comte Mal*, der »Böse Graf«.

Das Gut des Geistergrafen

Eine historische Figur: Ramón Burguez Zaforteza y Fuster, Graf von Santa Maria de Formiguera, besaß im 17. Jahrhundert das Landgut Galatzó nördlich von Es Capdellà, das auch dem Berg seinen Namen geben sollte. Er lebte in einer unruhigen Zeit; Mallorca war damals ein einziges Schlachtfeld zwischen Adeligen und dem Landvolk. Unzählige Bluttaten wurden dem verhassten Grafen zugeschrieben. Er dürfte vor der Verfolgung zum Galatzó geflüchtet sein, wurde tatsächlich festgenommen und in Madrid verurteilt, nach Zahlung einer Kaution jedoch ins Militär des Königs aufgenommen. 1694 starb er, in allen Ehren. Trotzdem soll seine unerlöste Seele in Sturmnächten über die Abhänge des Galatzó reiten. In den Felsen, so heißt es, erinnern Hufabdrücke daran und im ehemaligen Stall seines Landguts soll der Teil eines Galgens gefunden worden sein.

Zu sehen gibt es auf dem Landgut Galatzó einiges: ein stattliches Herrenhaus, das sich hinter einer Wegbiegung plötzlich vor uns aufbaut, die dazugehörige Kapelle, Stallungen, eine Ölpresse, einen Garten und zwei Wassermühlen – alles mustergültig renoviert. 2006 erwarb die Inselregierung das ganze Tal zwischen dem Puig de Galatzó und der Mola de s'Esclop, machte es als *finca pública* öffentlich zugänglich und ließ auch einige Wege beschildern. Wie die meisten der rund 500 *possessios*, der

Zum Gebiet der Finca Galatzó gehört auch der gleichnamige Berg (oben und unten).

Puig de Galatzó: Gipfel der Geister

großen Besitztümer der Insel, geht auch dieses auf eine arabische *alqueria* bzw. auf ein mittelalterliches Anwesen zurück. Nach der Wiedereroberung durch die Christen wurde fast ganz Mallorca auf Mitstreiter oder Financiers des Königs aufgeteilt. Die riesigen Güter verhalfen ihren Eigentümern, die meist in Palma residierten, nicht nur zu Wohlstand, sondern oft auch zu Beinamen und Wappen. Später wurden viele Flächen aufgeteilt und an Kleinbauern oder Tagelöhner verpachtet; rentabel jedoch ist heute kaum noch einer dieser Betriebe.

Der Grat auf den Galatzó

Vor dem Herrenhaus lässt sich's trefflich picknicken. Aber dazu sind wir (leider) nicht gekommen: Wir wollen den Puig de Galatzó erklimmen – auf der längsten und anspruchsvollsten, aber wohl auch der schönsten Route, die neben den beiden Mühlen beginnt. Mit fragenden Blicken balancieren wir über die Mauer eines Wasserbeckens, doch etwas weiter oben beendet ein breiter, mit Steinen aufgemauerter Weg alle Zweifel darüber, welche Richtung wir zur Anhöhe Ses Planes einzuschlagen haben. Dort endet die Zivilisation dann unter einigen Kiefern. Meckende Ziegen kommentieren unsere etwas unbeholfenen Versuche, auf dem steilen Grashang der Moleta de Galatzó Haltung zu bewahren. Eine kurze Klettereinlage über gut gestufte Felsen öffnet den Blick in flacheres Gelände, in dem uns alte Terrassenmauern Rätsel aufgeben. Über Geröll turnen wir auf den Südgrat, der das Kraxelvergnügen über eine schmale Felsschneide, den Vorgipfel und ein kleines Labyrinth scharfer Scharten verlängert. Über der Mulde, die mit dem Südostabsturz des Cingle Gran abbricht, steht eine »Gipfelziege« und weist uns treuherzigen Blicks die letzten Aufstiegsmeter bis zur Gipfelsäule.

Der Puig de Galatzó ist ein überaus populäres Gipfelziel; markierte Pfade zie-

Tor und Mühlenrinne des Landguts Galatzó (unten und links), Bergziege auf dem Gipfel (mit Blick zum Esclop, oben)

Gipfelblick vom Puig de Galatzó auf Estellencs und zum Meer (oben). Köhlerhütten und Holzkohlenmeiler beim Pou de ses Sinies (unten). Der Puig de Galatzó im Nebeltreiben (rechte Seite).

hen von der Font des Pi oberhalb von Puigpunyent und von der Küstenstraße zwischen Andratx und Estellencs herauf. Nach drei Stunden Einsamkeit winkt uns Neuankömmlingen ein fröhlich-vielsprachiges Gipfelvölkchen entgegen. Über drei Felsflanken geht der Blick in die Tiefe: nach Westen ins Tal der Finca Galatzó, über dem sich die Mola de s'Esclop in behäbiger Breite aufbaut, nach Nordosten, wo die spielzeugkleinen Hausdächer von Estellencs und noch weiter darunter die Wellen des Mittelmeers in der Sonnen blinken, und nach Südosten, wo ein Pfau aus dem Freizeitpark Reserva de Galatzó heraufschreit. Die endlose Wasserweite steht im reizvollen Kontrast zum Gipfel- und Hügelmeer des Gebirges, himmelblau gegen steingrau und waldgrün. Und erst von dieser hohen Warte aus ist zu ermessen, wie weit sich die Landgüter der Tramuntana wirklich ausdehnen. Auf dem Gipfel soll übrigens früher ein Steintisch bestanden haben, auf dem der Comte Mal mit seinen beiden Nachbarn tafeln konnte, ohne dass einer der Großgrundbesitzer sein Land verlassen musste.

Wettlauf mit den Wolken

Uns schickt der Geist Nebelfetzen, die vom Meer her in die Lüfte steigen – zauberhaft, aber auch ein unmissverständliches Zeichen für den Aufbruch. Wir verlieren auf dem gut ausgetretenen und mit Wegweisern versehenen Pfad, der sich über den Pas de na Sabatera und den Coll de sa Moleta Rasa bergab schlängelt, keine unnötige Zeit. Es gibt mittlerweile einen durchgehend beschilderten Übergang vom Picknickplatz Boal

Puig de Galatzó: Gipfel der Geister

de ses Serveres zur Finca Galatzó, doch der verlangt Wanderern etliche Ab- und Aufstiegshöhenmeter ab. Die möchten wir uns ersparen, indem wir uns oberhalb des Pas des Cossis wieder ins unmarkierte Grasgelände schlagen – und da können wir keinen Nebel brauchen! Beim kurzen Aufstieg in den Sattel zwischen der Moleta und der Serra des Pinotells verschlucken uns die Wolken endgültig – doch dann haben wir Glück: Jenseits, auf der Südseite, verliert der Comte Mal seine Macht, die Sonne scheint wieder und wir fahnden weiter nach den Pfadspuren – eine Hangquerung, die schon bei sichtigem Wetter ihre Tücken hat.

Nach etwa einem Kilometer finden wir wieder einen Wegweiser – gewonnen! Nun erst haben wir einen Blick für den Puig de Galatzó, der sich in schönster dreieckiger Felspracht aufwirft; gut ist unsere Gratroute über den Vorgipfel erkennbar. Gut erkennbar ist auch der weitere Abstiegsweg, auch wenn er das nicht immer war: Bei unserem ersten Vorstoß von unten verhedderten wir uns heillos im dornigen Unterholz, denn die alte Route war noch vor wenigen Jahren völlig vergessen und verwachsen. Nun aber geht's zwischen einigen Felsabstürzen flott in die Tiefe, zum Brunnen Pou de ses Sinies. Im Talgrund rasten wir kurz vor rekonstruierten Holzkohlenmeilern und mit Gras gedeckten Hütten, bevor wir – vorbei an einem wahren Spalier von Zwergpalmen – durch den Waldgraben zur Finca Galatzó zurückkehren. Nun sind die Wolken auch hier aufgezogen, erste Regentropfen kühlen das Gesicht – zu spät, Comte Mal!

Toureninformationen

Ausgangs- und Endpunkt: Cal amo en Biel am Torrent de Galatzó nördlich von Es Capdellà (160 m)

Zufahrt: Von Es Capdellà auf der Ma-1032 Richtung Galilea/Puigpunyent; vor der Brücke zwischen Km 2 und Km 3 links auf die Schotterstraße abzweigen (Tafel »Finca Pública Galatzó«) und ca. 500 m zum Parkplatz vor dem Tor der Finca. Bushaltestelle in Es Capdellà (Linien 110A, 110B und 111). Von dort zu Fuß auf dem anfangs asphaltierten, dann geschotterten Carrer de Galatzó in 1 Std. zur Finca Galatzó.

Anforderungen: lange und anspruchsvolle, aber landschaftlich traumhafte Berg-Rundtour. Nach dem Zugang auf einer Schotterstraße folgt man stellenweise verwachsenen Wegen und verzweigten Pfadspuren; im oberen Bereich sind weglose Passagen und leichte Kletterstellen im zerklüfteten Felsgelände zu meistern – Trittsicherheit und Schwindelfreiheit sind Voraussetzung. Abstieg zunächst auf einem beschilderten Pfad, dann zwischenzeitlich wieder weglos und zuletzt wieder auf beschilderter Route; nur wenig Schatten.

Höchster Punkt: Puig de Galatzó (1027 m)

Gehzeit: gesamt 6.30 Std. (zur Finca Galatzó 0.30 Std., auf den Puig de Galatzó 3 Std., Abstieg 2.30 Std., Rückweg von der Finca 0.30 Std.)

Höhenunterschied: 1000 Hm Aufstieg, 1000 Hm Abstieg

Einkehr: unterwegs keine; Bars/Restaurants in Es Capdellà

Karten: Editorial Alpina E-25 Mallorca, Tramuntana Sud 1:25 000, KOMPASS Nr. 230 »Mallorca« 1:75 000

Routenverlauf: Eingangstor der Finca Galatzó – Finca Galatzó (180 m) – rechts zu den Mühlen und den oberhalb gelegenen Wasserbecken – Weg zur Anhöhe Ses Planes (458 m) – weglos unter der Moleta de Galatzó in einen Sattel – links über den Südkamm – Vorgipfel – Puig de Galatzó (1027 m). Abstieg auf beschildertem Pfad etwa 3 km Richtung Boal de ses Serveres – oberhalb des Pas des Cossis links unmarkiert auf den Coll de sa Moleta Rasa – Gabelung im Südosthang der Serra des Pinotells – links beschilderter Pfad ins Tal des Comellar de ses Sinies – Finca Galatzó – Ausgangspunkt.

Genauer Routenverlauf: www.mallorca-erleben.info › Wandern › Wandern im Südwesten › Puig de Galatzó von Es Capdellà

Mallorca

Erzherzog Ludwig Salvator (oben), Treppen und Brücken auf Miramar (Mitte) und die nachgebaute Kajüte seines Schiffes »Nixe« (unten)

Miramar, Son Marroig: Ludwigs Land

»Die Ruhe der Natur wirkt auf mich belebend und stärkend, wie gerne möchte ich aus diesem Becher des stillen kontemplativen Meeresgenusses in vollen Zügen schlürfen! Aber der Dämon des Wandertriebes gönnt mir keine Rast!«

Erzherzog Ludwig Salvator

Die »Traumschlösser« des bayerischen Königs Ludwig II. kennt jeder. Die Traumwelt eines anderen blaublütigen Ludwigs nicht – jedenfalls nicht dort, wo wir gerade herumsteigen: in einem mit Kiefern und Steineichen bewachsenen Steilhang zwischen Valldemossa und Deià, 400 Meter über Mallorcas Nordwestküste und 500 Meter unter den Felsen des Teix-Massivs. Eine eckige Mauer umschließt dort ein winziges Aussichtsplätzchen mit einer knorrigen Kiefer in der Mitte – hoch, sehr hoch über dem Abgrund und von verdächtigen Sprüngen ramponiert. Trotzdem tasten wir uns am Mirador des Pi nach vorne, vorsichtig wie am Rand einer Gletscherspalte. Ein atemberaubender Tiefblick: auf ein blütenweiß getünchtes Gebäude, Mauerzinnen im sizilianischen Stil rund ums Dach, Palmen vor dem Haus, Weinstöcke und Olivenbäume auf den Terrassen – S'Estaca, heute im Eigentum des Filmstars Michael Douglas. Weil er in Valldemossa die Tramuntana-Präsentation »Costa Nord« gestiftet hat, schätzen die Einheimischen Miquel de s'Estaca fast ebenso wie seinen berühmten Vorbesitzer, den *arxiduc* Lluís Salvador d'Àustria-Toscana.

Der 1847 in Florenz geborene Erzherzog Ludwig Salvator zählt zu den schillerndsten Mitgliedern des österreichischen Kaiserhauses. Er unternahm Forschungsfahrten durch die halbe Welt und verfasste wissenschaftliche Bücher über seine Reiseziele. Als 25-jähriger »Aussteiger« erwarb er das Landgut Miramar nördlich von Valldemossa (1887 ließ er unterhalb davon die Estaca für seine Geliebte Catalina Homar erbauen); auf Miramar hatte der Theologe und Philosoph Ramon Llull schon im 13. Jahrhundert ein Kloster samt Missionarsschule gegründet. Der hochgebildete Erzherzog verfasste dort die siebenbändige Monografie »Die Balearen. In Wort und Bild geschildert«, sein Meisterwerk, dem wir noch heute viele Informationen über verborgene Tourenziele entnehmen können. Nach und nach kaufte Ludwig Salvator weitere Landgüter und schließlich verfügte er über einen 16 Kilometer langen, insgesamt 1689 Hektar großen Grundbesitz, auf dem angeblich kein Baum umgehackt und kein Tier getötet werden durfte.

Wunderliche Wanderziele

Um zu seinem Landgut zu gelangen, müssen wir jedoch ein Werk des Herr-

gotts überwinden – ein luftiges, grasbewachsenes Gesteinsband durch eine abschüssige Steilflanke, überdacht von vorkragenden Felsen und nur psychologisch entschärft durch ein dünnes Drahtseil. Nach dem Aufatmen suchen wir das Zentrum von Ludwigs Wunderland, die Kapelle des Ramon Llull. Der 1877 aus hellen Steinquadern erbaute Rundturm verbirgt sich im Waldesgrün. Sein Zugangsweg führt uns auf einer Steinbogenbrücke über eine kleine Schlucht, denn die Andachtsstätte steht auf einem abgespaltenen Felsen. Diese exponierte Lage zog in den 1960er-Jahren einen Blitz an, der ins Dach einschlug und Gewölbe über dem Altar wie mit einer Riesenfaust spaltete. Neben dem verrosteten Eisengeländer, das den Balkon rund um die zerborstene Ruine nur noch notdürftig sichert, signalisieren Haufen von Steinquadern: »Achtung, hier donnert immer wieder Baumaterial zu Boden!«

Sicherer fühlen wir uns auf dem Mirador des Creuer, der unseren Abstieg zum Meer unterbricht: ein gemauerter Turm mit Torbogen und Treppe, aber ein Aussichtspunkt ohne Aussicht. Rund 50 solcher Bauten ließ der Erzherzog auf seinem Land errichten, einige so einfach wie dieser hier, andere weitaus größer und phantasievoller; im Gebiet von Can Costa und auf dem Puig de sa Moneda (»Münzberg«) westlich von Valldemossa stehen sogar Türme, die nordafrikanischen Moscheen nachempfunden sind.

Der Erzherzog rettete die Säulen eines gotischen Kreuzgangs aus Palma (oben) und ließ auf Miramar spektakuläre Wege anlegen (unten).

Mallorca

Der berühmte Marmor-Rundtempel von Son Marroig (oben) und die Sonnenuhr des Landguts (unten). Das Felsloch auf der Halbinsel Foradada (rechte Seite).

Weiter geht's auf dem Camí Nou de s'Estaca, dem alten Weg der Fischer. Er leitet uns neuerlich zu einem Idyll, nämlich zu den 14 malerischen Fischerhütten und Bootsgaragen am felsigen Caló de s'Estaca. Was für ein Rastplatz! Wir gönnen den heißgelaufenen Beinen etwas Wellness im frühjahrsmäßig kühlen Meerwasser, dösen auf sonnenwarmen Steinplatten unter einem rötlichen Felsspitz und lauschen dem Rhythmus der Wellen, die gegen die Klippen schlagen …

Fischerhafen und Fantasieberg

Und wir denken an den Wiederaufstieg, von dem wir noch kurz zu den Pontets abzweigen wollen. Dabei handelt es sich um einen mit Steinen ausgekleideten, beidseitig von Treppenstufen begleiteten und mit mehreren Bogenbrücken überspannten Kanal: eine hübsche Anlage, besonders wenn nach stärkeren Regenfällen das Wasser der Font Coberta herabplätschert. Der nahe Zaun um die Gebäude von Miramar ist meist versperrt. Man sollte für die Besichtigung des Anwesens auf jeden Fall einen eigenen Ausflug planen (und man möchte ja auch nicht heimlich ohne Eintrittsgebühr eindringen). Das erstaunlich einfache, aber mit prächtigen Sgraffiti geschmückte Herrenhaus birgt u. a. eine Nachbildung der Kapitänskajüte der erzherzoglichen Dampfyacht »Nixe«; im blumenreichen Garten stehen die Kapelle von Trinitat und gotische Kreuzgangbögen, die Ludwig aus einem abgerissenen Kloster in Palma »importierte«. Die Eintrittskarte für die Besichtigung löst man in einer alten Ölmühle; den Endpunkt der berührenden Zeitreise markiert der Teich im »Garten der Mauren«. Genau darunter locken uns die Coves del Ponent zu einem letzten Abstecher – rötliche, mächtig überhängende Felsformationen, die jedes Durchkommen zu sperren scheinen. Und doch: An ihrem Fuß beginnen Stufen, die wir zwischen den Steinwülsten und herabgebrochenen Felstrümmern ersteigen. Eine etwas gruselige Treppe, auf der wir dem hallenden Echo unserer eigenen Schritte lauschen und uns wie in einem Fantasyfilm fühlen. Aus der Düsternis blickt uns plötzlich der selige Ramon Llull als Wandrelief an; über Federkiel und Pergament mustert er seine seltenen Besucher. Wir wiederum mustern weiter oben, in einem winzigen Steinrund am

Miramar, Son Marroig: Ludwigs Land

Rand der Olivenhaine von Miramar, die Felshalbinsel der Punta de sa Foradada, die sich höchst fotogen ins Meer vorschiebt: das Ziel für eine zweite, wesentlich einfachere Wanderung durch Ludwigs Wunderland.

Zum Loch über dem Meer

Foradada heißt jedes Felsloch auf Mallorca, doch das da drüben ist mit 18 Metern Durchmesser das berühmteste davon. Genau darüber erkennen wir das Landgut Son Marroig, das drei Kilometer westlich von Deià an der Küstenstraße liegt. Es gehörte ebenfalls dem Erzherzog, der einen breiten Serpentinenweg durch den felsgespickten Küstenhang hinunterbauen ließ. Wollte er unterwegs rasten, so tat er das mit Vorliebe auf einem Mirador neben dem Weg, zu dem einige Stufen hinaufführen. Unten am Wasser müsste man seine Naturschilderungen lesen, z. B. an der Playola, dem winzigen Strand an der engsten Stelle der Halbinsel. Wer den etwa 80 Meter hohen Felsrücken über dem Loch ersteigen möchte, muss allerdings klettern können (und natürlich völlig schwindelfrei sein). Die Wanderung zur Foradada ist übrigens nur im Zuge der (sehr lohnenden) Besichtigung des Herrenhauses erlaubt. Ludwig Salvator ließ es renovieren und im italienischen Stil erweitern, beließ dabei aber den Wehrturm aus dem 17. Jahrhundert. Der kleine klassizistische Rundtempel aus weißem Carrara-Marmor, der im zauberhaften Garten vor dem Gutshof steht, wird vielen Besuchern recht bekannt vorkommen: Sein Bild ziert jeden zweiten Mallorca-Bildband …

Toureninformationen

Ausgangs- und Endpunkte: 1. Hotel Encinar (390 m) und 2. Son Marroig (290 m) an der Costa Nord zwischen Deià und Valldemossa

Zufahrt: Auf der Ma-10. Bushaltestellen an beiden Ausgangspunkten (Linie 210).

Anforderungen: zwei mittelschwere, aber unterschiedlich lange Wanderungen. 1. Die anspruchsvollere Tour durch das Gebiet von Miramar verläuft auf schmalen, unmarkierten und verzweigten Pfaden in einem steilen, unübersichtlichen Waldhang; Trittsicherheit, Schwindelfreiheit und Orientierungsvermögen sind notwendig. Es geht erst zum Meer hinab, dann folgt der Wiederaufstieg; viel Schatten. 2. Die einfachere Wanderung von Son Marroig zur Punta de sa Foradada verläuft auf einem breiten Weg zum Meer hinunter. Für diese Tour benötigt man eine Eintrittskarte für die Besichtigung des Herrenhauses Son Marroig; wenig Schatten, vor allem beim Wiederaufstieg kann es heiß werden.

Höchster Punkt: 1. Hotel Encinar (390 m); 2. Son Marroig (290 m)

Gehzeit: 1. zum Caló de s'Estaca gesamt 3.30 Std. (Abstieg 1.30 Std., Wiederaufstieg mit Abstecher zu den Pontets und zum Mirador über der Cova de Ponent 2 Std.) 2. Zur Punta de sa Foradada gesamt 2.20 Std. (Abstieg 1 Std., Wiederaufstieg 1.20 Std.).

Höhenunterschied: 1. 390 Hm Aufstieg, 390 Hm Abstieg; 2. 290 Hm Aufstieg, 290 Hm Abstieg

Einkehr: im Gebiet von Miramar keine; Bars an der Playola (nur im Sommer) und oben beim Mirador neben dem Herrenhaus Son Marroig

Karten: Editorial Alpina E-25 Mallorca, Tramuntana Central 1:25 000, KOMPASS Nr. 230 »Mallorca« 1:75 000

Routenverlauf: 1. Parkplatz neben dem Hotel Encinar – unmarkierter Treppenweg (dzt. Verbotsschild) zum Mirador des Pi – verzweigte Pfade zur Capella de Ramon Llull – Abstieg zum Caló de s'Estaca; Aufstieg auf derselben Route. 2. Son Morroig, Eingang – 100 m am Gebäude vorbei – bei einem Gatter (Leiter) rechts und auf dem Fahrweg zum Meer hinab – Playola; Wiederaufstieg auf derselben Route.

Genauer Routenverlauf: www.mallorca-erleben.info › Wandern › Wandern um Valldemossa › Miramar – Caló de s'Estaca bzw. › Wandern um Sóller › Son Marroig – Punta de sa Foradada

Talaia Vella: Wildnis mit Kettenweg

Ein Ort kontemplativer Stille – in der Ermita de la Trinitat bei Valldemossa leben, beten und arbeiten seit fast 350 Jahren Patres des Ordens der Heiligen Paulus und Antonius. Doch auch der Berg über dem kleinen Heiligtum birgt so manches Geheimnis.

Die Ermita de la Trinitat (oben), ihre Krippe (Mitte) und der »Kettenweg« (unten). Das heutige Heiligtum (rechte Seite oben) und sein verfallener Vorgängerbau (rechte Seite unten).

Ziehen wir an einem Glockenzuge mit hölzernem Griffe, so erklingt nach kurzer Pause eine dumpfe Stimme von innen und spricht: ›Ave Maria purissima‹. ›Sens pecat concebuda‹ ist die Antwort, und die Thür geht auf.« So berichtet Erzherzog Ludwig Salvator über einen Besuch im Kloster, das zu seinen Besitzungen gehörte. 1648 gegründet, ist es die einzige noch bewohnte und bewirtschaftete Einsiedelei der Insel. Heute steht das Tor offen und wir dürfen die wunderbare Meeresaussicht von der Terrasse aus genießen. Im nebenan gelegenen Gemüsegarten, in dem eine Statue an den Ordensgründer Joan Mir i Vallès erinnert, arbeitet manchmal einer der freundlichen Patres; manchmal hört man Gebete aus der Kirche – dann soll man hier keinesfalls stören.

Steilhänge mit Aha-Effekt

Gleich hinter der Ermita beginnen verschwiegene Wege. Wir nehmen die Treppe zum Camí des Bosc, der durch den Waldhang emporzieht. Zwischen den Flechten spitzt einmal das Meer, dann wieder die Westwand der Talaia Vella hervor. Diese Seite des 868 Meter hohen Berges im Teix-Massiv blieb einsam und vergessen. Dass hier früher mehr Leben herrschte, bezeugen viele Köhlerplätze. Eine sehr steile und erdige Rinne treibt die ersten Schweißtropfen auf die Stirn. Schmale, aber beruhigend bewaldete Terrassen leiten uns quer durch die steinige Nordwestflanke, dann wundern wir uns über einen Weg, der scheinbar aus dem Nichts auftaucht und sorgfältig mit Trockensteinmauern abgestützt wurde. Zeugen einer vergangenen Arbeitswelt, selbst hier am Fuße eines hohen Wandaufbaus. Da hinauf? Nur zu, denn mittendrin, in einer steilen, glatten Felsrinne, entdecken wir eine Eisenkette. Klimmzug auf Klimmzug schaffen wir's erstaunlich leicht bis auf den bewaldeten Rücken der Talaia Vella. Der Reitweg des Erzherzogs führt uns zum nahen Refugi de s'Arxiduc. Die jahrzehntelang verfallene Steinhütte, die Ludwig Salvator einst als Gipfelunterstand errichten ließ, zeigt sich seit 2010 frisch renoviert. Die Aussicht zur schroffen Wand der Cingles de Rullan hat er wohl genauso genossen wie wir... Dem Erzherzog bleiben wir dann auch im Abstieg auf der Spur – etwa am Sattel des Coll de Son Gallard, wo eine lange Steinbank vor der Einmündung des Weges von Valldemossa steht. Wir wen-

Mallorca

Vom Mirador des Tudons (oben) bietet sich ein großartiger Blick auf das Landgut Miramar (unten). Die Ermita (rechte Seite oben) und ihr Berg (rechte Seite unten links), der benachbarte Wachturm von Son Galceran (rechte Seite unten rechts).

den uns jedoch nach Norden und tauchen wieder ohne Weg und Steg in den Wald ein. Erst weiter unten führt uns ein Köhlerweg zur düsteren Felskluft des Estret de Son Gallard. Unterhalb der Wände hat ein Aussichtsturm des Erzherzogs jeden Sinn verloren, denn die offenbar kräftig gewachsenen Bäume berauben seine Plattform des Panoramas. Ein weiter unten errichteter Mini-Mirador wurde von Einheimischen zum Fang von Singvögeln zweckentfremdet. Erst der dritte Bau, zu dem wir einen kurzen Abstecher einschieben, entspricht noch den Intentionen seines einstigen Besitzers: Der Mirador des Tudons, ein an mexikanische Pyramiden gemahnender und über eine Freitreppe erreichbarer Aussichtsturm, bietet einen prachtvollen Blick auf Ludwig Salvators einstiges Anwesen Miramar und zur Halbinsel Sa Foradada. Einige Minuten von hier entfernt verbirgt sich die Capella des Moros – eine seltsame Nachahmung einer marokkanischen Koubba, die der Erzherzog mitten im dichten Wald des Puig des Verger erbauen ließ.

Das verlassene Kloster

In diesem Steineichenwald klaffen außerdem einige Höhlen, etwa die Cova del Beat Ramon, über der ein zwei Meter hohes Kreuz steht. An diesen abgeschiedenen Platz soll sich der vom

Talaia Vella: Wildnis mit Kettenweg

Erzherzog hochverehrte Ramon Llull um das Jahr 1275 zurückgezogen haben, als er im nahen Miramar eine Missionsschule gründete. Ein Relief über dem Höhlenaltar zeigt den Gelehrten zu Füßen der Gottesmutter.

Oberhalb davon stoßen wir auf die Ruinen einer wohl schon vor Jahrhunderten verlassenen Einsiedelei: Ses Ermites Velles. Hinter dem fast 50 Meter langen, trotz des Verfalls noch eindrucksvollen Mauergeviert tauchen weitere Fundamente und ein *safareig*, ein Wasserbecken, auf. Ein wenig fühlen wir uns wie Alice im Wunderland – nicht der schlechteste Abschluss einer spannenden Bergtour!

Toureninformationen

Ausgangs- und Endpunkt: Ermita de la Trinitat (490 m) zwischen Valldemossa und Deià

Zufahrt: Auf der Ma-10 zum Restaurant Can Costa nahe Km 70 (der dortige Parkplatz ist nur für Restaurantbesucher; Parkmöglichkeit 1 km Richtung Valldemossa). Gegenüber zweigt die sehr schmale Asphaltstraße zur Ermita ab; Parkplatz hinter der Kirche.

Anforderungen: schwierige Rundtour mit einigen sehr steilen, felsigen und abschüssigen Passagen, die Trittsicherheit und Schwindelfreiheit erfordern. Eine etwa 20 m hohe Felsrinne ist mit einer Eisenkette und einem Seil gesichert. Der einfachere Abstieg verläuft auf breiten Wegen und schmalen Waldpfaden, erfordert aber ebenfalls Orientierungsvermögen. Markierung mit Steinmännchen, im Aufstieg auch stellenweise mit roten Punkten; viel Schatten.

Höchster Punkt: Talaia Vella (868 m)

Gehzeit: gesamt 3 Std. (Aufstieg 1.30 Std., Abstieg 1.30 Std.)

Höhenunterschied: 450 Hm Aufstieg, 450 Hm Abstieg

Einkehrmöglichkeit: unterwegs keine; Restaurant Can Costa, Bars/Restaurants in Valldemossa

Karten: Editorial Alpina E-25 Mallorca, Tramuntana Central 1:25 000, KOMPASS Nr. 230 »Mallorca« 1:75 000

Routenverlauf: Ermita de la Trinitat – unmarkierter Pfad in den Waldhang – Abzweigung rechts – steile Rinne – links über schmale Terrassen durch die felsige Nordwestflanke – rechts zu den obersten Wandabbrüchen – glatte Felsrinne (Eisenkette, Seil) auf den Waldrücken der Talaia Vella – auf dem Reitweg des Erzherzogs links zur Steinhütte (Refugi de s'Arxiduc) auf dem Nordgipfel (868 m) – Abstieg zum Coll de Son Gallard (766 m) – links durch Waldgraben –

Estret de Son Gallard – Mirador – Abstecher zum Mirador des Tudons – zurück und rechts zur alten Einsiedelei (Ses Ermites Velles, ca. 550 m) – Ausgangspunkt

Genauer Routenverlauf: www.mallorca-erleben.info › Wandern › Wandern um Valldemossa › Talaia Vella – der »Kettenweg«

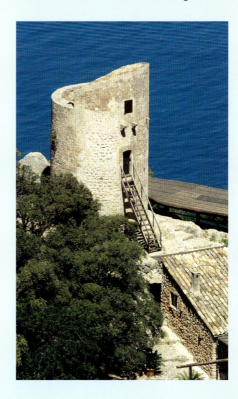

Mallorca

Pastoritx: So sah es George Sand

»Auf Mallorca ist die Stille tiefer als anderswo.« Das vermerkte die skandalumwitterte französische Schriftstellerin Amandine-Aurore-Lucile Dupin, besser bekannt unter ihrem Pseudonym George Sand, als sie den Winter 1838/39 mit dem Komponisten Frédéric Chopin in Valldemossa verbrachte.

Auf der Suche nach solch poetischen Formulierungen muss man ihre berühmt-berüchtigte Abrechnung über jenen Aufenthalt, das Buch »Ein Winter auf Mallorca«, schon sehr genau lesen. Doch es gibt sie, und auch die Stille gibt es noch. Natürlich herrscht sie nur selten vor der Kartause von Valldemossa, in deren Zellen das Paar mit den beiden Kindern der Autorin zwei nasskalte Monate lang wohnte. Heute würde man George Sand eine emanzipierte Frau nennen, den lungenkranken Komponisten ihren Lebensabschnittspartner und das reisende Quartett eine Patchworkfamilie. Ein bisschen viel für die konservativen Landbewohner, die sich sehr reserviert zeigten… Trotzdem vollendete Chopin in Valldemossa 24 Préludes, darunter das berühmte Regentropfen-Prélude.

Das Land um die Kartause

Dies begründete den Ruf des Bergdorfs als Tourismusmagnet. Mittlerweile erlangte es auch als Ausgangspunkt für Wanderungen große Beliebtheit; entsprechend stark ist der Andrang, vor allem im öffentlichen Land von Son Moragues, dem Westabschnitt des Teix-Massivs.

Wirklich still ist es dagegen bei einem Spaziergang zur Finca Sa Coma. Hinter dem Waschhaus haben wir den Rummel des Ortszentrums längst hinter uns gelassen. Welch eine blühende Gartenlandschaft, welch ein Prachtblick hinüber nach Valldemossa – doch dann stoppt uns das verschlossene Tor von Son Verí. Mallorquinische Freunde haben uns verraten, dass kurz davor ein Weg in den Wald hinaufführt. Tatsächlich stehen wir bald unter mächtigen Bäumen vor dem zerborstenen, aber immer noch eindrucksvollen Steingewölbe der Quelle Font de Son Verí: Eiskaltes Trinkwasser gluckert aus dem Fels. Riesige, mit Flechten behangene Steineichen säumen auch unseren weiteren Weg. Wie George Sand müssen wir uns »immer wieder ins Gedächtnis zurückrufen, dass es Bäume sind. Traute man nämlich seiner Einbildung, würde einen inmitten dieser wunderlichen Unholde das Grauen packen: Manche krümmen sich wie mächtige Drachen, mit aufgerissenem Maul und gespreizten Flügeln; andere sind in sich selbst verschlungen wie schlafende Riesenschlangen, wieder andere umklammern sich wie zyklopische Ringkämpfer …«

George Sand (Mitte) machte Valldemossa (oben) berühmt; die Steineichen faszinierten auch die streitbare Autorin (unten). Um die Moleta de Pastoritx hat sich nicht viel verändert (rechte Seite).

Mallorca

Das verborgene Landgut Pastoritx (oben) und die einst ausgebaute Quelle von Son Verí (unten). Er wartet mit der sprichwörtlichen Eselsgeduld (rechte Seite)!

Mallorca wie vor 170 Jahren

Eine massive Mauer stoppt unsere literarische Träumerei: Wir suchen Trittsteine für einen Überstieg und finden sie auch. Dahinter kommen die 651 Meter hohe Fàtima, einer der großen »Sagenberge« Mallorcas, und der 300 Meter mehr messende, aber trotzdem kaum bekannte Puig de sa Font in Sicht. An seinem Fuß versteckt sich das Tal von Pastoritx: Spielzeugklein steht dort ein verschachteltes, durch Jahrhunderte immer wieder ausgebautes Landgut, das über eine lange Bogenbrücke mit Wasser aus einem großen Sammelbecken versorgt wird. Dahinter, durch den Torrent de Raixa, blicken wir bis ins Flachland hinaus. Sogar eine kleine Schneegrube finden wir am oberen Rand der Olivenkulturen, die wie eine riesige Schüssel inmitten weiter Wälder liegen. Genauso wie schon vor 170 Jahren: »Rund um uns herum war der ganze Anbau an den fruchtbaren Hängen in Form von Stufen angelegt, die sich in unregelmäßiger Form um die Hügel herumwinden.« Unser nächster Wegabschnitt: ein steinübersäter Köhlerweg, der zuletzt durch eine feuchte Felskluft auf den Kamm der Moleta de Pastoritx emporführt. Von der Urmutter aller kritischen Reiseberichterstatter erfahren wir, dass einst viele Verkehrsverbindungen ähnlich aussahen: »Und so reist man: Hohlwege, Schluchten, Schlammlöcher, Hecken und Dornensträucher dazwischen.«

Pastoritx: So sah es George Sand

Jenseits, am Waldhang über der Coma des Cairats, entdecken wir unsere Abstiegsroute schließlich zwischen verfallenen Mauern, von denen uns ein eindrucksvoller Blick über das Tal bis nach Valldemossa überrascht. Die Schriftstellerin George Sand ist mit ihrem kranken Künstlergefährten dort unten nicht glücklich geworden, aber dem Zauber von Valldemossa ist sie, wie wir ihren Lebenserinnerungen »Histoire de ma vie« entnehmen, doch erlegen: » …das Tal so wunderbar in seiner Blütenpracht, die Luft so rein in unseren Bergen, das Meer so blau am Horizont! Es ist der schönste Ort, an dem ich je gewohnt habe, und einer der schönsten, den ich je sah.«

Toureninformationen

Ausgangs- und Endpunkt: Valldemossa (490 m), Carrer Àustria am östlichen Ortsrand

Zufahrt: Vom Ortszentrum kurz Richtung Palma, bis es bergab geht und kurz darauf links der Carrer Àustria abzweigt. Aus Richtung Palma auf der Ma-1110 bis zur großen Linkskurve am östlichen Ortsrand von Valldemossa und noch ca. 100 m bergauf, dann biegt man rechts auf den Carrer Àustria ab. Parkmöglichkeit neben der Straße oder dem abzweigenden Carrer Polònia. Haltestelle der Buslinie 210 (Palma – Valldemossa – Port de Sóller) an der Plaça Campdevànol im Ortszentrum, von dort zu Fuß entlang der Hauptstraße Richtung Palma in 10 Min. zum Ausgangspunkt.

Anforderungen: einsame Waldwanderung zu kaum bekannten Plätzen im »Hinterland« von Valldemossa. Man wandert auf Schotterstraßen, breiten Waldwegen und schmalen Pfaden. Außer gelegentlichen Steinmännchen gibt es keine Markierung; an einigen Stellen ist Orientierungsvermögen notwendig. Achtung: Betreten Sie keinesfalls die Grundstücke von Son Verí und Pastoritx! Viel Schatten.

Höchster Punkt: Der Sattel zwischen der Moleta de Pastoritx und der Serra de Son Moragues (629 m)

Gehzeit: gesamt 2.45 Std. (Aufstieg 1.45 Std., Abstieg 1 Std.)

Höhenunterschied: 300 Hm Aufstieg, 300 Hm Abstieg

Einkehrmöglichkeit: unterwegs keine; Bars/Restaurants in Valldemossa

Karten: Editorial Alpina E-25 Mallorca, Tramuntana Central 1:25 000, KOMPASS Nr. 230 »Mallorca« 1:75 000

Routenverlauf: Valldemossa – Asphaltstraße zum Tor der Finca Son Verí – Pfad zur Font de Son Verí (450 m) – Aufstieg zum Waldrand oberhalb von Pastoritx (550 m) – alter Köhlerweg zum Sattel (629 m) – anfangs wegloser Abstieg in die Coma des Cairats – Fahrweg nach Valldemossa

Genauer Routenverlauf: www.mallorca-erleben.info › Wandern › Wandern um Valldemossa › Rund um die Moleta de Pastoritx

Mallorca

Alfàbia, Raixa: Gärten der Berge

Der arabische Wesir Ben-Abet war ein überaus großzügiger Mann: So soll er seiner Lieblingsfrau ein ganzes Landgut geschenkt haben – und nicht irgendeines: Alfàbia ist bis heute eine der größten Sehenswürdigkeiten Mallorcas.

Wasserspiele (oben), Noblesse (Mitte) und Orangengärten (unten) – die Jardins d'Alfàbia sind ein kleines Paradies. Der Puig de Son Poc über Alfàbia (rechte Seite oben) und eine Statue auf Raixa (rechte Seite unten).

Meine Lieblingsfrau und ich, wir sitzen am Seerosenteich unter Palmen und hören einem Brunnen beim Plätschern zu. Den »Gang zum Salon«, eine breite Allee unter stämmigen Platanen, haben wir bereits durchschritten, dann im »Gärtchen der Königin« an Blumen geschnuppert und natürlich auch aufs Knöpfchen gedrückt – und schon ergossen sich verspielte Wasserfontänen über eine Pergola. Als die Gärten von Alfàbia nördlich von Bunyola im 18. Jahrhundert neu gestaltet wurden, bedeuteten sie vor allem eines: puren Luxus.

Wasser ist Leben

Die starken Quellen am Fuß der Serra d'Alfàbia zaubern bis heute ein wahres Blütenparadies ins trockene Land, einen Dschungel aus Menschenhand. Wichtig war das Wasser von Alfàbia schon zur Zeit der Mauren: In ihrer Sprache bedeutete *alfàbia* so viel wie »Krug«, und auf der Kassettendecke im Tor des Landhauses blieb eine arabische Inschrift zu Ehrenj Allahs erhalten – aus dem Jahre 1170. Jede Wegbiegung öffnet neue Einblicke: Steinlöwen dösen über dem Zugang, Orangen reifen in der Sonne, ein englischer Landschaftsgarten macht uns mit seltsamen Baumarten bekannt. »Es hat den Anschein, als verschmelze die Natur mit der Kunst«, notierte Antonio Flores, Chronist der spanischen Königin Isabel II., anno 1860. »Man weiß nicht, wo die Gärten aufhören und das Gebirge anfängt.« Und wirklich: Die Felsgipfel um die Alqueria, spitz und schroff wie die Drei Zinnen der Dolomiten, erscheinen sogar durchs Fenster des Herrenhauses. Hinter seiner barocken Fassade verbirgt das massige Gebäude Kostbarkeiten wie den »Großen Saal« mit seiner *arrimadillo* (Wandverkleidung), auf der u. a. die Stadt Palma dargestellt ist. Rokokoportale, alte Stiche und Musikinstrumente, klassizistische Büsten und ein nobles Esszimmer – da ließ es sich wohl wohnen! Immer wieder lassen wir uns nieder, um die Details aus Jahrhunderten auf uns wirken zu lassen. Zuletzt rasten wir auf einem der beiden *colcadors* (Steinbänke) vor dem Eingang, die jedoch nicht der Erholung dienten, sondern den Rittern das Aufsitzen auf ihre Pferden erleichterten. Da blicken wir nun drein wie ein *ojo de buey* (»Auge des Ochsen«) – so nannte man die elliptischen Fenster neben dem Tor.

Mallorca

Der Traum des Bischofs

Von ähnlicher Noblesse zeigt sich das Landgut Raixa, zu dem wir am Nachmittag hinüberwechseln. Es liegt nur wenige Kilometer südwestlich von Bunyola und ist vom Bahnhof des Ortes auch auf einem Weg durchs Bauernland erreichbar. Seine Wurzeln reichen vermutlich ebenfalls in die arabische Ära zurück. In jüngster Vergangenheit hätte es ein Hotel werden sollen oder das Privatdomizil betuchter Ausländer; 2003 erwarb es schließlich die Inselregierung, die es seither aufwändig renovieren lässt. Geplant ist, Raixa als Informationszentrum über Geschichte und Kultur in neuem Glanz wiedererstehen zu lassen. Im Hauptgebäude mit seiner weithin sichtbaren Loggia ist das mittlerweile schon gelungen, obwohl man da und dort wohl etwas zu viel des Guten getan hat: Ein Lift im Renaissancepalast?

Wir lassen das Tor mit seinen Burgzinnen hinter uns, passieren einen kleinen Teich und durchqueren die *clastra*, den Innenhof. Und schon stehen wir vor dem eigentlichen Wunder des Landguts: seinem Garten. So wie die Gebäude verdankt er sein heutiges Aussehen vor allem dem kunstsinnigen Bischof Antoni Despuig aus Valencia, der Raixa seit dem Jahr 1797 besaß. Er ließ einen guten Teil seines 520 000 Quadratmeter großen Gebiets im Stil der italienischen Renaissance ausgestalten – etwa mit einer kunstvollen Treppe, von der Seitenwege über bewaldete Terrassen auf den »hauseigenen« Berg führen. Dort oben steht ein kleiner Pavillon mit

Das Landgut Raixa (oben), sein einstiger Besitzer (Mitte) und eines der zahlreichen Details (unten). Ein arabischer Spruch auf Alfàbia (rechts). Das große Wasserbecken von Raixa (rechte Seite).

Alfàbia, Raixa: Gärten der Berge

bunten Glasfenstern; an klaren Tagen reicht die Sicht bis Palma hinaus. Löwen und andere Steinfiguren gibt's auch hier genug, und dazu das größte Wasserbecken der Insel: 1400 Quadratmeter groß und zehn Meter tief – ein Mini-See mit dicken Fischen drin.
Wir haben den Garten schon vor vielen Jahren kennengelernt, wo die Natur das Menschenwerk zurück eroberte. Natürlich musste man den Verfall stoppen, aber ein bisschen traurig sind wir schon: Terrasse um Terrasse erneuert man nun dieses einzigartige Landschaftsensemble, gewissenhaft nach alten Plänen und im Bestreben, pflanzliche »Eindringlinge«, die nicht hierhergehören, wieder loszuwerden… Doch der geheimnisvolle Zauber von Raixa ist wohl dahin …

Toureninformationen

Ausgangs- und Endpunkt: Bunyola (230 m) bzw. Raixa 2 km südlich von Bunyola

Zufahrt: Von Palma auf der Ma-11 Richtung Sóller. Nach etwa 13 km – vor einem Verkehrskreisel – rechts beschilderte Abzweigung nach Raixa (die Hauptstraße muss überquert werden), Schotterstraße zum großen Parkplatz. Bei Km 17, vor der Tunnel-Mautstation nördlich von Bunyola, befindet sich der Parkplatz der Jardins d'Alfàbia. Bushaltestellen der Linie 211 bei den Jardins d'Alfàbia und am Verkehrskreisel bei der Abzweigung nach Raixa.

Anforderungen: zwei kurze Besichtigungs-Spaziergänge auf einfachen Wegen; viel Schatten. Die Jardins d'Alfàbia sind zwischen April und September täglich außer Sonntag 9.30–18.30 Uhr und im Winter bis 17.30 Uhr (Samstag bis 13 Uhr) geöffnet, www.jardinesdealfabia.com. Raixa ist zeitweise wegen Renovierungsarbeiten geschlossen, aktuelle Infos unter www.raixa.cat oder Tel. 9 71/ 21 97 41.

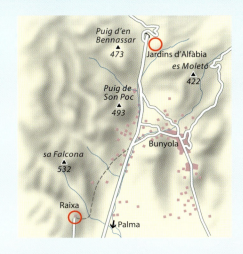

Höchster Punkt: ca. 250 m

Gehzeit: jeweils ca. 1 Std.

Höhenunterschied: Raixa 50 Hm Aufstieg, 50 Hm Abstieg

Einkehrmöglichkeit: Bar in den Jardins d'Alfàbia, Bars/Restaurants in Bunyola

Karten: Editorial Alpina E-25 Mallorca, Tramuntana Central 1:25 000, KOMPASS Nr. 230 »Mallorca« 1:75 000

Mallorca

Salt des Freu: Wasserfall und Höhlendom

Wenn's schüttet, dann bleibt man besser im Hotel, geht gut essen oder besichtigt ein Museum. Wenn dann die ersten Sonnenstrahlen zwischen den letzten Regentropfen hervorblitzen, ist jedoch keine Zeit zu verlieren: Wasserfälle bekommen auf Mallorca nur Kurzentschlossene zu Gesicht.

Wo in der Karte *salt* steht, da zischt in der Natur kühles Nass in die Tiefe. Allerdings nur nach kräftigen Niederschlägen – dann ist Canyoning auch auf Mallorca eine Sportart im Aufwärtstrend. Wer Wasserfälle ohne Seil, Helm und Neoprenanzug erkunden möchte, wird beispielsweise im Hochtal von Orient fündig. Orient – das klingt nach Märchen aus tausendundeiner Nacht. Tatsächlich ist das 30-Einwohner-Dorf märchenhaft schön, eingebettet zwischen dem kahlen Hauptkamm der Serra de Tramuntana und seinen waldreichen Vorbergen, nur gut 25 Kilometer von Palma entfernt.

Der Weg zum Wasserfall

Zwischen gepflegten Häusern und der kleinen Kirche Sant Jordi machen wir uns auf den Weg. Ein guter Startpunkt und ein noch besserer Ort, um zurückzukehren: Orients Gastronomie bietet international-exotische Gaumenfreuden ebenso wie ein deftiges Spanferkel vom Spieß. Unser Ziel ist der Waldgraben von Coanegra, der eineinhalb Kilometer westlich des Ortes einen Durchgang zur Inselebene freigibt. Schön ist das Dahinspazieren an diesem Sonntag nach einer frühsommerlichen Schlechtwetterphase: vollgesogene Erde, glitzernde Tropfen auf den Grashalmen, Nebelschleier über dem Hochtalboden… Auch der alte Pflasterweg zum Taleingang lacht dem Begriff »Trockenstein« heute Hohn: Die Trekkinglatschen gehen in Schlamm und Pfützen auf Tauchstation. Ein kleiner Vorgeschmack auf die Furt hinter den verfallenen Cases des Freu, denn dort sprudelt ein Bach wie ein Alpen-Wildwasser. Da hilft nur eines: Schuhe ausziehen und hinüberwaten.

In der Folge steigen wir auf einem Seitenweg hinab in die dämmrige Tiefe einer Waldschlucht, vorbei an den Resten einer Mühle und durch künstlich geschaffene Felseinschnitte. Rechts rauschen die Wasserfälle. In einem dämmrigen Kessel stehen wir plötzlich in der grünen Zauberwelt der Salt des Freu, in der es nur so spritzt und schwappt, gluckert und blubbert. Was gäbe wohl so mancher Ballermann-Gestrandete für so viel Frische zum Auskurieren des Katers?

Das Bergdorf Orient (oben), eine Bachfurt (Mitte) und der Torrent de Coanegra (unten). Das Tal von Orient (rechte Seite oben) und Tropfsteine im Avenc de Son Pou (rechte Seite unten).

Mallorca

Der Weg zur Höhle (oben), ihr »Lichtschacht« (Mitte) und eine Grotte in der Schlucht (unten). Die unterirdische Wunderwelt des Avenc de Son Pou (rechts). Ein Naturwunder nur nach intensiven Regenzeiten: Salt des Freu (rechte Seite).

Durch Schlucht und Höhle...

Einen Nachteil hat der Segen von oben allerdings: Sind die Kaskaden »in Betrieb«, dann ist die Klamm unterhalb davon ungangbar. Im trockenen Bachbett könnte man dem Torrent de Coanegra weiter talabwärts folgen, über glatt gewaschene Steine und glitschige Moospolster, durch kleine Engstellen, vorbei an einer natürlichen Felsbrücke. *Coanegra* – »schwarzer Schwanz«: Die Gegend ist wirklich recht finster und schlangenförmig verwinkelt. Erst nach einem Kilometer signalisiert eine senkrechte Stufe: Abenteurer ohne entsprechende Ausrüstung – zurück zum Start. Ohne Gefahr wandert sich's dagegen hoch über der Schlucht, wo ein breiter Maultierweg eine Anhöhe überwindet und dann talwärts zieht, bis er die ersten Gehöfte im Norden von Santa Maria del Camí erreicht. Kurz davor biegen wir bergwärts ab und stehen schließlich vor einem Loch im Hang. Ein junger Mallorquiner begrüßt uns und kassiert einen bescheidenen Obolus, dann ziehen wir die Köpfe ein und tappen durch die Dunkelheit, bis die Finsternis langsam einer diffusen Dämmerung weicht. Der Blick geht nach oben, immer höher, bis er an einer kleinen ovalen Öffnung hängenbleibt: Das ist die einzige Tageslichtquelle im Avenc de Son Pou. *Avencs* – so nennt man auf Mallorca steile Karstschächte. Was sich in diesem Fall darunter verbirgt, wird uns erst nach und nach klar: ein Kuppelgewölbe von riesigen Dimensionen, sicher an die 50 Meter hoch, entstanden in Jahrmillionen. Sein Baumeister ist ebenfalls das Wasser, das ins Gestein sickert und den Fels unerbittlich aushöhlt, aber im Gegenzug auch Stalagmiten und Stalagtiten bildet – schlanke,

Salt des Freu: Wasserfall und Höhlendom

aus abgelagertem Kalzium gebildete Zapfen, die von der Decke hängen und darunter vom Boden emporwachsen. Von Zeit zu Zeit lösen sich auch Steinbrocken. Wir stolpern zwischen ihren Trümmern über den unebenen Grund des Höhlendoms, der bis zum Jahr 1893 nur durch Abseilen zugänglich war. Erst damals sprengte man den waagrechten Stollen, der – zum Schutz vor Vandalen – unter der Woche mit einem Gitter versperrt ist.

Wasserfälle, die nur an wenigen Tagen Wasser führen, und ein unterirdisches Naturwunder, das nur (manchmal) an Sonntagen zugänglich ist – echte Wanderziele für Sonntagskinder. Und genauso fühlen wir uns auch, als wir am Ende dieses ungewöhnlichen Tourentages über den Pas de s'Estaló nach Orient, in dieses zauberhafte »Morgenland« der Tramuntana, zurückkehren.

🜲 Toureninformationen

Ausgangs- und Endpunkt: Orient (450 m)

Zufahrt: Auf der schmalen und kurvigen Ma-2100 von Bunyola oder von Alaró (breiter ausgebaut); von dort auch Busverbindung

Anforderungen: mittelschwere Wald- und Schluchtwanderung auf breiten Wegen und schmalen Pfaden, die nur im Bereich des Tals von Coanegra mit Wegweisern versehen sind. Der Abstecher in den Torrent de Coanegra ist nur bei Trockenheit möglich, er erfordert solide Trittsicherheit. Der Avenc de Son Pou ist vom Frühjahr bis zum Herbst an Sonntagen zwischen 10 und 14 Uhr zugänglich; Info: Tel. 6 52/96 16 39 oder 6 66/78 58 22; viel Schatten.

Höchster Punkt: Pas de s'Estaló (569 m)

Gehzeit: Salt des Freu gesamt 2 Std. (Orient – Salt des Freu 1 Std., über den Pas de s'Estaló 1 Std.); Variante zum Avenc de Son Pou und zurück zusätzlich 2 Std.

Höhenunterschied: 200 Hm Aufstieg, 200 Hm Abstieg (Variante zum Avenc de Son Pou insgesamt 400 Hm Aufstieg, 400 Hm Abstieg)

Einkehrmöglichkeit: unterwegs keine; Bars/Restaurants in Orient

Karten: Editorial Alpina E-25 Mallorca, Tramuntana Central 1:25 000, KOMPASS Nr. 230 »Mallorca« 1:75 000

Routenverlauf: Orient – Son Peret – beschilderter Weg Richtung Santa Maria – Abstecher zu den Salt des Freu (350 m) – Aufstieg zum Pas de s'Estaló (569 m) – Orient

Variante: Von der zweiten Gabelung oberhalb der Salt des Freu weiter Richtung Santa Maria – beschilderte Abzweigung (ca. 300 m) – Avenc de Son Pou (ca. 400 m); Rückweg auf derselben Route

Genauer Routenverlauf: www.mallorca-erleben.info › Wandern › Wandern im Raiguer › Salt des Freu – Avenc de Son Pou

Castell d'Alaró: auf Umwegen zur Burg

Wie Zwillinge stehen der Puig de s'Alcadena und der Puig d'Alaró über der Inselebene – zwei 800 Meter hohe Felskuppen, die schon von weitem wie Torwächter vor den großen Gebirgsketten wirken. Kein Wunder, dass die Burg auf dem westlichen der beiden Berge als Brennpunkt der mallorquinischen Geschichte gilt.

Das Burgtor des Castell d'Alaró (oben) und die alte Treppe dorthin (unten). Die Mauern der Burgruine (rechte Seite oben) und der Märtyrer-Altar in ihrer Kapelle (rechte Seite unten).

Alaró, das nette Städtchen am Südostrand der Serra de Tramuntana, ist eine Topadresse für Menschen, die gutes Essen und schöne Wanderungen schätzen. Auf dem »Burgberg« über dem Ort kann man beiden Passionen gleichermaßen frönen, denn auf Es Verger, einem Bauernhof an seinem Südostabhang, gibt's ehrliche mallorquinische Spezialitäten wie etwa die berühmte Lammschulter, die in einem Tonofen schmort. Dafür quälen sich Autos über die enge Schlaglöcherstraße hinauf, deswegen kommen sonntags Herrschaften in Anzug und Krawatte zum Speisen, obwohl zwischen den groben Brettertischen kein wackeliger Stuhl dem anderen gleicht …

Das Tal der Quellen

Die Karte verrät etliche Routen rund um Alaró; sogar einen frisch renovierten und beschilderten »Zubringer« zur Fernroute GR-221 gibt's. Kaum bekannt ist dagegen das Waldtal, das sich hinter dem Ortsteil Los d'Amunt auftut – eine stille, vergessene Welt, bis heute. Brunnen und Quellen begleiten dort unseren Weg – Wasser aus dem verkarsteten Gebirge, geradezu ein Markenzeichen des Landstreifens unter den Bergen, der Raiguer genannt wird. Manche Austrittsstellen wie etwa die Fonts Ufanes bei Campanet sind »Heberquellen«, die nach Regenfällen plötzlich zwischen 3000 und 100 000 Liter Wasser pro Sekunde ausschütten.

Soviel quillt hier im Torrent de s'Estret nicht hervor; das Bachbett, dem der alte Weg folgt, liegt meist trocken. Am Pas de s'Escaleta, einer kleinen Schlucht, unterbricht eine Felsstufe das Tal. Davor steht eine Trockensteinmauer mit einer schmalen Treppe, auf der wir dieses Hindernis ganz einfach überwinden. Die hohe Kunst der *margers*, der Meister des Trockensteinbaus, erstaunt uns immer wieder aufs Neue, auch jenseits des nahen Sattels beim Abstieg Richtung Orient: Wasserrinnen, Brücken und von tausenden Schuhsohlen glattgeschliffenes Steinpflaster …

Luxus der Einfachheit

Wir erreichen den Talboden von Orient in der Nähe des Hotels L'Hermitage, das aus dem 800 Jahre alten Landgut Son Barnadás hervorging. Um 1950 gründete der griechisch-orthodoxe Bischof Don Feliú de Cabrera ausgerechnet hier ein Kloster;

Mallorca

Der Puig d'Alaró (oben) über einem »Schneehaus« der Tramuntana (Mitte). Die kleine Treppe am Pas de s'Escaleta (unten). Mit nur wenigen Befestigungen uneinnehmbar, der Puig d'Alaró (rechts). Hier lässt es sich gut rasten ... (rechte Seite).

heute genießen die Gäste des First-Class-Hauses das meditative Flair zwischen Orangengärten und Oliventerrassen, Palmen und Bergkräutern. Von so viel Luxus kann man auf dem Höhenzug über dem Hotel nur träumen: Innerhalb der Mauerruinen des Castell d'Alaró besteht nur eine einfache Hostatgeria mit 16 Schlafsaalbetten und einer Tavernata, die alles bietet, was das Maultier heraufträgt. Doch was braucht der Mensch mehr als ein Dach überm Kopf, ein anständiges *Pa amb Oli* und einen Schluck Hauswein? Vielleicht noch einen Sonnenuntergang, wie man ihn nur hier oben erlebt, und einen Himmel, dessen Blau sich über den Gipfeln der Tramuntana und der Bucht von Palma langsam verdunkelt, bis die Sterne zum Spiegelbild der Lichtpünktchen da unten werden ...

Der Puig d'Alaró, 821 Meter hoch und fast allseits mit vertikalen Felswänden gewappnet, zählt zu den großen historischen Stätten Mallorcas. Die Ursprünge des Kastells auf seinem schmalen Hochplateau liegen im Dunklen – auf jeden Fall wurde es von den Arabern erobert, ausgebaut und *hisn al-arun*, Berg der Christen, genannt. Mit einer späteren Belagerung steht seine Beliebtheit als Wallfahrtsziel in Verbindung: In der kleinen Gipfelkapelle Nostra Senyora del Refugi werden bis heute zwei Burgverteidiger namens Cabrit und Bassa als Helden mallorquinischer Unabhängigkeit verehrt: König Alfons d'Aragó ließ sie nach der Einnahme der Anlage im Jahre 1285 angeblich bei lebendigem Leib braten. Nach einem letzten Ausbau im 14. Jahrhundert verfiel die Burg immer

Castell d'Alarò: Auf Umwegen zur Burg

mehr. Um die Reste ihrer Mauern und Türme ranken sich viele Legenden, die auch die Cova de Sant Antoni, eine einsame Höhle direkt über den südseitigen Wandabstürzen, und den Nachbarberg, den Puig de s'Alacadena, mit einschließen.

Ein neuer Tag – die Sonne steigt über die fernen Serres de Llevant empor. Und schon befinden wir uns im Abstieg, durchschreiten wir die beiden noch bestehenden Burgtore. Noch ziehen keine Autos ihre Staubfahnen über die Serpentinen nach, noch sind keine Wanderer auf dem Pflasterweg und keine Kletterer in den Wänden darüber unterwegs… Nur drüben auf Es Verger herrscht schon Leben: Da lässt Lorenzo gerade seine Schafe auf ihre Weide.

Toureninformationen

Ausgangs- und Endpunkt: Alaró (250 m), Plaça de l'Ajuntament im Ortszentrum

Zufahrt: Von der Autovia Ma-13, Ausfahrt Consell/Alaró, auf der Ma-2022. Am Ortsrand im Bereich des Sportplatzes (im Ortszentrum enge Einbahnstraßen) parken; Haltestelle der Buslinie 320 im Ort.

Anforderungen: mittelschwere und lange, aber landschaftlich und auch geschichtlich sehr interessante Wanderung mit zwei An- und Abstiegen; Nebenstraßen, Fahrwege und alte, stellenweise schön gepflasterte Pfade. Der Puig d'Alaró ist ein fantastischer und dementsprechend vielbesuchter Aussichtsberg; der hier beschriebene Zugang über Orient ist sehr einsam geblieben; immer wieder Schatten.

Höchster Punkt: Puig d'Alaró (821 m)

Gehzeit: gesamt 5 Std. (Alaró – Orient 2 Std., auf den Puig d'Alaró 1.30 Std., Abstieg 1.30 Std.)

Höhenunterschied: 750 Hm Aufstieg, 750 Hm Abstieg

Einkehr: Bars/Restaurants in Alaró und Orient, Getränke und einfache Verpflegung im Castell d'Alaró (Übernachtung nur nach Voranmeldung), Bauernhof Es Verger (Montag geschlossen)

Karten: Editorial Alpina E-25 Mallorca, Tramuntana Central 1:25 000, KOMPASS Nr. 230 »Mallorca« 1:75 000

Routenverlauf: Alaró – Ortsteil Los d'Amunt – Torrent de s'Estret – Pas de s'Escaleta – Sattel (594 m) – Hochtal von Orient (ca. 450 m) – Pla des Pouet (702 m) – Puig d'Alaró (821 m).

Genauer Routenverlauf: www.mallorca-erleben.info › Wandern › Wandern im Raiguer › Castell d'Alaró (821 m) – die große Rundtour

Tipp: Kürzere Tour www.mallorca-erleben.info › Wandern › Wandern im Raiguer › Zum Castell d'Alaró

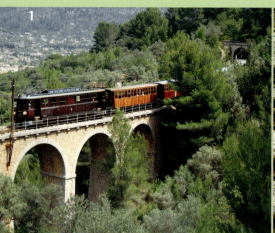

Per Bahn in die Berge: Tren de Sóller

Im weich gepolsterten Lederfauteuil unter wilden Gipfeln, rasch wechselnde Felsszenerien hinter Mahagoni-Wandtäfelungen mit orangeroten Bordüren, der Rucksack im eleganten Gepäcknetz aus cottofarbenem Garn: Das Erste-Klasse-Abteil der Schmalspurbahn von Palma nach Sóller bietet die stilvollste Möglichkeit, das Bergparadies Mallorca zu erleben.

Der Zug der Zeit

Wir müssen uns allerdings Zeit nehmen für diese Zeitreise durch das Gebirge: Die Fahrt auf der 1912 eröffneten, 27,6 Kilometer langen Strecke mit einer Spurweite von einem englischen Yard (91,44 Zentimeter) dauert eine geschlagene Stunde. Vor allem deutsche Urlauber haben den »Roten Blitz« ins Herz geschlossen, obwohl er alles andere als ein Blitz ist und nicht einmal rot – die Elektroloks und Waggons präsentieren sich im dunkelbraunen Holzlook. So nennt ihn auf Mallorca kein Mensch mit diesem Kosenamen, dort heißt er *Ferrocarril de Sóller* oder einfach *Tren de Sóller*. Ursprünglich zogen vier aus England importierte Dampfloks 10 Personen- und 24 Güterwaggons übers Gebirge – letztere meist voll Gemüse, Oliven und Orangen. Im Museum von Sóller ist noch der erste Streckenplan aus dem Jahre 1893 zu sehen: Er skizziert einen fast 50 Kilometer langen Schienenweg von Palma über Esporles, Valldemossa und Deià. Man stelle sich vor: rauchprustende Dampfloks hoch über der Costa Nord, Bahnhofsatmosphäre vor der Kartause… Zwischen 1926 und 1929 wurde die Bahn modernisiert, und zwar mit einer 1200-Volt-Stromvesorgung und vier vierachsigen Zweirichtungs-Triebwagen, deren elektrischer Teil von Siemens stammte. Der Fuhrpark wurde in der Folge mehrmals erneuert.

Schienen aus der Stadt

Schon beim Lösen des Tickets im historischen Bahnhofsgebäude nahe der Plaça d'Espanya in Palma stellt sich ein nostalgisches Gefühl ein; auch die einfachen Holzbänke in den Abteilen der zweiten Klasse bezaubern mit altehrwürdiger Patina. Der Schaffner bläst zur Abfahrt nicht etwa in eine simple Trillerpfeife: Nach drei Zügen am Glockenstrang ertönt der Klang eines Messinghorns.

Dann setzt sich der Zug mit einem leisen Ruck in Bewegung. Wir rollen

stadtauswärts – zunächst mitten auf dem Carrer Eusebi Estada, den man nach einem bahnbegeisterten Bürgermeister benannte. Im Vorort Son Sardina begleitet uns ein paar hundert Meter lang die hier oberirdische Metro-Linie. Das verwachsene Gleis, das kurz danach abzweigt, führte in der Zeit des spanischen Bürgerkriegs zu einem Waffenarsenal – von dort aus versorgte man italienische U-Boote, die in Port de Sóller stationiert waren.

Vorbei am Landgut Raixa, über dem die felsigen Ausläufer der Serra de Tramuntana erscheinen, erreicht unser Zug den Bahnhof von Bunyola. Gleich danach unterbinden die ersten zwei von insgesamt 13 Tunnels kurzzeitig die Sicht auf Oliven-, Johannisbrot- und Mandelbäume. Sie stimmen auf eine längere Finsternis ein: Gleich hinter dem berühmten Garten von Alfàbia verschwindet die Bahn im 2857 Meter langen Túnel Major. Drei Jahre lang – von 1907 bis 1910 – bohrten sich die Bauarbeiter von beiden Seiten durch die mehr als 1000 Meter hohe Serra de Alfàbia, unter der auch die

Strecke ihre maximale Seehöhe von 238,8 Metern erreicht. Das harte Stakkato der Metallräder hallt durch die Finsternis: Würde man konsequent von Palma bis Sóller mitzählen, käme man auf 2225 mal »Tocktock« – jedes entpräche einem Schienenpaar à 12,40 Meter Länge. Wenn es wieder hell wird, sollte man rechts sitzen: Hinter dem Waggonfenster zeigt sich das Gebirge von seiner wilden Seite. Nach drei weiteren Tunnels tritt plötzlich das Tal von Sóller mit dem Puig Major ins Blickfeld. Kein Wunder, dass die Bahn hier sogar über eine eigene »Aussichts-Station« verfügt: Am Mirador des Pujol d'en Banya hält der Tren Turístico (Abfahrt in der Sommersaison täglich um 10.40 Uhr in Palma) ausschließlich zur Freude der Fotografen.

Endstation mit Stil

Die Szenerie bleibt auch zwischen den nächsten Tunnels, Olivenhainen und friedlich grasenden Schafen eindrucksvoll. Bald rumpeln wir über die Steinbögen des 46 Meter langen Viadukts von Monreals. In der langgezogenen

Rechtskurve oberhalb der Küstenstraße sollte man, wenn es möglich ist, die Wagenseite wechseln, denn auf den folgenden zwei Kilometern leuchtet das »Orangestädtchen« von links ins Abteil.

Dann verbirgt ein letzter Tunnel die Ortseinfahrt von Sóller, und schließlich stoppt der Zug in seiner Endstation: Das aus dem Jahre 1606 stammende Herrenhaus Can Mayol wurde 1911/12 zu einem Jugendstil-Bahnhof umgebaut; in seinem Inneren ist eine Ausstellung über Picasso und Miró zu sehen, und an seiner vorderen Mauer erinnert ein Gedenkstein an den Bahngründer Jeroni Estades.

Info: www.trendesoller.com

1 Der Tren de Sóller hoch über dem Städtchen Sóller **2** Schmalspur-Blütezeit **3** Volle Fahrt von Bunyola nach Sóller **4** In Sóller wechseln viele Passagiere in die Tranvia nach Port de Sóller **5** Dampf pustet die Bahn schon lange nicht mehr **6** Straßenbahn-Ziel am Hafen

Mallorca

Punta de Sóller: Höhlen und Klippen

Vor Bären oder Säbelzahntigern mussten sich die ersten Bewohner Mallorcas nicht fürchten. Das Wildeste, was ihnen vor die Steinschleuder kam, war der *Myotragus balearicus*. Doch schon um 1800 v. Chr. dürften die allerletzten Exemplare dieser Wildziegen gegrillt worden sein. Knochen dieser so frühzeitig ausgerotteten Tierart fand man nur in sehr abgelegenen Gebieten, etwa auf dem Bergrücken von Muleta bei Sóller.

Die geheimnisvolle Höhle im Berg (oben), ein Felsdach überm Kopf (Mitte) und herbstlicher Blütenschmuck (unten). Die »Hundeschnauze« (Punta d'en Canet, rechte Seite).

Die Wildnis beginnt tatsächlich direkt am Weg zu einem bekannten Feinschmeckerrestaurant: Auf Béns d'Avall speist man auf einer der schönsten Terrassen über der wilden Costa Nord. Die Gourmets da unten können sich bestimmt nicht vorstellen, wie wir einen nur Steinwurf entfernt gegen Dornen und Dissgras ankämpfen. Schweißströme hin, Steinschlag her – laut Karte kann das verdammte Loch im Berg doch nicht so weit entfernt sein! Wir landen auf einer kleinen Wiese am Fuß der seltsam geformten Felskuppe, die wir soeben unter Inkaufnahme allerlei Mühen und Blessuren umrundet haben, und der Blick wandert nach oben: Wow – das also ist die Cova de Muleta!

Prähistorische Unterwelt

Mehrere Löcher klaffen im Gestein, das wie ein überdimensionierter Schornstein einen steilen Schacht umschließt. Heult der Sturm aus Norden, dann spielt die Höhle wie eine Orgel ihre schauerliche Melodie dazu. Nach zwei Klimmzügen stehen wir drinnen – und in zentimeterhohem Staub. Zwischen herabgebrochenen Steinbrocken heißt es aufpassen, um nicht in die Tiefe zu stürzen. Und genau dort unten entdeckte der englische Archäologe William H. Waldren Knochen der sagenhaften Höhlenziege, die vermutlich seit dem Pliozän (vor etwa 5,3 bis 1,8 Millionen Jahren) auf den Balearen heimisch war. Gejagt wurde sie wohl schon vor 7000 Jahren. Immerhin ließen sich die prähistorischen Tiere aus den Funden rekonstruieren: Sie waren klein und eher plump, aber kräftig, erreichten bis zu 60 Zentimeter Schulterhöhe und wurden bis zu 70 Kilogramm schwer. Neben ihren kurzen, scharfen Hörnern überraschten sie die Forscher vor allem mit ihren extrem großen unteren Schneidezähnen, die an die Nagewerkzeuge von Bibern erinnerten. Skelettteile des *Myotragus balearicus* sind heute im kleinen Archäologischen Museum des Forschers in Deià zu sehen.

Mallorca

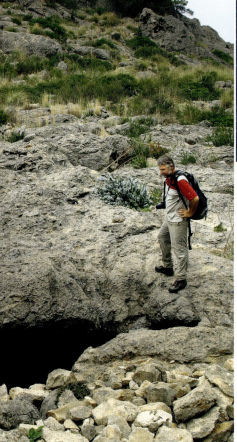

Auch an der Küste geht's mitunter hoch hinauf (oben) und tief hinab (unten). Die Klippen an der Punta de Sóller (rechts und rechte Seite).

Wir sehen einen steilen Berghang vor uns – so unberührt, dass jederzeit eines der Urzeittiere um die Ecke biegen könnte. Nur die Villen am Rand des Gipfelplateaus künden von der Zivilisation, die uns jedoch beim Aufstieg rasch wieder aus dem Bewusstsein entschwindet. Oben, auf den seltsam abgerundeten Felskuppen einer Senke, würden wir unser bescheidenes Picknick um nichts in der Welt gegen ein Menü unten im Restaurant tauschen: Bis zum fernen Esclop reicht der Blick über die Costa Nord, weit übers Meer und zum Bergland um den Puig Major.

Steilküste mit Schnauze

Weiter geht es über den Bergrücken von Muleta, der abseits seiner wunderbaren Olivenhaine erstaunlich wildes Urland geblieben ist. Bis zu 150 Meter bricht die Steilküste neben uns ins Meer ab – wenn's heftig regnet, donnern hier Wasserfälle in die Tiefe. Weiter oben faszinieren bizarr durchlöcherte Felsen und steinerne Türme. Da kommt uns die Punta de Sóller gerade recht für eine Rast: Es beginnt zu regnen, doch direkt unter dem höchsten Punkt gewährt eine Art Höhle Schutz. Lange hält's die schweren Wolken nicht über unseren Köpfen, und schon entfaltet das weite Panorama über die Serra de Tramuntana zwischen Sóller und Valldemossa wieder seine Pracht. Allerdings zieht beim Abstieg eine viel näher gelegenen Attraktion die Blicke auf sich: der spektakuläre Felsüberhang der Punta d'en Canet – 100 Meter senkrecht über den Wellen und tatsächlich wie eine Hundeschnauze geformt.

Punta de Sóller: Höhlen und Klippen

Vom Wind gekrümmte Kiefern, unwegsame Mulden und Steinkuppen begleiten uns auf dem letzten Routenabschnitt zum Refugi de Muleta. Dissgras »verschluckt« immer wieder die ohnehin kaum erkennbaren Pfadspuren, und zu allem Überfluss fordern alten Mauern und umgestürzte Baumstämme ein paar »Fitness«-Einlagen. Vor Jahren vernahmen wir in diesem Gelände plötzlich leises Weinen: Ein Mann hatte hier völlig die Orientierung verloren, sodass wir ihn zur Wanderherberge führen mussten. Lustiger verlief dagegen eine Begegnung weiter oben bei einer Hüttenruine, als quiekende Schweinchen aus dem Wald auf uns zuliefen. Die rosig-rundlichen Ferkel waren zahm wie Schoßhündchen und ließen sich mit unserem Proviant verwöhnen …

🦗 Toureninformationen

Ausgangs- und Endpunkt: Port de Sóller, Platja d'en Repic im Süden der Bucht

Zufahrt: Aus Richtung Sóller auf der Ma-11 nach Port de Sóller – nicht durch den Sa-Mola-Tunnel, sondern schon vorher Richtung »Platja d'en Repic« abzweigen, links über die Bahn und zu einem Parkplatz am Ortsrand; Haltestelle der Buslinien 210 und 211 in Port de Sóller (Carrer de l'Eglesia neben der Kirche)

Anforderungen: auf kurzen Abschnitten schwierige, ansonsten mittelschwere Rundwanderung mit einigen Auf- und Abstiegen; immer wieder Schatten. Zunächst verläuft die Route auf beschilderten Straßen und Wegen. Im Bereich der Cova de Muleta wegloses, unübersichtliches Gras- und Felsgelände mit kurzen Kletterpassagen. Dort und auch im weiteren Verlauf ist sehr gutes Orientierungsvermögen notwendig. Abschnittsweise folgt man einem schmalen, aber gut mit Steinmännchen und violetten Farbzeichen markierten Pfad. Der Abstieg vom Refugi de Muleta erfolgt auf der Straße. Trittsicherheit und Schwindelfreiheit notwendig; nur bei guter Sicht!

Höchster Punkt: ca. 200 m

Gehzeit: gesamt 4.30 Std. (zum Hotel Son Bleda 1.10 Std., zur Steilküste 0.50 Std., zum Refugi de Muleta 2 Std., Abstieg nach Port de Sóller 0.30 Std.)

Höhenunterschied: ca. 400 Hm Aufstieg, ca. 400 Hm Abstieg

Einkehr: Bars und Restaurants in Port de Sóller, Refugi de Muleta (Essen und Nächtigung nur nach Vorbestellung)

Karten: Editorial Alpina E-25 Mallorca, Tramuntana Central 1:25 000, KOMPASS Nr. 230 »Mallorca« 1:75 000

Routenverlauf: Port de Sóller – beschilderter Weg nach Can Bleda (Hotel Son Bleda, 240 m) an der Ma-10 – Zufahrtsstraße zum Restaurant Bens d'Avall – Kurve oberhalb der Steilküste – weglos zur Cova de Muleta – auf den Höhenzug des Puig de Muleta – Collet amb Marge – Punta de Sóller (132 m) – Pfad zum Refugi de Muleta (132 m) – Straße nach Port de Sóller

Genauer Routenverlauf: www.mallorca-erleben.info › Wandern › Wandern um Sóller › Die »wilde« Muleta-Runde zur Punta de Sóller

Tipp: Kürzere und einfachere Touren unter www.mallorca-erleben.info › Wandern › Wandern um Sóller › Die kleine Muleta-Runde oder › Die große Muleta-Runde

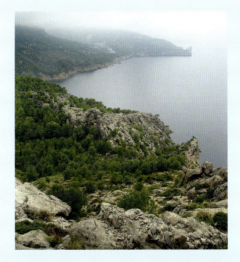

Mallorca

Sóller, sein Tal und seine Berge (oben). Die Jugendstilfassade der Pfarrkirche (Mitte). Orangen brachten Wohlstand auf die Insel (unten). Eine Möve zieht ihre Kreise über dem Cornador Gran (rechte Seite).

Das Tal von Sóller: gesundes Gold

»Unbestreitbar ist Sóller die schönste Ortschaft der Insel, ja, man kann ruhig sagen, eine der schönsten der Welt, denn Alles findet sich hier in schönster Vereinigung: landschaftliche Schönheit der Umgebung, Fruchtbarkeit des Bodens, grosser Wasserreichthum, balsamische Luft mit dem sonnigen Himmel, und mildes, gesundes Klima.«

Erzherzog Ludwig Salvator

Das können wir, wieder einmal auf der Plaça de la Constitució sitzend, nur bestätigen! Zwar vermissen wir die Platanen, die wegen Schäden durch die Weihnachtsbeleuchtung gefällt werden mussten, doch dafür ist nun der Blick auf die Modernisme-Fassade der Pfarrkirche, entworfen von Antoni Gaudís Schüler Joan Rubió i Bellver, ganz frei. Sie erinnert an ein wechselvolles Kapitel der Stadtgeschichte: Um 1860 vernichteten Pflanzenschädlinge die Orangenkulturen des Tales; viele Sollerics mussten auswandern. Manche kamen jedoch, in der Ferne wohlhabend geworden, wieder zurück und bauten Villen im südamerikanischen Kolonialstil, neugotische Gebäude mit Jugendstil-Fassaden.

Stadtauswärts

Diese bunte Vielfalt kennzeichnet auch den Carrer de sa Lluna, die Einkaufsstraße, durch die wir aus der Stadt in die *horta* hinausspazieren. Die unvergleichlich schöne Gartenlandschaft rund um Sóller war jahrhundertelang völlig vom Rest der Insel abgeschlossen – warum, das zeigt der Blick nach oben: Eine Kette schroffer Berge umgibt uns, vom Teix-Massiv über die Serra d'Alfàbia, die beiden Felsbuckel der Cornadors, den grünen Spitz des Puig de l'Ofre und die Serra de Son Torrella bis zum Puig Major, der den Talboden um 1300 Meter überragt.

Unter diesem prachtvollen Gebirgspanorama schnuppern wir jetzt im April den feinen Duft von Orangen- und Zitronenblüten. In den Zweigen über unserem Weg reifen goldene Kugeln und knallgelbe Ovale – da hängt der Himmel voller Orangen und Zitronen! Bitterorangen wurden schon in maurischer Zeit angepflanzt, vor allem als Schmuck für die Innenhöfe der Häuser. Die süßen Orangen brachten die Portugiesen im 16. Jahrhundert aus Südostasien nach Mallorca; der schwunghafte Handel mit den Zitrusfrüchten machte das Gebiet um Sóller zum »goldenen Tal«.

Dorfgeschichte(n)

Suc de taronja? »Ja bitte«, denn wo sollte frisch gepresster Orangensaft besser schmecken als in der Bar von Biniaraix? Zwischen den Steinhäusern dieses 146-Seelen-Dörfchens ist scheinbar die Zeit stehen geblieben – in der flirrenden Mittagshitze vor der kleinen Kirche und auch

Das Tal von Sóller: gesundes Gold

im Schatten des Waschhauses am Ortsrand. Die Kleider seien dort, so sagte man uns, im eiskalten Quellwasser besonders sauber geworden; allerdings hätten sich die Hausfrauen beim Schrubben die Finger blau gefroren. Heiß gelaufen ist dagegen das Mundwerk: Das Waschhaus war die dörfliche Kommunikationszentrale. Durch uralte Olivengärten wandern wir weiter, ein wenig bergauf-bergab, hinein in die vielleicht schönste Sackgasse der Welt. Die kleine Siedlung, die sich dort verbirgt, hat sich viel Mittelalterliches ins 21. Jahrhundert herübergerettet: gepflasterte Gassen, verwinkelte Treppen, Häuser mit Bruchsteinmauern und unzähligen Blumentöpfen davor… Fornalutx ist Mallorcas Vorzeigedorf, nicht nur wegen des Nationalpreises für besondere Ortspflege, den es kürzlich erhielt. Selbst die 300 Jahre alte Tradition bemalter Platten unter den Dachvorsprüngen blieb in diesem heimeligen Bergnest erhalten: ein Mikrokosmos abstrakter Formen und seltsamer Zeichnungen, uralte Symbole, die Unheil abwenden sollen. Ihre Bedeutung hielten die Hausbewohner stets geheim, damit niemand den Zauber zerstören konnte. Er erfasst uns noch heute bei jedem Besuch, der Zauber von Fornalutx: Wir müssen verweilen, bis die Sonne untergeht, bis die stillen Winkel des Dorfes im letzten Dämmerlicht zu neuer Schönheit erwachen und – ja, bis Ca n'Antuna aufsperrt: Kaum wo schmeckt die *cuina mallorquina* so gut wie auf der von Pflanzen überwucherten Terrasse dieses familiären Restaurants. Beim letzten *café* ist es dann schon stockdunkel – macht nichts, wir haben ja die Stirnlampe dabei, und auch die Sterne leuchten uns auf dem Heimweg über den Camí Vell de Fornalutx.

Toureninformationen

Ausgangs- und Endpunkt: Sóller (50 m), Fußballplatz im nördlichen Bereich der Stadt

Zufahrt: Von der Ma-11, der Straße zwischen Sóller und Port de Sóller, bei Km 32 nahe dem Bahnübergang Richtung Lluc/Pollença abzweigen. Nach ca. 700 m dem Wegweiser »Fornalutx« nach rechts folgen und zum Fußballplatz, in dessen Nähe man (außer bei abendlichen Fußballspielen) parken kann. Von dort zu Fuß ca. 0.15 Std. zur Plaça de la Constitució, Bahnhof des Tren de Sóller im Süden des Stadtzentrums; Buslinie 210 und 211, Haltestelle in Sóller am Carrer de Cetre, an der Ecke Vial 12, beim Parkplatz, zu Fuß in wenigen Minuten ins Stadtzentrum.

Anforderungen: einfache und gemütliche Wanderung inklusive einer kurzen »Bergwertung« zwischen Biniaraix und Fornalutx. Die Route verläuft über weite Strecken auf asphaltierten, aber wenig befahrenen Straßen, dazwischen auch auf alten Pflaster- und

Treppenwegen und schmaleren Wanderpfaden; nur auf kürzeren Abschnitten Schatten.

Höchster Punkt: ca. 300 m

Gehzeit: gesamt 3 Std. (nach Biniaraix 0.35 Std., weiter nach Fornalutx 1.15 Std., Rückweg nach Sóller 1.10 Std.)

Höhenunterschied: ca. 300 Hm Aufstieg, ca. 300 Hm Abstieg

Einkehr: Bars und Restaurants in Sóller, Biniaraix und Fornalutx

Karten: Editorial Alpina E-25 Mallorca, Tramuntana Central 1:25 000, KOMPASS Nr. 230 »Mallorca« 1:75 000

Routenverlauf: Sóller – Straße in die Horta de Biniaraix – kurz auf dem Fernwanderweg GR-211 nach Biniaraix (86 m) – Camí del Marroig – Ses Planes (300 m) – links auf dem Camí des Creuer nach Fornalutx (149 m) – Camí Vell de Fornalutx – Binibassí – GR-211 – Sóller

Genauer Routenverlauf: www.mallorca-erleben.info › Wandern › Wandern um Sóller › Sóller – Biniaraix – Fornalutx – Binibassí

Tipp: Schöne »Gartenwanderung« zum Hafen der Stadt www.mallorca-erleben.info › Wandern › Wandern um Sóller › Von Sóller nach Port de Sóller

Mallorca

Sa Calobra: Zeitreise am Traumweg

Sa Calobra – ein Top-Ausflugsziel auf Mallorca, ein touristischer Hotspot, der alljährlich fast ein Drittel aller Inselbesucher in seinen Bann zieht. Nirgends kommt man der Felswucht der Nordwestküste so leicht so nahe – mit Mietauto oder Bus, auf dem Schiff oder im Radsattel. Und zu Fuß? Wir machen uns auf zu einer langen Wanderung durch die Zeit.

Karstberge am Meer: Port de sa Calobra (oben). Kurven der Sa-Calobra-Straße (Mitte). Köstlichkeiten über der Cala Tuent (unten).

Wo die Reisebusse parken, Autolenker aus dem Flachland erleichtert abbremsen und fröhliche Massen aus den Passagierschiffen quellen, um zur Schluchtmündung des Torrent de Pareis zu spazieren – dort liegt nicht Sa Calobra. Es ist nur der Hafen einer winzigen Ansiedlung, die sich etwa einen Kilometer weiter landeinwärts verbirgt. Sa Calobra, das soll »die Natter« bedeuten – Sprachwissenschaftler weisen jedoch darauf hin, dass es dann eigentlich Sa Calobrera heißen müsste. Vermutlich liegt der Ursprung des Begriffs in den Windungen eines Wildbachs oder der Pfade, die sich zu diesen Vorposten bergbäuerlicher Einsamkeit schlängeln.

Die Straßen-Schlange

Bei stürmischer See können Boote bis heute nicht im Port de sa Calobra anlegen. Also blieben Fußwege jahrhundertelang die wichtigste Verbindung zur Außenwelt. Erst zwischen 1929 und 1935 entstand unter der Planung des italienischstämmigen Ingenieurs Antonio Paretti eine Straße nach Sa Calobra – als staatliches Arbeitsbeschaffungsprojekt. Die rund zwölf Kilometer lange Strecke überwindet auf vier Kilometern Luftlinie einen Gesamthöhenunterschied von fast 1000 Metern, in vielen engen Kehren und auf hohen Stützmauern. Der »Krawattenknoten«, eine 270-Grad-Kurve, die über eine Brücke um sich selbst kreist, wurde ebenso zur Berühmtheit wie eine schmale natürliche Felsbresche, durch die das Asphaltband zieht. Der Traum aller schwindelfreien Passfahrer wird wird jedoch zum Alptraum der Naturschützer, wenn an manchen Tagen über 30 000 Ausflügler in die sensible Küstenregion kommen, die meisten davon in einer abgasschwadenden und staufreudigen Blechlawine.

Mirador am Morgen

Um sechs Uhr morgens ist es noch recht still in den Gassen von Sóller. Auch wir reiben uns auf dem Pont de Can Rave erst den Schlaf aus den Augen. Ein alter Mann treibt schon seine Schafe auf den Camí de ses Moncades, wo ein Holzschild unsere Ziele ankündigt: »Tuent, Sa Calobra«. Ein freundliches Nicken,

dann lassen wir die blökenden Wollwuschel zurück und schwenken auf den Camí de sa Capelleta ein. Die historische Route nach Sa Calobra ist das nicht, das wäre der westlich benachbarte Camí Vell de Bàlitx. Doch wir möchten unbedingt der Capelleta einen Besuch abstatten – einem unter Bäumen versteckten, aus groben Bruchsteinen erbauten und vom Jugendstil inspirierten Kirchlein in einem parkartigen Garten. Außerdem kommen wir auf diesem Weg direkt am Mirador de ses Barques vorbei. Immer wieder freuen wir uns über die fantastische Panoramaschau von dort oben, zum 400 Meter tiefer gelegenen Hafen von Sóller, auf den sich der »Aussichtspunkt der Boote« vielleicht bezieht, ins »Goldene Tal« und zu den beiden Steinköpfen der Cornadors, die in der Morgensonne leuchten.

In der Folge wandern wir eben dahin durch Olivenhaine, die zu den ältesten der Insel gehören, hinüber zur Finca Bàlitx d'Amunt am Abhang des 580 Meter hohen Puig de Bàlitx. Vor Jahren sind wir einmal auf diesen Gipfel gestiegen; er bricht jenseits mit 200-Meter-Wänden ab und schenkte uns einen tollen Tiefblick zu einer Felsinsel, die einfach S'Illeta heißt. Diesmal geht's jedoch gleich talwärts, teils auf einem rauen Fahrweg, teils auf der gepflasterten Route der Altvorderen. Nach dem Stollen der Font de Bàlitx passieren wir das frisch renovierte Anwesen Bàlitx d'Enmig, bis wir ganz unten im Tal unser nächstes Etappenziel entdecken: Bàlitx d'Avall.

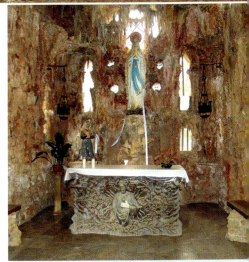

Sa Capelleta – ein kleines, verborgenes Juwel oberhalb von Sóller (oben und unten)

Mallorca

Impressionen der Klippen- und Berglandschaft um Sa Calobra (oben und unten). Ein Blick über die Küstenlandschaft von Sa Costera (rechts).

Rast in der Vergangenheit

Der wehrhafte Bau mit Wurzeln bis ins 12. Jahrhundert wird von einem runden Wachturm mit schrägem Ziegeldach überragt. Für Menschen, die einmal so richtig ausspannen möchten, bietet der lauschiger Agroturismo einfache Zimmer, bodenständige Kost und abends, wenn die letzten Wanderer abmarschiert sind, tiefe Stille – fünf Kilometer von der Asphaltstraße, zehn Kilometer von einem Sandstrand und 40 Kilometer vom nächsten Golfplatz entfernt. Elvira und Miguel, die freundlichen Bewirtschafter, stellen uns Saft von frisch gepflückten Orangen auf den Tisch. Die Erfrischung können wir gut gebrauchen: Gleich nach der Furt über den Torrent de na Mora, dem Wagemutige mit Seil, Helm und Neoprenanzug gern bis zum Meer folgen, müssen wir wieder nach oben, zum Coll de Biniamar. Kurz vor dem Sattel können wir dem Abstecher zur Torre de na Seca doch nicht widerstehen – trotz des etwas beschwerlichen Zustiegs und der langen Wanderstrecke, die dann noch vor uns liegt. Es ist kein Zufall, dass hier auf 514 Metern Seehöhe ein Wachturm steht, denn man überblickt die gesamte Küste von Sa Costera. Besonders beeindruckt uns jedoch die Sicht zu den noch 300 Meter höheren Felsabstürzen der Berge von Montcaira und weiter empor auf den Puig Major.

Mallorcas schönster Küstenweg?

Hinter dem Sattel beginnt jener Wegabschnitt, der immer wieder mit Superlativen wie »Traumtour« oder »Bilderbuchküste« bedacht wird: der Camí de sa Costera, der vom gleichnamigen Gehöft zur wunderbaren Kiesbuch der Cala Tuent führt. Wie durch die Kulisse eines Naturfilms wandern wir hier etwa 150 Meter über dem blauen Meeresspiegel, durch duftende Kiefernwälder, über steile Grashänge unter senkrechten Wänden, stets mit Blick zum zerfallenden Torre des Forat und zum renovierten

Sa Calobra: Zeitreise am Traumweg

Torre de sa Mola de Tuent, den nächsten in der Kette der Küstenausgucke. Hier war die Piratengefahr über Jahrhunderte besonders virulent, denn die Küste lockte mit einer Besonderheit: mit der Kaskade des Font des Verger. Ab 1892 trieb das kräftig sprudelnde Quellwasser die Turbinen eines E-Werks für die Stadt Sóller an, 70 Jahre lang. Dann stürzte der Wasserfall wieder ungenutzt ins Meer, bis ihn 2009 eine Unterwasser-Pipeline für die Trinkwasserversorgung von Palma anzapfte.

Die letzte Hürde

Nach der Einkehr im Restaurant Es Verger oberhalb der Cala Tuent und trotz des glasklaren Wassers, das drunten lockt, siegt dann noch einmal der Ehrgeiz: Auch die letzte Hürde, der Coll de Sant Llorenç, will überwunden sein, obwohl die 200 Aufstiegs-Höhenmeter auf Asphalt zur argen Prüfung werden. Versöhnlich stimmt uns nur der Rückblick auf die grüne Mulde über dem Meer – und die Erinnerung an den Versuch, von dort zum Pas de s'Allot Mort hinaufzufinden: Damals strandeten wir geradezu im senkrechten Dschungel einer Schlucht. Neben dem Oratorium von Sant Llorenç weist uns ein Metalltor auf das Finale des historischen Pflasterweges hin: Zieleinlauf in Sa Calobra! Bei der Schiffsanlegestelle können wir uns dann ein wenig vorstellen, wie es wohl in den Zeiten vor der motorisierten Mobilität war: Stunden entfernt vom nächsten Nachbarn und einen strammen Tagesmarsch von der Stadt, ganz auf sich gestellt bei Naturkatastrophen oder Piratenüberfällen – das Leben in einer steinigen Einöde, die man heute »Traumlandschaft« nennt …

Toureninformationen

Ausgangs- und Endpunkt: Sóller (50 m), der Fußballplatz im nördlichen Bereich der Stadt.

Zufahrt: Von der Ma-11, der Straße zwischen Sóller und Port de Sóller, bei Km 32, nahe dem Bahnübergang, Richtung Lluc/Pollença abzweigen. Nach ca. 700 m dem Wegweiser »Fornalutx« nach rechts folgen und zum Fußballplatz, in dessen Nähe man (außer bei abendlichen Fußballspielen) parken kann; Buslinie 210 und 211, Haltestelle in Sóller am Carrer de Cetre, an der Ecke Vial 12, beim Parkplatz; zu Fuß in etwa 15 Minuten zum Ausgangspunkt.

Rückfahrt von Port de sa Calobra per Bus: Linie 355 nach Lluc, weiter mit der Linie 354 nach Sóller bzw. Port de Sóller, beide Linien nur von April bis Ende Oktober, nicht an Sonntagen, letzte Abfahrt um 15 Uhr.

Rückfahrt von Port de sa Calobra per Schiff nach Port de Sóller: nur bei ruhiger See, letzte Abfahrt 16.30 Uhr, Ticket unbedingt schon vor der Tour in Port de Sóller kaufen – die Schiffe sind in der Hochsaison oft ausgebucht. Mo–Fr auch Abfahrt von Cala Tuent um 16.45 Uhr; aktuelle Infos und Bestätigung unter Tel. 9 71/63 01 70, www.barcosazules.com; man kann sich auch von einem Taxi nach Sóller zurückbringen lassen (Tel. 9 71/63 84 84).

Anforderungen: sehr lange, aber nicht schwierige Wanderung auf guten Pfaden, alten Pflasterwegen (bei Nässe rutschig) und kurzen Straßenabschnitten; die drei Auf- und Abstiege erfordern gute Kondition. Der Abstecher zum Torre de na Seca erfordert Trittsicherheit und Schwindelfreiheit.

Höchster Punkt: Mirador de ses Barques (400 m), eventuell Torre de na Seca (514 m)

Gehzeit: gesamt 7.10 Std. (zum Mirador de ses Barques 1.40 Std., zum Coll de Biniamar 2 Std., zur Cala Tuent 2 Std., zum Port de sa Calobra 1.30 Std; mit der Variante zum Torre de na Seca um gut 1 Std. länger

Höhenunterschied: ca. 300 Hm Aufstieg, ca. 300 Hm Abstieg

Einkehr: Bars und Restaurants in Sóller, am Mirador de ses Barques, in Cala Tuen und in Port de sa Calobra

Karten: Editorial Alpina E-25 Mallorca, Tramuntana Central und Tramuntana Nord 1:25 000, KOMPASS Nr. 230 »Mallorca« 1:75 000

Routenverlauf: Sóller – Camí de sa Capelleta – Sa Capelleta – Mirador de ses Barques (400 m) – Balitx d'Amunt (407 m) – Abstieg nach Bàlitx d'Avall (155 m) – auf den Coll de Biniamar (365 m) – Camí de sa Costera – Coll de na Polla (150 m) – kurzer Abstieg zur Cala Tuent – Straße auf den Coll de Sant Llorenç (229 m) – Pfad nach Sa Calobra – Port de Sa Calobra

Genauer Routenverlauf: www.mallorca-erleben.info › Wandern › Wandern um Sóller › Von Sóller nach Sa Calobra

Mallorca

Ein Vulkan? Nein, der Puig de l'Ofre besteht aus solidem Kalk (oben). Wegbeschilderung am Coll de l'Ofre (Mitte). Tiefblick vom Portell de sa Costa auf Fornalutx (unten). Wolken ballen sich um den Puig de l'Ofre (rechte Seite).

Puig de L'Ofre: ein Berg im Mittelpunkt

Ziemlich genau in der Mitte der Serra de Tramuntna ragt der Puig de l'Ofre um 93 Meter über die »Tausender-Marke« hervor. Seine ebenmäßige Kegelform hat schon zu manchen Fantasien angeregt; Wikipedia verbreitet sogar, er sei »vulkanischen Ursprungs« …

Keine Angst – weder Wanderer noch die Besitzer der namensgebenden Finca l'Ofre am Fuß des Berges müssen Ausbrüche oder Lavaströme fürchten – im Gegenteil: Der Kalkgipfel bewahrte sich den Waldmantel, der einst alle Gebirge Mallorcas umhüllte, fast bis oben hinauf. Aber eben nur fast: Sein höchster Punkt ist für sein Rundumpanorama berühmt.

Langsame Annhäherung

Vom Cúber-Stausee her ist die Ersteigung des Puig de l'Ofre eine gemütliche Halbtagestour. Von der anderen Seite, von Biniaraix, müssen wir eine weitaus längere Strecke überwinden – und das Dreifache an Höhenmetern. Trotzdem versetzt uns schon die morgendliche Aufwärmphase auf dem Camí del Marroig in Begeisterung, denn er bringt uns mit jedem Schritt der Serra de Son Torrella näher. Diese lang gezogene Felskette schließt auf zum höchsten Berg der Insel, dem Puig Major bzw. seinem westlichen Gipfelvorbai. Mit dem massigen Felsriff des Penyal des Migdia und dem ebenso schiefen wie gespaltenen Turm des Penyal Xapat beherrschen zwei denkbar unterschiedliche Bergcharaktere diesen Felszirkus.

Ab der Finca Can Pera wird's dann ohne Umstände steil. Gut, dass wir das Wasser der Font de na Marotella noch zur Erfrischung genutzt haben, denn der steinige Zickzack des Camí de na Marotella lässt bis zum Portell de sa Costa schon am Vormittag Schweiß fließen. Wir plagen uns ja zu unserem Vergnügen, doch in früherer Zeit transportierten Mensch und Maultier viel Getreide durch diese felsige, von Geröllrinnen zerrissene Steilflanke: Vor 300 Jahren war das nahe Talbecken, das mittlerweile der Cúber-Stausee überflutet hat, Mallorcas größtes Weizenanbaugebiet. Aber auch Schmuggelgut aus verborgenen Buchten kam auf diesem Weg zur Finca de l'Ofre, einem wichtigen »Umgeschlagplatz« der Schieber … Ob sie den Tiefblick auf Fornalutx auch so aufregend fanden?

Karst und Küstenblick

Vom Portell de sa Costa – sein Name verrät es schon – ist die Küste zu sehen. Von dort weht heute eine raue Brise, die unsere schweißnassen Shirts schnell trocknet und uns ebenso rasch über die Grasböden der Coma de Son Torrella treibt. Wer würde diese Ebene im Herzen der Berge erwarten? Sie ist Mallorcas höchstgelegenes Hochtal und setzt sich

Puig de L'Ofre: ein Berg im Mittelpunkt

hinter der Ma-10 und einer NATO-Kaserne zur fünf Kilometer entfernten Basis des Puig Major fort. Schafe blöken – ihr Glockengeläute erinnert uns an die heimatlichen Alpen. Rechter Hand gäbe es einen Schutthaldenabstieg in den Barranc de Biniaraix – doch wir streben über den steinernen Rücken, der die Riesenschlucht abschließt, nach Süden, hinüber zum Puig de l'Ofre.

Am Coll de l'Ofre ist's vorbei mit der Einsamkeit: Eine Wandergruppe nach der anderen passiert sein Metallkreuz. Auch die Gipfelüberschreitung erfolgt in Gesellschaft zahlreicher Gleichgesinnter – bergauf über den Coll des Cards, der einer Stromleitung nach Orient den Weg weist, bergab über den Coll d'en Poma, auf dem ein seit Jahren defektes Fernrohr steht. Ganz oben nehmen wir die Parade des Gipfelpanoramas ab: vom fernen Puig de Galatzó über die benachbarte Franquesa bis zum Puig de ses Vinyes, der wie ein Betschemel vor dem Altar des Puig Major steht. An einem klaren Spätherbst-Gipfeltag konnten wir einmal bis zur Bucht von Alcúdia und nach Palma hinaussehen.

Der Abstieg auf dem historischen Pilgerweg durch den Barranc de Biniaraix liefert ein letztes Feuerwerk landschaftlicher Eindrücke. Im Stakkato der abgewetzten Pflastersteine und gefühlter tausend Stufen trippeln wir durch die stein- und mauerreiche Wunderwelt talwärts – rechts ein fernes Wiedersehen mit jenem Baum-Solitär, der uns schon oben vom Portell de sa Costa aufgefallen ist, links ein Sehnsuchtsblick zum Cornador Gran – doch zu diesem Abstecher sagen unsere nun schon etwas mitgenommenen Füße für heute »Nein!«

Toureninformationen

Ausgangs- und Endpunkt: Biniaraix (86 m), Ortszentrum

Zufahrt: Von der Ma-11, der Straße zwischen Sóller und Port de Sóller, bei Km 32 – nahe dem Bahnübergang – Richtung Lluc/Pollença abzweigen. Nach ca. 700 m rechts nach dem Wegweiser »Fornalutx« abbiegen (Ma-2123) und beim Fußballplatz links. Danach auf das Schild »Biniaraix« achten, dort rechts abzweigen, über den Bach und links bis vor den Ort, wo nur wenige Fahrzeuge neben der Straße parken können; Busverbindung (Linie 212) von Sóller. Eine gute Alternative ist die An- und Rückfahrt von Sóller per Taxi (Tel. 971/638484).

Anforderungen: anspruchsvolle und lange Gebirgsüberquerung – zu Beginn auf einer verkehrsfreien Asphaltstraße, dann auf teils sehr steilen, felsigen und bis zum Coll de l'Ofre unbeschilderten Pfaden; Abstieg auf einem alten, bei Nässe oft rutschigen Pflasterweg. Die ebenfalls unbeschilderte Überschreitung des Puig de l'Ofre erfordert Trittsicherheit und Schwindelfreiheit.

Höchster Punkt: Puig de l'Ofre (1093 m)

Gehzeit: gesamt 6.40 Std. (Aufstieg zum Portell de sa Costa 3 Std., zum Coll de l'Ofre 0.40 Std., Überschreitung des Puig de l'Ofre 1.20 Std., Abstieg durch den Barranc de Biniaraix 1.40 Std.)

Höhenunterschied: ca. 1100 Hm Aufstieg, ca. 1100 Hm Abstieg

Einkehr: unterwegs keine; Bar in Biniaraix

Karten: Editorial Alpina E-25 Mallorca, Tramuntana Central 1:25 000, KOMPASS Nr. 230 »Mallorca« 1:75 000

Routenverlauf: Biniaraix – Asphaltstraße (Camí Vell de Monnàber) nach Can Pera (380 m) – auf dem Camí de na Marotella zum Portell de sa Costa (925 m) – wegloser Übergang zum Coll de l'Ofre (875 m) – über den Coll des Cards (963 m) auf den Puig de l'Ofre (1093 m) – Abstieg über den Coll d'en Poma (887 m) zum Coll de l'Ofre – auf dem GR-221 durch den Barranc de Biniaraix zum Ausgangspunkt

Genauer Routenverlauf: www.mallorca-erleben.info › Wandern › Wandern um Sóller › Portell de sa Costa – Puig de l'Ofre

Penyal des Migdia: aufs Dach der Insel

Ein Ruck, die Gondel schaukelt. Wir schweben. Langsam nähern wir uns schroffen Wänden, die Räder der Seilbahnaufhängung rattern über eine Stütze. Hart an der Oberkante der Felsen verlangsamt sich die Fahrt. Die Gondel stoppt in der Bergstation, 1416 Meter über dem Meer. Kalter Wind pfeift uns hinter der Tür ins Gesicht. Unter uns liegt fast ganz Mallorca.

Eine Quelle am Weg (oben), ein »Schneehaus« unter den Wänden (Mitte) und ein zünftiger Gipfel-Snack (unten)

»Kann gar nicht sein!« Da haben Sie Recht – aber es hätte sein können. 1932 wollte man betuchten Mallorca-Urlaubern etwas Besonderes bieten, und zwar eine zwei Kilometer lange Seilbahn auf Mallorcas höchsten Berg, den Puig Major. Der spanische Bürgerkrieg stoppte den ehrgeizigen Plan des Bauingenieurs Antonio Parietti. Verbaut wurde der Gipfel dann doch noch – allerdings von der NATO, die den höchsten Punkt 1958 mit Radar-Antennen zur Überwachung des westlichen Mittelmeerraumes krönte. Vor dem ersten Spatenstich war der Berg übrigens um neun Meter höher – man sprengte die ursprünglich 1445 Meter hohe Spitze einfach in die Luft. Die Militärstation auf dem Gipfel ist über eine schmale Asphaltstraße mit dem Base Militar, der Kaserne oberhalb des Cúber-Stausees, verbunden.

Des Majors kleinere Brüder

Interessanter sind jedoch die unberührten Nebenkämme und Vorgipfel des ausgedehnten Massivs – etwa der Zacken des Morro d'en Pelut und die scharfe Schneide der Serra de s'Almangra im Norden, der filigrane Felsturm der Agulla des Frare oder die protzige Felsburg des Penyal des Migdia, die das Tal von Sóller souverän beherrscht. Unter ihren rötlichen Felsabstürzen, in der sehr schattigen Coma d'en Arbona, erinnern noch ausgemauerte Gruben an das Gewerbe der Schneesammler, die auch dorthin einen Weg anlegten. Den erkunden wir an einem sonnigen Morgen. Als es noch keine Straße durchs Gebirge gab, mussten unsere Vorgänger noch früher aus den Federn: »Am besten verlässt man Sóller abends gegen 11 Uhr und sucht sich zur Besteigung eine mondhelle, klare Nacht aus«, empfahl ein Reisebuch von 1930: »Es ist aber selbst in klarer Nacht schwierig, im Walde nicht vom Wege abzukommen und es empfiehlt sich daher, einen Führer zu nehmen.« Dieser hatte meist einen Esel dabei, der das Gepäck trug – das würde uns auf dem steilen Weg auch heute einiges erleichtern. Immerhin spendet uns die Font des Coloms, die »Taubenquelle« in einer kleinen Höhle unter einen Felsturm, frisches

Penyal des Migdia: aufs Dach der Insel

Wasser. Darüber bilden die Südostwand des Penyal des Migdia und die Nordwestabstürze der Serra de Son Torrella einen wahren Felszirkus. Das Gestein ist jedoch brüchig; erst kürzlich krachten über den beiden noch gut erhaltenen *cases de neu* (Schneehäusern) große Trümmer aus der Vertikalen. Hinter einer Mauer erreichen wir den Coll de sa Coma de n'Arbona, einen flachen, 1189 Meter hoch gelegenen Rast- und Aussichtsplatz. Aus der Tiefe glitzert der Cúber-Stausee, seitlich ist die Tarnkugel über den Militäranlagen auf dem Puig Major deutlich nähergerückt. Und über uns baut sich die steile und zerschrundete Gipfelflanke auf.

Hand am Fels

Dort müssen wir uns nun die beste Aufstiegsroute suchen, erst zwischen Dissgras und im lockeren Schutt, weiter oben in kantigem Steilfels. Bald beschleicht uns das Gefühl, senkrecht über der Coma de n'Arbona emporzuklettern; noch tiefer unten liegen die Wälder um das Landgut Monnàber und das »Goldene Tal« von Sóller. Ein gut gestufter Felskamin verlangt beherztes Zupacken und überlegtes Auftreten – herrliches, leichtes Klettergelände für Geübte, aber nichts für schwache Nerven!

Ein letztes Tasten nach solidem Halt, ein letzter Abstoß der Schuhsohle – und der

Die »Himmelsleiter« des Gipfelgrats (oben) und das Gipfelkreuz mit Blick auf Sóller (unten)

Mallorca

Der Penyal des Migdia im Abendlicht (oben) und eine knifflige Passage beim Abstieg nach Norden (unten). Das weite Kar auf der Nordseite des Penyal des Migdia ist steiler, als es hier aussieht (rechte Seite).

Blick geht über die Gratschneide nach Norden über das unwegsame Karstgelände um die einsamen Fincas Bini Gran und Bini Petit, zum Wachturm auf dem Morro des Forat über der Cala Tuent, hinaus über das Meer. Es gehört zum Schönsten der Bergsteigerei, einen Sattel oder einen Felskamm zu erreichen und mit einem Schlag neue Welten zu entdecken. So schön wie hier haben wir's jedoch noch selten erlebt…

Wir folgen dem Grat über ein paar luftige, aber harmlose Absätze bis zum höchsten Punkt: 1398 Meter Seehöhe, direkt vis-à-vis des Hauptgipfels. Noch schöner müssen es die wackeren Frühaufsteher der 1930er-Jahre nach ihrem sechsstündigen Aufstieg erlebt haben: »Von dem Gipfel aus, einer kleinen Plattform, hat man jetzt bei aufgehender Sonne die ganze Insel Mallorca vor sich liegen wie eine Reliefkarte mit den Küsten und dem weiten Meer, ein unvergesslicher Anblick…«

Unsere Gipfelrast bescheint – wie sich's für eine »Mittagsspitze« gehört – die Mittagssonne. Wir beißen genussvoll in die mitgebrachten *cocarrois* und fotografieren die Gipfelkette vom runden Puig Tomir über den Tafelberg der Massanella bis zum grünen Dreikant des Puig de l'Ofre. Am Fuß des Puig de ses Vinyes, der wie ein schroffer Vorbau unseres Bergziels aus dem Boden wächst, lag einst das Landgut Son Torrella, das dem ganzen Gebirgsmassiv den Namen verlieh: Der höchste Berg der Serra de Son Torrella war eben der Puig Major de Son Torrella. Mallorquinische Bergsteiger haben uns von etlichen Routen auf ihren höchsten Berg erzählt; manche sind hier mit Vorliebe im Winter unterwegs, wenn der Schnee einen besonderen »Kick« gibt und geradezu hochalpine Verhältnisse über dem Mittelmeer zaubert.

Labyrinth aus Stein und Gras

Uns reichen schon die aufziehenden Wolken, denn wir wollen über die Nordflanke absteigen. Die lange und etwas verwickelte Route kennen wir schon von einer früheren Tour her – bei Nebel eine wichtige Voraussetzung, wie sich erweisen wird. Wir klettern über den Grat zurück, überschreiten den unscheinbaren Mittelgipfel des Penyal des Migdia, der ein kleines, verbogenes Metallkreuz trägt, und steigen durch eine gestufte Steilflanke zum Sattel vor dem Westgipfel ab. Dieser erlaubt uns durch ein

Penyal des Migdia: aufs Dach der Insel

Nebelloch einen kurzen Blick nach Sóller und zur Gebirgsumrahmung der Stadt. Auf der anderen Seite öffnet sich ein breites, grasiges und mit lockerem Schutt gefülltes Kar, durch das wir flott in die Tiefe rutschen. Doch wir wissen: Unten bricht diese Mulde mit senkrechten Wänden ab – wer nicht rechtzeitig bremst und den Durchstieg nach Westen anpeilt, hat plötzlich viel Luft vor den Schuhspitzen. Also suchen wir im Labyrinth aus Felsabsätzen und Geröll nach der kleinen Schlucht, die man, wie wir uns erinnern, auf glatten Platten queren muss – und springen schließlich erleichtert über die letzten Gesteinsstufen zum Wandfuß hinab.

Dort sieht man die Wiese vor lauter Gras nicht mehr: Wir traversieren, die Halme oft bis zur Brust, schräg durch einen verwachsenen Hang ins Waldgelände hinab. Warum müssen die allerkleinsten Steinmännchen der Insel wohl im höchsten Gras versteckt sein? Immerhin: Es geht bergab. Beim Aufstieg sorgt dieses Dickicht für eine natürliche Auslese unter den Gipfelaspiranten. Endlich erreichen wir die Schotterstraße, die über den Coll des Cards-Colers führt. Auf dem Sattel halten wir kurz vor dem eigenwilligen Beton- und Metallkreuz inne – eine Erinnerung an eine Kapelle, die einst in diesem entlegenen Gebiet erbaut wurde. Vorbei an Sa Fonteta, einem alten Brunnen, schreiten wir schließlich wieder im Sonnenschein zur Ma-10 aus. Unser Fazit am Schluss: eine absolut spektakuläre Tour, an einigen Stellen nicht ungefährlich, für klettergewandte Mallorcafreunde aber, wie wir schon im alten Reisebuch lesen konnten, »zweifellos das größte Erlebnis«.

Toureninformationen

Ausgangs- und Endpunkt: Parkplatz an der Ma-10 zwischen Sóller und Lluc vor dem Tunnel durch die Serra de Son Torrella (Túnel de Monnàber) bei Km 37 (850 m)

Zufahrt: Auf der Ma-10; keine Bushaltestelle am Ausgangspunkt, An- und Rückfahrt eventuell per Taxi ab Sóller (Tel. 9 71/63 84 84)

Anforderungen: schwierige Bergtour; wir empfehlen, nur von einer Seite auf- und auf derselben Route wieder abzusteigen. Beide Routen verlaufen auf schmalen, steilen und stellenweise nur schwer sichtbaren Pfaden. Kurze abschüssige Felspassagen und die Überschreitung des luftigen Gipfelgrats erfordern Trittsicherheit, Schwindelfreiheit und Klettergewandtheit. Stellenweise schwierige Orientierung, daher nur bei sicherem Wetter und guter Sicht ratsam.

Höchster Punkt: Penyal des Migdia (1398 m)

Gehzeit: gesamt jeweils 3.30 – 4 Std. (zum Coll de sa Coma de n'Arbona 1.30 Std., weiter auf den Gipfel 1 Std., Abstieg 1 bzw. 1.30 Std.; Aufstieg über die Nordseite 3 Std., Abstieg 2 Std.); Überschreitung ca. 5 Std.

Höhenunterschied: 700 Hm Aufstieg, 700 Hm Abstieg

Einkehr: unterwegs keine; Bars/Restaurants in Sóller und Fornalutx.

Karten: Editorial Alpina E-25 Mallorca, Tramuntana Central 1:25 000, KOMPASS Nr. 230 »Mallorca« 1:75 000

Routenverlauf: 1. Vom Parkplatz etwa 300 m neben der Straße abwärts – unbezeichneter Pfad in die Coma de n'Arbona – steil auf den Coll de sa Coma de n'Arbona (1189 m) – zur nahen Kurve der Militärstraße – von dort links über Schutt empor – zuletzt steiler Felsaufstieg zum Grat – rechts auf den Hauptgipfel des Penyal des Migdia (1398 m); Abstieg auf derselben Route

2. Über die Nordseite: Parkplatz – ca. 700 m neben der Straße talwärts – auf der Schotterstraße zum Coll des Cards Colers – ca. 500 m danach rechts weglos und sehr verwachsener Aufstieg zur Nordflanke – unübersichtliche Kletterpassage – durch das Kar auf den Grat – über den Mittelgipfel (Kreuz) auf den Hauptgipfel. Abstieg auf derselben Route

Genauer Routenverlauf: www.mallorca-erleben.info › Wandern › Wandern um Sóller › Durch die Coma de n'Arbona bzw. › Auf den Penyal des Migdia

Tipp: Wer den Hauptgipfel des Puig Major auf der gesperrten Militärstraße ersteigen möchte, benötigt vorher eine schriftliche Genehmigung des militärischen Stützpunkts (Fax: 9 71/6 3 70 47- Sr. Villaverde) und des Umweltrats (Tel. 9 71/61 28 76 oder Fax 9 71/61 24 93).

Mallorca

Der Torrent de Pareis zählt zu den größten Naturwundern im gesamten Mittelmeerraum (oben und unten).

Torrent de Pareis: tief hinaus

Kein Weg, keine Aussicht, nicht einmal Felsen mit Ecken und Kanten. Stattdessen Wasser bis zum Bauch, Verrenkungen in finsteren Klüften und glattes Gestein, an dem wir kaum Halt finden. Ob wir dabei nun fluchen oder »phantastisch!« sagen – der Widerhall der Wände äfft jedes Wort nach.

Phantastisch!« sagten wir übrigens an diesem Tag oft, seit unserem Start in Port de Sa Calobra. Am frühen Vormittag waren auf der Ufer- und Tunnelpromenade vor dem »Kuhmaul«, dem Halbinselberg Morro de sa Vaca, noch nicht viele Ausflügler unterwegs. Auch am Kiesstrand bei der Mündung des Torrent de Parais lauschten wir ungestört dem Rauschen der Wellen – später am Tag staunen Hundertschaften über diese gewaltige Felskluft: War es ein Riese, der mit einem Riesenschwert diese Riesenkerbe ins Gebirge zwischen Lluc und Cúber schlug?

Nein, es war nur ein Bach, und die Geologen nennen das, was er hinterließ, »rückschreitende Erosion«. Einst stürzte hier wohl ein Wasserfall ins Meer. Seine nasse Fracht fräste sich, mitgerissenes Geröll als »Schleifmittel« nutzend, langsam und unerbitterlich landeinwärts, immer weiter und immer tiefer, bis ein gut drei Kilometer langer Höllenschlund mit 200 Meter hohen Seitenwänden zurückblieb: Der gewaltigste aller *torrents* auf Mallorca – und nach der Samaria-Schlucht auf Kreta der zweitgrößte Felsdurchbruch im gesamten Mittelmeerraum.

Durch diese hohle Gasse...

Nach Niederschlägen sprudelt heute noch Wasser durch den Torrent de Pareis, über Kaskaden und durch unterirdische Klüfte – dann ist ohne Helm und Neoprenanzug kein Durchkommen. Doch selbst wenn das Bachbett trocken liegt, gibt's genug Feuchtigkeit in Mallorcas »Grand Canyon«: an der Tropfquelle Font des Degotís, über der ein wilder Feigenbaum wächst, in den Algenschichten auf dem Geröll, in den Miniseen des Mündungsbereichs. Und natürlich in den vielgestaltigen Felswannen, in denen das Wasser lange nicht verdunstet.

Die Durchquerung des Torrent de Pareis ist ein großartiges Naturerlebnis, aber auch die gefährlichste Tour der Insel. Jedes Jahr passieren hier schwere Unfälle, vor allem deshalb, weil die Länge und die vielen Hürden der Schlucht unterschätzt werden: Man muss Berge von Kieselsteinen und Kalktrümmern überwinden, spiegelblanke Felsaufschwünge erklimmen, durch Gebüsch und Klüfte kriechen, in die Tiefe springen, unpassierbare Stellen umgehen, sich durch Engstellen winden – und wenn man Pech hat, auch mit dem

Torrent de Pareis: tief hinaus

Wasser Bekanntschaft schließen … Das Handy funktioniert erst wieder am Ende der Tour, und wer allein unterwegs ist, braucht im Notfall erst gar nicht zu schreien beginnen …

Auf in den Orkus!

Wir haben seit dem letzten Unwetter 14 heiße Tage verstreichen lassen; das reicht meist für die weitgehende »Trockenlegung« der Schlucht. Und nun dringen wir – im Gegensatz zu den meisten Torrent-Touristen – taleinwärts vor. Der Vorteil dabei: Man erkennt gleich zu Beginn am Wasserstand zwischen den Schotterbänken, ob der Torrent »machbar« ist oder nicht: Lassen sich die Seen einfach umgehen, dann bereiten auch die Wasserlöcher weiter oben keine großen Probleme. Und außerdem: Wo man hinaufgekraxelt ist, dort kommt man meist auch wieder hinunter.

Nach Schotter-Waten, ersten Dickicht-Abenteuern und einem »Tauchgang« unter tonnenschwerem Fels haben wir die engste Stelle der Schlucht erreicht – und damit das erste ernsthafte Hindernis: Der nur zwei Meter breite Pas de s'Eslaló ist mit einem »Kanonenball« verstopft. Dieser Steinkopf erinnert uns mit seinen zwei Dellen an eine überdimensionale Kegelkugel. Gleich dahinter heißt es: *Grassos estrenyeu-vos* – »Dicke, macht euch dünn«. Erstaunlich, welche Haftkraft rutschige Seitenwände plötzlich bieten, wenn man nur ins darunter dämmernde Wasser starrt. Oder ist es besser, nach oben zu blicken – dorthin, wo der Schluchtspalt ein wenig Tageslicht durchlässt?

Wasser und Wände

Wir schlüpfen zwischen weiterem Zyklopenspielzeug durch, doch dann zwingt uns ein noch wohlgefülltes Becken zur Badeeinlage: Schuhe aus, Socken aus, Hose aus. Rucksack über den Kopf und hinein ins nasse Vergnügen – nicht sehr lang, aber sehr, sehr kalt. Gut, dass dann vor der Cova des Romagueral ein paar Sonnenstrahlen den Schluchtgrund wärmen: Trockenpause vor dem birnenförmigen Höhlentor, das oben mit

Mitunter wird's bei einer Schluchtdurchquerung nass (oben). In der Seitenklamm Sa Fosca findet man seltsame Moose (unten), bei der Schluchtmündung meist kleine Seen (links).

Mallorca

Die senkrechte Wunderwelt des Torrent de Pareis (oben). Ein Marder inspiziert den Talgrund (unten). Die imposante Felsbrücke oberhalb der Schlucht (rechte Seite).

einem Riss ausläuft: »Phantastisch!« – »… astisch, … astisch!«, antwortet das Echo. Die Schlucht verbreitert sich. Wir haben nun ein wenig Muße für die Details im großen Rahmen, für die wunderlichen Formen der Steine oder die wie Käse durchlöcherten Felsflanken über uns. Und für den seltsam »unscheuen« Marder, der in unserer Nähe herumwuselt. Das Tier mit dem buschigen Schweif hat einen guten Geschäftsbereich entdeckt, denn es sucht offenbar nach fressbaren Hinterlassenschaften von Schluchtkletterern. Die ersten, die heute talabwärts unterwegs sind, kommen uns schon fröhlich entgegen: hola! Auch der Fels beweist Humor: Wie »oh là là« hallt's zurück …

Wir mühen uns weiterhin antizyklisch bergauf, durch das steinerne Chaos im Bachbett, da und dort oberhalb davon und dazwischen auch im Retourgang, weil wir den »Einstieg« ins Gestrüpp wieder einmal nicht gleich finden. Das Kletterfinale eröffnet schließlich mit einer weiteren Passage nur für Schlanke. Es folgen glitschige Felsrampen über düsterem Wasser und zwei gewaltige, jedoch kürzlich durch Stufen gangbar gemachte Steinklötze. Einst hieß es hier für Abwärts-Bergsteiger: Rien ne va plus – das Runterrutschen erforderte bloß ein wenig Mut, das Raufklettern dagegen ziemliche Gewandtheit.

Hinauf, hinunter, weiter hinein?

Schweißgebadet erreichen wir die Entreforc, die Talgabelung am oberen Schluchteingang, 3,3 Kilometer südöstlich der Küste und 180 Meter über dem Meer. Unter turmhohen gelben Mauern trifft hier der Torrent des Gorg Blau auf den Torrent de Lluc – auf dieses »Schluchtpaar« könnte der Name pareis zurückgehen. Es gibt aber auch andere Theorien, etwa jene, die ihn von einem lateinischen Wort für »Mauern« oder gleich vom »Paradies« (paraís) herleiten. Wie auch immer: Der verblockte, aber nicht mehr ganz so imposante Torrent de Lluc, der im Bergland westlich des Puig Tomir entspringt, gibt den »Ausstieg« in die Zivilisation frei: Ein alter Zickzackweg führt hinauf zur Straße, vorbei an einer Felsbrücke, die einen originellen Rahmen für die wilde Karstlandschaft bildet. Logistisch ist es allerdings einfacher, von S'Entreforc wieder durch den Torrent de Pareis abzusteigen. Das werden wir auch tun – davor folgt jedoch der letzte landschaftliche Höhepunkt unserer Schluchttour: der Abstecher in den Mündungsbereich des Torrent des Gorg Blau. Er bezieht sein Wasser aus jenem Talbecken, in dem der Stausee Gorg Blau aufgestaut wurde. Von dort bahnte es sich einen ganz schmalen Kanal durchs Gestein: Sa Fosca, »die Dunkle«. Und das ist sie wirklich, denn ihre Seitenwände treten so nahe zusammen, dass kein Sonnenstrahl mehr eindringt. So fühlen wir uns nach ein paar Klimmzügen wie in einem Science-Fiction-Thriller – oder in einer surrealen Kathedrale: rutschiges Gestein mit seltsam gezirkelten Moosmustern, das uns die Umkehr nahelegt, Wolkenkratzerwände mit feinen Ziselierungen und Strebepfeilern – und ganz weit oben ein Felsblock, groß wie ein Einfamilienhaus, der mitten im Absturz steckengeblieben ist. »Phantas …« Nein, jetzt schweigen wir besser …

Torrent de Pareis: tief hinaus

🦗 Toureninformationen

Ausgangs- und Endpunkt: 1. Port de sa Calobra; 2. Restaurant Escorca an der Ma-10 (Km 25,1) zwischen dem Cúber-Stausee und Lluc (650 m)

Zufahrt: Auf der Ma-10, beschilderte Abzweigung nach Sa Calobra bei Km 29,3, von dort auf der kurvenreichen Ma-2141 ca. 12 km zum großen Gebührenparkplatz vor der Bucht (bei Km 9,6 rechts). Beim Restaurant Escorca (Km 25,1 an der Ma-10) sehr beschränkte Parkmöglichkeiten. Bus von Port de Sóller und Lluc (Linien 354, 355, nur April–Oktober, nicht sonntags). Schiff ab Port de Sóller, nur bei ruhigem Meer, Tel. 9 71/63 01 70, www.barcosazules.com. Die Bergab-Durchquerung ist mit Buszufahrt ab Port de Sóller (9.00 Uhr) und Rückfahrt per Schiff möglich (letzte Abfahrt 16.45 Uhr), die gesamte Bergauf-Durchquerung geht sich mit öffentlichen Verkehrsmitteln nicht aus.
Kostspielige Alternative: Taxi ab Sóller, Tel. 9 71/63 84 84 bzw. ab Lluc, Tel. 6 08/63 17 07 oder 6 39/28 70 55.

Anforderungen: Die sehr anspruchsvolle Durchquerung des Torrent de Pareis setzt Ausdauer, Trittsicherheit, Schwindelfreiheit und Klettergewandtheit voraus, zahlreiche kurze Kletterstellen mit glattgescheuertem Gestein. Mitunter muss man durch eiskaltes Wasser waten oder schwimmen. Die Länge und die durchgehenden Anforderungen der Schlucht werden oft unterschätzt. Nur nach Trockenperioden (in der Regel ist die Schlucht etwa zehn Tage nach Regenfällen wieder begehbar) und bei stabilem Schönwetter aufbrechen; aktuelle Auskunft im Sommer in der Infohütte gegenüber dem Restaurant Escorca (täglich 7–13 Uhr), Tel. 9 71/51 71 00, auch auf Englisch. Ausreichend zu Trinken mitnehmen, evtl. wasserfesten Beutel und ein 10-Meter-Sicherungsseil. Die Bergauf-Durchquerung des Torrent de Pareis ist länger und etwas schwieriger, aber viel sicherer.

Höchster Punkt: S'Entreforc (180 m) bzw. Restaurant Escorca (650 m)

Gehzeit: 1. Bergauf-Durchquerung bis S'Entreforc und zurück gesamt 6–6.30 Std. (Aufstieg 3 Std., Abstecher Sa Fosca 0.30 Std., Abstieg 2.30–3 Std.); Aufstieg von S'Entreforc zum Restaurant Escorca 1.45 Std.
2. Bergab-Durchquerung der Schlucht ca. 4.30 Std.

Höhenunterschied: 180 Hm Aufstieg, 180 Hm Abstieg; gesamte Durchquerung 650 Hm Aufstieg, 650 Hm Abstieg

Einkehr: Bars/Restaurants in Port de sa Calobra, Restaurant Escorca

Karten: Editorial Alpina E-25 Mallorca, Tramuntana Nord 1:25 000, KOMPASS Nr. 230 »Mallorca« 1:75 000

Routenverlauf: 1. Port de sa Calobra – Uferpromenade – Mündungsbereich des Torrent de Pareis – Durchquerung der Schlucht – S'Entreforc (180 m) – Abstecher Sa Fosca – Abstieg wieder durch den Torrent de Pareis; eventuell Aufstieg von S'Entreforc zum Restaurant Escorca. 2. Bergab-Durchquerung Restaurant Escorca – S'Entreforc – Abstecher Sa Fosca – Torrent de Pareis – Port de sa Calobra

Genauer Routenverlauf: www.mallorca-erleben.info › Wandern › Wandern um Lluc › Torren de Pareis – Durchquerung im Aufstieg bzw. › Torrent de Pareis – Durchquerung im Abstieg

Tipp: Weniger Geübte können von Port de sa Calobra den untersten Schluchtbereich bis zur ersten Engstelle erkunden (ca. 2 Std.) oder vom Restaurant Escorca in den Torrent de Lluc absteigen und nach dem Abstecher S'Entreforc – Sa Fosca wieder hinaufwandern (ca. 3 Std.). Doch auch diese beiden »Schnuppertouren« erfordern Trittsicherheit, Schwindelfreiheit und sicheres Wetter.

Puig de Massanella: nur Normalwege?

Die Nummer Zwei ist die Nummer Eins für Wanderer: Der Puig de Massanella gilt als Mallorcas höchstes Gipfelziel für »Normalverbraucher« ohne Kletterambitionen. Allerdings: Mit den Händen in den Hosentaschen lässt sich selbst der einfachste Zustieg auf diesen großen Berges nicht bewerkstelligen.

Eine wilde Landschaft ist das hier auf dem Pla de sa Neu, 1200 Meter über dem Meer: nichts als Steine und schrundige Felsplatten, über die der Wind pfeift... Wie einsam muss sich die kleine Eibe mit den zwei Stämmen hier wohl fühlen, wenn die Karawanen von Wanderern wieder weg sind? Ja, selbst der »Normalweg« zum 1367 Meter hohen Gipfel des Puig de Massanalla hat nicht alle Tage Hochbetrieb, und heute herrschte sogar unten am Coll de sa Batalla vergleichsweise Stille. Die bleibt auf der Überschreitung, die wir uns auserkoren haben, auch weiterhin garantiert – über den Ostgrat des Puig de Massanella und seine Südwestflanke.

Massanella einmal anders

Im Hochtal von Coma Freda zieht gerade der Frühling ein: Die Obstbäume blühen. Bis 2010 ließ der Besitzer der gleichnamigen Finca an seinem Tor ein paar Euro Wegegeld einheben – von einem uniformierten Bediensteten. Wir überwinden die Holzleiter also mautfrei, schwenken aber bald auf einen historischen Schneesammlerweg ein. Linkerhand über uns zeigt die Massanella erste Felszähne: Es Frontó ist einer der vielen Ausläufer des verzweigten Massivs. Auf seine Schneide gelangen wir nur über einen extrasteilen Gras- und Schutthang. Wer die Serpentinen beim Bergaufgehen mitgezählt hat: Der beste »Einstieg« liegt bei Kehre Nummer zehn, einer Rechtskurve.

Hart ist das Bergsteigerleben in so einem weglosen Steilhang, in dem man – wie die alten Haudegen einst so markig meinten – »das Gras im Stehen fressen könnte«. Ganz oben erkennen wir die winzige Schwachstelle der unüberwindbar scheinenden Felsmauer, mit der sich die gesamte Nordseite der Massanella gürtet: eine schmale Kluft, die wir mit Einsatz der Hände (und die Nase dicht an duftenden Rosmarinbüschen) durchstemmen. Dahinter liegt wieder einmal eine neue Welt. In dieser zeigt sich die zerklüftete, aber nur sanft geneigte Steinplatte des Frontó – ein Kinderspiel nach dem schweißtreibenden Aufstieg.

Gipfelglück & Bergab-Geheimtipp

Der Ostgrat der Massanella bietet ebenfalls keine Schwierigkeiten. Und so stehen wir bald vor den Mauern der »Schneehäuser«, denen der Pla de sa

Es Frontó über der blühenden Coma Freda (oben), Klettern im Rosmarin (Mitte) und die Kletterstelle unterhalb des Frontó (unten). Die Massanella-Südwestflanke gegen den Puig Major (rechte Seite).

Mallorca

Die lange Mauer am Coll des Prat unter der Massanella (oben). Karstgestein sorgt für Hindernisläufe (Mitte und unten). Die Felsabstürze des Massanella-Massivs über dem Coll des Prat (rechts). Der Blick vom Westgipfel (rechte Seite).

neu seinen Namen verdankt: »Schnee-Ebene«. Dort steuern wir den nahen Massanella-Normalweg an – und finden uns alsbald zwischen einer fröhlich schnatternden Karawane deutschsprachiger Bergwanderer und weitaus distinguierteren englischen Gentlemen wieder. 150 Höhenmeter weiter oben freuen wir uns alle gemeinsam über das Gipfelerlebnis bei herrlich klarem Wetter, das uns eine famose Rundsicht schenkt: der Puig Major im Westen, der Puig Roig im Norden, das zerhackte Steinland beiderseits des Torrent de Pareis dazwischen, die Wälder um die Wallfahrtskirche Lluc und der Felsbuckel des Puig Tomir im Nordosten, die Inselebene im Süden – all das fügt sich zu einem Kaleidoskop südländischer Schönheit zusammen. Erinnerungen werden wach: Schon vor vielen Jahren haben wir dieses Panorama auch so genossen; wie für viele Mallorca-Bergsteiger war die Massanella unser erster »Gipfelausflug« auf der Insel.

Damals lernten wir auch die Route durch die Südwestflanke des Berges kennen, ganz zufällig. Voll Neugier, aber ohne Karte und Führerinfos waren wir von der langen Mauer über den Coll des Prat in die Scharte vor dem Puig de ses Bassetes spaziert. Dort entdeckten wir zwei, drei Steinmännchen – und schon war die Entdeckerlust nicht mehr zu bezähmen. Heute steigen wir vom Westgipfel in umgekehrter Richtung ab, über sonnengewärmte Felsplatten und mit direktem Blick zum Puig Major. Eine vor Wind und Steinschlag geschützte Mulde mitten in der Wand ist wie

Puig de Massanella: nur Normalwege?

geschaffen für ein Picknick – runter mit dem Rucksack, mallorquinische Köstlichkeiten hervorgezaubert und einen tiefen Schluck aus der Wasserflasche getan, denn der Tiefblick zum Cúber-Stausee allein löscht den Durst nicht …

Auf halber Höhe, in der weiten Senke unter den Nordabstürzen, zieht der Fernwanderweg GR-221 Richtung Lluc hinüber. Wir werden ihm heute nicht folgen, auch wenn er uns vom Rücken des Puig d'en Galileu eine ganz besonders eindrucksvolle Sicht auf unser heutiges Gipfelziel schenken würde. Wir werden im letzten Abendlicht auf den alten Schneesammlerweg zur Coma Freda einschwenken und ihn diesmal vollkommen unbeschwert hinunterflanieren – immerhin brauchen wir nun keine Kurven mehr zu zählen.

Toureninformationen

Ausgangs- und Endpunkt: Coll de sa Batalla (579 m) südlich von Lluc

Zufahrt: Auf der Ma-2130 (Inca – Lluc) oder auf der Ma-10 (Sóller – Pollença) zur Kreuzung südlich oberhalb von Lluc; Parkmöglichkeit entlang der nordwärts abzweigenden Seitenstraße zum Restaurant Es Guix bzw. neben der alten Straße nach Lluc; nur wenige Parkmöglichkeiten direkt an der Ma-2130 (am Coll de sa Batalla dürfen nur Restaurantbesucher parken); Haltestelle der Buslinie 332 (Inca – Lluc) am Coll de sa Batalla (Zufahrt von Palma nach Inca per Bahn)

Anforderungen: anspruchsvolle Bergtour auf breiten Wegen, steilen, schmalen Pfaden und weglos durch steiles Geröll und scharfkantig verwittertes Felsgelände; einige kurze Kletterpassagen erfordern Trittsicherheit und Schwindelfreiheit. Nur mit Steinmännchen markiert – bei Nebel im oberen Bereich sehr schwierige Orientierung; Schatten nur im unteren Bereich.

Höchster Punkt: Puig de Massanella (1365 m)

Gehzeit: gesamt 4.30–5 Std. (Aufstieg 2.30–3 Std., Abstieg 2 Std.)

Höhenunterschied: 850 Hm Aufstieg, 850 Hm Abstieg

Einkehr: Bars und Restaurants in Lluc und am Coll de sa Batalla

Karten: Editorial Alpina E-25 Mallorca, Tramuntana Nord 1:25 000, KOMPASS Nr. 230 »Mallorca« 1:75 000

Routenverlauf: Coll de sa Batalla – Fahrweg zur Finca Coma Freda – alter Schneesammlerweg Richtung Coll des Telègraf – weglos über einen steilen Grashang in die Felskluft knapp westlich des Frontó – weglos über den Massanella-Ostgrat zum Pla de sa neu – Pfad (Normalweg) auf den Puig de Massanella (1365 m). Übergang zum Westgipfel – Abstieg durch die Südwestflanke (steiles Felsgelände) – auf schmalem Pfad zum GR-221 und auf den Coll des Prat (1205 m) – Schneesammlerweg nach Coma Freda – Coll de sa Batalla.

Genauer Routenverlauf: www.mallorca-erleben.info › Wandern › Wandern um Lluc › Puig de Massanella (1365 m) – Ostgrat

Tipp: Einfacher ist die Tour unter www.mallorca-erleben.info › Wandern › Wandern um Lluc › Puig de Massanella (1365 m) – Normalweg

Weiße Wunder: Mallorca im Winter

Es knirscht unter den Sohlen – sehr großen Sohlen, Schuhgröße 80 mindestens. Wir sind mit Schneeschuhen unterwegs, über die »Schnee-Ebene« am Puig de Massanella. Die weiße Pracht glitzert in der Sonne, der Wind bläst uns winzige Kristalle ins Gesicht. Und weit draußen, zwischen dunklen, zerzausten Wolken, liegt das Meer.

Schnee auf Mallorca?

Davon steht nichts im Urlaubsprospekt – aber mitunter in der Zeitung: »In Palma wurden drei bis sieben Zentimeter Schnee registriert, im Tramuntana-Gebirge stellenweise bis zu 30 Zentimeter. Auch die Gebirgsstraßen nach Sóller waren zeitweise unpassierbar: Der touristische Bummelzug ›Roter Blitz‹ konnte erst ins verschneite Orangental starten, nachdem die Schienen freigeräumt waren.«

Schneeballschlachten am Strand sind natürlich selten – mit einer weißen Decke schmücken sich Mallorcas Berge aber fast jedes Jahr. Einheimische wissen, wie's dann da oben aussieht: Manche von ihnen erklimmen die Gipfel im Hochgebirgs-Outfit, Gamaschen und Pickel – trotz knietief verwehter Grasmulden, vereister Felsrinnen und fragiler Schneewechten. Das sind hochalpine Unternehmungen, die, wenn auch nur 1000 oder 1400 Meter über dem Mittelmeer, vollen Einsatz und solide Winter-Bergerfahrung voraussetzen.

Verzauberte Massanella

Aber selbst im leichten Gelände der Massanella kämen wir heute, am Tag nach dem heftigsten Flockengestöber seit 50 Jahren, ohne Schneeschuhe kaum voran. Der Wald rund um die Coma Freda zeigt sich in unwirklichem Weiß – mit Zucker bestreut wie eine *ensaïmada*, das inseltypische Hefegebäck. Nur wenige Grashalme durchstechen die Schneedecke auf den Hängen, nur größere Büsche konnten ihre weißen Häubchen schon abschütteln. Oberhalb des Coll de sa Línia wird's trotz Steighilfe mühsam, da die pulvrige Auflage nur schlechten Halt bietet. Kompakte Schneemengen liegen dagegen auf den flacheren Flächen weiter oben. Wer sich das einst so verbreitete Gewerbe der Schneesammler so recht nicht vorstellten konnte, wird dort feststellen: Da gab's genug zum Zusammenschaufeln! Schließlich stapfen wir auf das Gipfelplateau, das uns heute die Illusion eines Gletschers vorgaukelt. Auf den letzten Metern bis zum Ziel trägt uns der Firn auch ohne Schneeschuhe; die

höchsten Felsen hat der nächtliche Sturm vorsorglich blank gekehrt. Wir schweigen in einer menschenleeren weißen Welt – hoch über dem bereits wieder schneefreien Flachland und der weiten Wasserfläche, die dem Wind seine kalte Feuchtigkeit gibt.

Der weiße Saum der Berge

Nur wenige Mallorca-Urlauber erleben solche Sternstunden. Wer im Winter anreist und eines der wenigen Hotels, die in dieser Zeit geöffnet sind, bucht, möchte die weiße Pracht eher weiter unten sehen: Ab Mitte bis Ende Januar öffnen knapp sieben Millionen Mandelbäumen ihre Blütenknospen, um die Insel in feinen Duft zu hüllen. Es waren wahrscheinlich die Römer, die Süß- und Bittermandeln um das Jahr 900 eingeführt haben. Die ursprünglich aus Asien stammenden Bäume bescherten der Insel mehr als 1000 Jahre lang Exporterfolge: Ende der 1930er-Jahre galt Mallorca als das größte zusammenhängende Mandelanbaugebiet der Welt; kultiviert wurden an die 200 verschiedene Sorten. Die Ernte erfolgt im Sommer und Herbst, obwohl sie sich wirtschaftlich kaum mehr lohnt. Doch nicht nur Naschkatzen wie wir schätzen die aromatischen Süßmandelkerne als Zutaten in der mallorquinischen Küche: für Kuchen, Marzipan, Likör oder den weihnachtlichen *turrón* (Nougat und Mandelkrokant). Mandeln finden außerdem in der Pharmazie Verwendung und sollen unter dem Gütesiegel »Ametlla mallorquina« wieder für mehr Umsatz sorgen.

Mandelblütenduft kann man sogar mit nach Hause nehmen – als Parfüm »Flor d'Ametler«. Viel lieber schnuppern wir ihn jedoch in der freien Natur, wenn er den Frühling ankündigt, wenn die Südabhänge der Serra de Tramuntana weiß und zartrosa erglänzen: in den Plantagen um Andratx, Es Capdellà und S'Arracó, zwischen Palma, Bunyola und Valldemossa oder im Tal von Sóller.

»Weißes Gold« im Süden

Etwas früher beginnt die Mandelblüte im Flachland, vor allem im Gebiet um Llucmajor und Campos. Und ausgerechnet dort im Süden der Insel gibt es einen Ort, an dem das ganze Jahr über weiße Berge zu sehen sind: in den Salinen im *salobrar*, dem »Salzvorkommen« bei Campos. In diesem weiten Sumpfgebiet, gleich hinter den Dünen des bekannten Sandstrands Es Trenc, leitet man Meerwasser in fußballfeldgroße Becken. Nach der Verdampfung bleibt mineralreiches Salz übrig – eine Technik, die schon die Punier im vierten vorchristlichen Jahrhundert beherrschten. Vor der Weiterverarbeitung schichten Bagger das »weiße Gold« zu großen Haufen auf. Schon von weitem prägen diese seltsamen Salzberge das ebene Land – wie ein verschneites Miniaturgebirge mit steilen »Schneehängen« und zackigen »Gipfeln«, die sich erst bei näherem Hinsehen als Ansammlung von Milliarden weiß glitzernder Kristalle entpuppen: Salz, von dem wir täglich eine Prise brauchen und das uns dann bei Wintertouren wieder von der Stirn rinnt …

1 Kein Grönland-Gletscher, sondern die winterliche Massanella 2 Aufstieg zwischen Schnee, Wolken und Meer 3 Durchaus alpin, der mallorquinische Winter! 4 Naturwunder Mandelblüte. 5 Weiße Berge – aus Meersalz 6 So kristallisiert das »weiße Gold«

Mallorca

Puig d'en Alí: Hundstage am Berg

Zwischen den Großen hat's ein Kleiner meistens schwer: Obwohl der Steindreikant des Puig d'en Alí zur Liga der Tramuntana-Tausender zählt, steht er ganz im Schatten des Puig de Massanella und des Puig Tomir. Nur bei Unwettern sind alle Berge gleich – genau wie ihre Besucher …

Weißer Gipfelfels, dunkle Gewitterwolken (oben). Verborgen im Wald (Mitte). Der Puig d'en Alí, gesehen von der Massanella (unten). Nur noch kurze Zeit, dann regieren Blitz und Donner … (rechte Seite)

Hundstage auf Mallora: Hitze schon am Morgen, schwüle Luft und eine gnadenlose Sonne … Da bleibt man am besten am Hotelpool. Oder man schnürt die Wanderschuhe schon im ersten Morgengrauen. Da ist es auf dem Pilgerweg vom Coll de sa Batalla Richtung Caimari sogar noch recht frisch. An der eindrucksvollsten Stelle des Camí Vell de Lluc, dem Pass-Einschnitt der Bretxa Vella, schauen wir in den fast 400 Meter tiefen Torrent des Guix hinunter – einst gehörte wohl schon ein wenig Gottvertrauen zu einer Pilgerfahrt.

Dunkle Überraschung

Hinter einem Waldsattel erscheint der Puig d'en Alí erstmals unter dem rötlichen Morgenhimmel. Unten im Tal des Torrent de sa Coveta Negra sind wir auf das eigene Weggespür angewiesen. Vorbei an einem Felsturm keuchen wir auf einen flachen Rücken, die dahinter gelegene Mulde queren wir einfach auf gut Glück. Und tatsächlich: Auf dem Kamm der Serra de s'Esquerdar finden sich Steinmännchen und weisen blaue Farbzeichen zum zerklüfteten Steilhang des Puig d'en Alí hinauf. Was für ein herrlicher Aufstieg in festem Fels! Schließlich blicken wir ganz unvermittelt auf den riesigen Steinrücken der Massanella – und die schwarze Wolkenwand darüber. Ein Gewitter am frühen Vormittag? Rasch weiter. Ein Pfad führt unter einem Felsüberhang und zwischen bizarren Gesteinsformationen durch. Eine letzte Felsstufe – und wir haben den höchsten Punkt erreicht.

»Hola!« Eine junge Mallorquinerin packt gerade ihren Rucksack zusammen, ihr Schäferhund beschnuppert uns. Die beiden sind im Begriff, über die Nordseite zum Coll de sa Línia abzusteigen. Wir werden ihnen gleich nachfolgen, denn die Wolkenfront ist schon bedrohlich nahe gerückt. Die Berge in der Nachbarschaft sind noch frei, doch spielen Wolkenfetzen um die Grate. Es ist windstill, aber die Luft scheint vor Spannung zu knistern. Viel Platz für eine längere Rast gäbe es ohnehin nicht, denn der Gipfel des Puig d'en Alí besteht nur aus schroffem, scharfkantigem Gestein, das südseitig senkrecht abbricht. Rasch ein paar Fotos und Abmarsch!

Donnerwetter!

Wir kommen nicht weit, da schüttet es übergangslos wie aus Kübeln. Ein Blitz, gleichzeitig mit einem Donnerschlag, dass der Boden bebt: Wir stehen mitten im

Puig d'en Alí: Hundstage am Berg

Unwetter. Bloß weg hier! War da unten nicht ein Felsüberhang? Er schützt uns zumindest ein wenig vor dieser Sintflut, doch die gemischten Gefühle angesichts der krachenden Einschläge wollen nicht aus der Magengrube verschwinden…
So rasch, wie es gekommen ist, zieht das Gewitter auch wieder ab. Während es hinter dem Gipfel noch grummelt, steigen wir vorsichtig talwärts. Tausend Tropfen auf Ästen und Gräsern – schön anzusehen, aber auch der Grund für nasse Füße! So geht's bald schwappenden Schrittes auf dem Fahrweg zur Coma Freda hinab. Hallen hier Rufe durch den Wald?
»Sheela, Sheela!« Und da steht auch schon unsere Gipfelbekanntschaft – mit Tränen im Gesicht, aber ohne ihren Hund: Verschreckt vom Donnergetöse hetzte das Tier auf und davon. Wir rufen ein bisschen mit, erfolglos, Sheela bleibt verschwunden. Schließlich tauschen wir die Handynummern aus und gehen getrennte Wege: Die Mallorqinerin muss über den Pas de n'Arbona zu ihrem Auto zurück …

Wiedersehen in Lluc

Wir hatten Glück am Gipfel. Nicht immer gehen Unwetter auf Mallorca so glimpflich aus. Doch meist sind Gewitter vorhersehbar – und dann sollte man, anders als wir heute, rechtzeitig umdrehen. Eingedenk dieser Tatsache statten wir der Wallfahrtskirche von Lluc noch einen Besuch ab – und dort wird das Happy End erst komplett: Spielt dort auf dem Parkplatz nicht Sheela mit einem Artgenossen? Das Halsband gefasst, das Handy gezückt – und nach einer Stunde weint Frauchen neuerlich, diesmal aber vor Freude.

Toureninformationen

Ausgangs- und Endpunkt: Coll de sa Batalla (579 m) südlich von Lluc

Zufahrt: Auf der Ma-2130 (Inca – Lluc) oder auf der Ma-10 (Sóller – Pollença) zur Kreuzung südlich oberhalb von Lluc; Parkmöglichkeit entlang der nordwärts abzweigenden Seitenstraße zum Restaurant Es Guix bzw. neben der alten Straße nach Lluc, nur wenige Parkmöglichkeiten direkt an der Ma-2130 (am Coll de sa Batalla dürfen nur Restaurantbesucher parken). Haltestelle der Buslinie 332 (Inca – Lluc) am Coll de sa Batalla (Zufahrt von Palma nach Inca per Bahn).

Anforderungen: anspruchsvolle Bergtour mit kurzen, leichten Kletterpassagen in steilem und scharfkantigem, aber gut gangbarem Felsgelände, das Trittsicherheit und Schwindelfreiheit erfordert. Vor allem beim Aufstieg im weglosen Gelände ist die Orientierung nicht ganz einfach; im unteren Bereich Schatten.

Höchster Punkt: Puig d'en Alí (1038 m)

Gehzeit: gesamt 3–4 Std. (Aufstieg 2–2 Std. Abstieg 1.30 Std.)

Höhenunterschied: 700 Hm Aufstieg, 700 Hm Abstieg

Einkehr: Bars und Restaurants in Lluc und am Coll de sa Batalla

Karten: Editorial Alpina E-25 Mallorca, Tramuntana Nord 1:25 000, KOMPASS Nr. 230 »Mallorca« 1:75 000

Routenverlauf: Coll de sa Batalla – beschilderter Weg Richtung »Caimari« (geplanter GR-222 Lluc – Artà) – Sa Bretxa Vella – Sa Llengoniaas – rechts Fahrweg über eine Anhöhe – Torrent de Coveta Negra – rechts taleinwärts – im Talgrund links weglos durch einen steilen Graben auf eine Anhöhe – weglose, leicht ansteigende Hangquerung über dem Comellar de s'Homo – auf markierter Route rechts über eine Felsrampe und über den steilen Südosthang hinauf – bewaldetes Gelände zum Südwestrücken – Einmündung eines Pfades, auf diesem nach rechts (Felsüberhang) – weitere Wegteilung – rechts auf den nahen Gipfel (1038 m); Abstieg zur oberen Wegteilung – rechts steiler Pfad zum Coll de sa Línia (824 m) – Fahrweg bzw. Weg zur Coma Freda und zum Coll de sa Batalla

Genauer Routenverlauf: www.mallorca-erleben.info › Wandern › Wandern um Lluc › Puig d'en Alí (1038 m)

Mallorca

»Gras-Dschungel« unter dem Pas de Diable (oben). Bizarre Karstformationen am Fuß des Berges (unten).

Puig Tomir: für Teufelskerle

Auch der östlichste »Tausender« der Serra de Tramuntana hat mehr als nur eine Zustiegsmöglichkeit. Wanderbücher rühmen den an zwei kurzen Felspassagen gesicherten »Klettersteig« von der einstigen Mineralwasser-Abfüllstation am Coll des Pedregaret auf den Gipfel – einheimische Bergsteiger bevorzugen jedoch ganz andere Routen.

Menut I und II – das sind die Namen der ältesten *áreas recreativas* Mallorcas. Die beiden ausgedehnten Erholungsgebiete verbergen sich im Waldland nördlich von Lluc, links und rechts neben der Ma-10 Richtung Pollença, und sind mit Tischen und Bänken, Grillstellen und Unterstandshütten, einem Spielplatz und Kraxelfelsen unter Steineichen ausgestattet; sogar ein eigener Durchgang unterquert die Straße. Am Wochenende zelebrieren hier bunte Massen grillkohlequalmende Familienpicknicks; für viele Mallorquiner ist das ein Sonntagsritual. Frühmorgens an einem Werktag dagegen zwitschern nur die Vögel beim Tourenstart in Menut. Vorsicht: Menut heißt auch ein Anwesen in etwa einem Kilometer Entfernung, das Kunstkennern wegen seines alten Steinkreuzes ein Begriff ist und auf dem heute jedes Jahr bis zu 400 000 junge Pflanzen gezogen werden. Das frische Grün dient der Aufforstung der von Waldbränden und Ziegen geschädigten Wälder Mallorcas; die Setzlinge und die Samenbank dieses *viver forestal* gewährleisten den Erhalt der inseltypischen Pflanzenarten.

Teuflisch spannend …

Hier im Alzinar de Binifaldó ist Aufforstung nicht notwendig; hier sieht man den Wald vor lauter Steineichen nicht. Ihr immer wieder zauberhaftes Halbdunkel entlässt uns schließlich auf ein weites Feld, das zum einstigen Bauernhof Binifaldó gehört. Darüber erhebt sich die Westflanke des Puig Tomir: machtvoll und ausgesprochen alpin, mit Schutthalden und schroffem Gestein – schwer vorstellbar, da ohne Seil durchzukommen. Gut, ein bisschen müssen wir noch am Fuße des Berges bleiben, ihn auf dem Fernwanderweg Richtung Pollença nordwärts umrunden, vorbei an der Quelle eines entlegenen Gehöfts mit dem treffenden Namen Muntanya. Ihr Wasser sammelt sich im Geröll unter dem Canal de Muntanya, einer sehr engen und sehr steilen Felsrinne, die sich mit entsprechendem Mut und Geschick bis zum Gipfelkamm durchklettern lässt.

So gefährlich ist unsere geplante Route nicht, aber genauso spannend, denn nun heißt es erst einmal, den »Einstieg« zu finden. Zwei unscheinbare Steinmännchen zwischen einer Höhle und einem Felseinschnitt sind alles, was auf

die Abzweigung von der Forststraße aufmerksam macht. Steinmännchen leiten uns auch weiterhin unter Bäumen und über Geröllzungen bergwärts, wie weiland die Brotkrumen von Hänsel und Gretel. Allerdings erwartet uns über dem schweißfordernden Steilhang keine bucklige Hexe, sondern der Gottseibeiuns höchstpersönlich: Wir steuern den Pas de Diable an, den »Teufelspass« im äußeren Bereich der Nordwand. Von einem Felsabsatz aus ist er auch schon zu erkennen: schmale und abschüssige Gesteinsbänder, die einen sicheren Tritt erfordern, und eine schräge Rinne zwischen der Wand und einer vorspringenden Felsformation, die unten mit einer Kluft abbricht – und darüber spitzen tatsächlich die beiden Hörner des Satans in die Luft. Gute Tritte und Griffe, ein paar Büschel Dissgras dazwischen – und schon ist das Hindernis überwunden.

Gipfelaufstieg mit Rückenwind

Teuflisch schön ist von der dahinter gelegenen Hochfläche der Tiefblick ins Vall d'en Marc und weiter hinaus zur Bucht von Pollença; hinter den zerklüfteten Bergen von Ternelles wird nun ebenfalls das Meer sichtbar. Höllenglut gibt's heute keine, ganz im Gegenteil: Der anschwellende Sturm lässt uns Jacke, Mütze und Handschuhe aus dem Rucksack hervorkramen.

Wirklich kalt wird uns trotzdem nicht, denn vom Gipfelglück auf dem Tomir trennt uns immer noch eine knappe Aufstiegsstunde, in der wir uns den besten Weg selbst suchen müssen – über zerklüftetes Karstgestein, auf scherbenartig scharfem Schutt und durch Dornen-

Der Puig Tomir, gesehen vom Schneesammlerweg auf den Puig de Massanella (oben). Der Puig de Ca de Miner, der felsige Nachbar des Tomir (unten).

Mallorca

Die gesicherte Passage des Tomir-Normalweges (oben) und der weniger bekannte Anstieg vom Coll de Fartàritx (unten). Die raue Nordseite des Puig Tomir (rechte Seite rechts). Das wilde Umfeld der Finca Alcanella (rechte Seite links).

gestrüpp, das die Windböen genauso niedrig halten wie unsere Ambitionen, der Oberkante der Nordwand allzu nahe zu kommen. Kein Nachteil ohne Vorteil: Die Wolken lichten sich. Bald hat der Wind den obersten Nordosthang freigefegt, sodass wir einen kleinen Umweg zum »Schneehaus« des Tomir einlegen. Die besonders schön mit Steinen ausgekleidete Grube, in der einst der Winterschnee der Gipfelkuppe bis in den Sommer hinein aufbewahrt wurde, ist der Endpunkt des Schneesammlerpfades, der vom Coll de Fartàritx heraufzieht. Ihm folgen wir nach einer ziemlich flotten, weil frostigen Gipfelrast ebenso flott bergab – über kunstvoll mit Trockensteinmauern angelegte Passagen und ein paar ruppige Stellen, wo die Trasse schon den Weg alles Irdischen gegangen ist. Unten am weiten Sattel angekommen flüchten wir in den Windschatten des Puig de Ca de Míner. Auch dieser Nachbargipfel des Tomir lässt sich durch eine jähe Felsrinne erklimmen; wir verzichten jedoch zugunsten einer längeren Pause auf dieses Abenteuer. Das Südpanorama bis zur Inselebene betrachten wir lieber bei einem genussvollen Imbiss.

Take the long way home

Der Rückweg ist ohnehin noch lang genug: auf breiten Pisten nach Süden hinab zum Coll de l'Arena und durch das steppenartige Hochtal des Camp Redó, das ebenfalls mit jungen Kiefern und Steineichen aufgeforstet wird. Wir turnen per Holzleiter über den Zaun der Schonung und folgen dem Schneesammlerpfad zur Finca Alcanella – erst neben dem Kamm des Puig des Boix, der zwei unverhoffte Durchblicke nach Süden freigibt, dann hinunter durch das verwunschen einsame Tal Clot des Càrritx, das seinem Namen wirklich alle Ehre macht: Wir verschwinden beinahe im Dissgras. Zwei uralte und entsprechend mächtige Steineichen wirken wie Wächter vor dem gut verborgenen Anwesen, das Eindringlinge wie uns mit Zäunen, einem verschlossenen Tor und einem verwirrenden Netz von Zugangswegen im Wald in Schach hält. Einmal mehr ist der richtige von mehreren Pfaden zu wählen: Spannung pur, dagegen ist jede Fernsehshow á la »Wer wird Millionär?« ein Kinderspiel.

Bingo! Ein blauer Pfeil an einem Baumstamm. Doch die Fährte, die er uns nun wieder bergauf offeriert, verliert sich bald in der nackten Kalksteinschräge der Serra d'en Massot. Dort setzt sich das Labyrinth zwischen messerscharfen Spit-

Puig Tomir: für Teufelskerle

zen und versteckten Klüften fort. Ohne die verlässlichen Steinmännchen mallorquinischer Bergfreunde wäre die Kraxelei durchs raue Gestein nur halb so lustig – und wir hätten noch weniger Muße, ab und zu einen Blick auf die riesige Südwestflanke des Tomir zu werfen. Als uns schließlich wieder Bäume begrüßen, macht sich die lange Wegstrecke doch ein wenig in den Gliedern bemerkbar: Im Bosc Gran, im wirklich »großen Wald«, sind wir schon rechtschaffen müde, doch die Serpentinen ziehen sich schier endlos empor. Die Erlösung harrt hinter der Mauer im Coll de Pedregaret: Von der in Konkurs gegangenen Wasserabfüllstation geht's nur noch bergab, der Beschilderung des GR-221 folgend auf der Asphaltstraße nach Binfaldó. Auf dem kurzen Wegstück weiter Richtung Pollença blinzeln wir ein letztes Mal himmelwärts, zurück zu unserem Bergziel, und im Waldgraben der Coma de Binifaldó kommt uns sogar noch einmal der Teufel in den Sinn: Wer sonst hätte das höllische Feuer in unseren Fußsohlen entfacht?

Toureninformationen

Ausgangs- und Endpunkt: Àrea Recreativa Menut II (Picknickplatz) an der Straße zwischen Lluc und Pollença (532 m)

Zufahrt: Auf der Ma-10 bis Km 16,3, dort Parkmöglichkeit neben dem Picknickplatz. Keine öffentliche Verkehrsverbindung, die nächste Bushaltestelle befindet sich in Lluc (von dort zu Fuß ca. 45 Min.).

Anforderungen: sehr lange und anstrengende Bergtour mit einer kurzen Kletterpassage im ausgesetzten Felsgelände und einem längeren Wiederaufstieg beim Rückweg. Nur am GR-221 beschildert, ansonsten ist die Orientierung schwierig; Schatten nur im unteren Bereich.

Höchster Punkt: Puig de Tomir (1104 m)

Gehzeit: gesamt 6 Std. (Aufstieg 3 Std., Abstieg 3 Std.)

Höhenunterschied: 1000 Hm Aufstieg, 1000 Hm Abstieg

Einkehr: unterwegs keine; Bars/Restaurants in Lluc und am Coll de sa Batalla

Karten: Editorial Alpina E-25 Mallorca, Tramuntana Nord 1:25 000, KOMPASS Nr. 230 »Mallorca« 1:75 000

Routenverlauf: Àrea Recreativa Menut II – Fahrweg durch die Coma de Binifaldó – auf

dem GR-221 Richtung Pollença – Font de Muntanya – auf unmarkierter Route über den Pas de Diable (ca. 700 m) bis vor den Coll de Fartàritx (776 m) – wegloser Felsaufstieg zum Puig Tomir (1104 m). Abstieg zum Coll de Fartàritx – Weg über den Coll de l'Arena – Camp Redó (591 m) – Pfad nach Alcanella (472 m) – Aufstieg zum Bosc Gran – Coll des Pedregaret – GR-221 – Binifaldó – Menut II.

Genauer Routenverlauf: www.mallorca-erleben.info › Wandern › Wandern um Lluc › Über den Pas de Diable auf den Puig Tomir (1104 m) bzw. › Von Lluc über den Puig Tomir (1104 m)

Mallorca

Mortitx: unter Mönchsgeiern

»Gestatten: Voltor negre, mit lateinischem Namen *Aegypius monachus*, oder in Ihrer Sprache: Mönchsgeier. Wir dürfen Sie in unserem Revier um besondere Rücksicht bitten. Wir zählen zwar zu den größten Vögeln Europas, wären auf Mallorca aber trotzdem beinahe ausgestorben ...«

Wollen sie uns das mitteilen – oder sind die beiden einfach nur neugierig? Im Gleitflug segeln sie dahin, kehren zurück und ziehen eine weitere Schleife, keine 50 Meter über unseren Köpfen. Es zischt leicht in der Luft – kein Wunder bei einer Flügelspannweite von fast drei Metern. So nah haben wir Mönchsgeier in freier Wildbahn noch nie gesehen.

Mallorcas große Vögel

Deutlich erkennen wir ihre dunklen Federhalskrausen, die tatsächlich ein wenig an Mönchskutten erinnern. Die gewaltigen Vögel, die ein Gewicht bis zu zwölf Kilogramm erreichen, fungieren als eine Art Gesundheitspolizei und sind daher für das biologische Gleichgewicht wichtig: Sie ernähren sich von Aas, vor allem von Fleisch verendeter Schafe oder Ziegen. Das wäre ihnen beinahe zum Verhängnis geworden, denn durch Giftköder, ausgelegt gegen Füchse und streunende Katzen, hat man sie regelrecht mitvergiftet. Mit ihren kräftigen, mehr als sechs Zentimeter langen Schnäbeln zerkleinern sie mühelos Sehnen, Haut und kleine Knochen. Um Kadaver zu finden, legen sie pro Tag Strecken bis zu 150 oder 200 Kilometer zurück, und zwar mit Hilfe der Thermik: Warmluft, die über sonnenerhitzten Felsplatten aufsteigt, trägt sie bis zu 1000 Meter empor. Mönchsgeier sehen ausgesprochen gut, sie entdecken Fressbares selbst aus solch großer Höhe.
Uns haben sie offenbar als ungenießbar eingestuft: Das braun gefiederte Pärchen verschwindet hinter den Bergen. Dass die Mönchsgeier nicht für immer verschwunden sind, ist vor allem den Mitarbeitern der Vulture Conservation Foundation zu verdanken. Sie setzen Jungvögel aus europäischen Zoos oder Aufzuchtstationen auf der Insel aus, bewachen die Nistplätze und richten Futterstellen ein. Mit Erfolg: Heute kreisen wieder 130 Exemplare über den Gipfeln, darunter etwa 14 Brutpaare. Die Geier brüten zwischen Februar und August auf Kiefern im Küstengebiet zwischen Sóller und Pollença; dort sind in dieser Zeit die meisten Wanderrouten tabu.

Abenteuer nicht für alle

So auch der Fahrweg von Mortitx nach Ses Basses, einer weltentlegenen Hochfläche über der Nordwestküste. Mortitx

Verwunschene Felsgestalten (oben), die größten Vögel Mallorcas (Mitte) und eine verborgene Riesengrotte (unten)

– das hat Klang in den Ohren von Weinkennern, seit die Obstbäume der Finca 2006 durch Weinstöcke ersetzt wurden. Das 719 Hektar große Gebiet dahinter, das die Inselregierung als *finca pública* erworben hat, könnte man dagegen als »Mallorca für Fortgeschrittene« skizzieren: Es ist ein zerklüfteter Steingarten, ein Labyrinth aus scharfkantigen Felsen und verwinkelten Schluchten. Bei starkem Regen toben dort Wildbäche, schießen Kaskaden ins Meer.

Wenn es trocken und heiß ist wie in diesem hochsommerlich anmutenden September, dann packt man besser die doppelte Trinkration in den Rucksack. Die Familie, die sich uns hinter dem Anwesen anschließt, hat – so stellt sich auf Nachfrage heraus — überhaupt nichts Trinkbares dabei. Vater, Mutter und zwei kleine Kinder tragen Sandalen und Shorts – im Dissgras und zwischen den Dornen der Garrigue wird das blutige Beine geben. Nicht einmal Kopfbedeckungen wurden für notwendig erachtet, dafür hält die Videokamera jeden Schritt fest. Im Hotel, so erzählen die abenteuerlustigen Eltern, hätten sie von den Hexenhöhlen gehört, und die wollen sie jetzt sehen. Vergeblich versuchen wir, das Quartett auf die beschilderte Schotterstraße »umzuleiten«; dort lässt sich die wilde Landschaft gefahrloser erkunden. Doch die Vier bleiben uns hartnäckig auf den Fersen. Ein Phänomen, das wir schon öfters beobachtet haben: Menschen, die zuhause wohl kaum einen Schritt vor die Tür setzen, erfasst in fernen Landen plötzlich die Wanderlust. Ohne Outdoor-Erfahrung kann das allerdings ins Auge gehen – die beiden Kleinen würden den Weg

Der Mönchsgeier (oben) hat's leichter als unsereins auf dem Weg zu den »Hexenhöhlen« (unten).

Mallorca

Die Schlucht von Mortitx (oben) und die Bucht nahe den »Hexenhöhlen« (unten). Die wilde Felslandschaft um Rafal d'Ariant (rechts), die gleichnamige Hüttenruine (rechte Seite).

durchs unwegsame Steppenland kaum schaffen, ganz zu schweigen vom Wiederaufstieg in der Nachmittagshitze. Schon öfters sind uns Uneinsichtige gefolgt, die bald die Orientierung und auch die Kondition verloren. Wir mussten sie jedes Mal zurückbegleiten und auf unser eigentliches Ziel verzichten. Unsere Gegenstrategie: Wir beschleunigen auf Lauftempo, springen von Stein zu Stein und hasten keuchend durchs Gestrüpp. Nach ein paar Minuten wischen wir den Schweiß von der Stirn und stellen erleichtert fest: Die verhinderten Abenteurer sind umgekehrt.

Urland – Kurs Nord

Der Pfad nach Norden erfordert wirklich Erfahrung und genaues Hinsehen, denn er ist immer wieder vom Gras überwuchert und schlägt unvorhergesehene Haken. Flache Passagen wie hier in der Coma, einem Dolinenboden, wechseln mit steilen Felsabsätzen und von Karren gerieffeltem Kalkgestein, aus denen bizarre Formationen wie Kunstwerke herausragen. Nun schwitzen wir auch bei mäßiger Gehgeschwindigkeit schon ordentlich. Da und dort zweigen kleine Täler ab, erscheinen schroffe Miniberge, öffnen sich Klüfte und Trichter im Boden. Schließlich sehen wir von einer Anhöhe zum Meer hinab: Wir rasten und beobachten eine Weile die Mönchsgeier, die uns schließlich ihrerseits ins Visier nehmen.

Als es in der Höhe nichts mehr zu sehen gibt, wenden wir unsere Aufmerksamkeit der Tiefe zu, dem Haus von Rafal d'Ariant. Die Mauern des einstigen Anwesens, zu dem wir unter den Felsabbrüchen der Voltes de l'Ulastre absteigen, trotzen Wind und Wetter noch; im Dach sind jedoch große Löcher zu beklagen. So gehen die letzten Erinnerungen dahin, Erinnerungen an ein einsames Leben fern der Welt und so nah bei den Hexen …

Wunderwerke und Wein

Die sagenhaften Hexen hausten am Meer, unter dem Felsbuckel des Musclo de les Cordes, der an eine Riesenmuschel erinnerte. Wo seine Steilwand aus dem Meer fährt, klettern wir auf einen nadelspitzen Felsvorsprung hinaus, direkt über dem Wasser. Erst ganz vorne sehen wir die beiden riesigen Halbhöhlen: fast 100

Mortitx: unter Mönchsgeiern

Meter hohe Bogengewölbe, in Jahrtausenden von sturmgepeitschten Brechern ausgewaschen – eine Kathedrale der Natur.

Zurück nach Rafal d'Ariant beschließen wir, noch ein Stück den Wegen des Wassers zu folgen. Der unterste Abschnitt des Schluchtensystems von Mortitx, der Torrent Fondo, gilt als Hotspot für Canyoning-Fans; »Normalverbraucher« wie wir können seine zu Dutzenden Steinspitzen verwitterte Felseinrahmung nur von oben bestaunen. Trotz seiner Kürze hat's auch der mittlere Klammabschnitt in sich: Er öffnet sich unter dem Bec d'Oca (»Entenschnabel«), einer ebenso schlanken wie schiefen Felszinne, und ist nur mittels kühner »Hangeltechnik« zu überlisten: die Finger in einen Felsspalt gekrallt, die Schuhsohlen fest gegen eine schräge, glatte Steinplatte gestemmt und den Hintern weit in die Luft hinausgereckt …

Länger, aber viel harmloser ist der obere Schluchtabschnitt, in dem wir nun das Licht der Nachmittagssonne hinter uns lassen. Der Torrent de Mortitx führt nur selten Wasser – im Gegensatz zum bald einmündenden Torrent de s'Hort des Molí, der weiter oben sogar zwei Teiche füllt. Trotzdem fräste das kühle Nass 80 Meter hohe Wände heraus, schliff Steinbrocken ab, hinterließ Bodenvertiefungen mit aalglatten Rändern. So rasch ist ein Kilometer Schluchterlebnis zu Ende? Hinter einem Schafzaun gedeihen 40 000 Rebstöcke der Vinyes Mortitx. Ein stimmiger Schlussakkord dieser eindrucksvollen Tour zwischen Karstöde und Wasserwucht – und Grund genug, mit einem guten Tropfen aus Mallorcas Gebirge auf die gute Heimkehr anzustoßen!

Toureninformationen

Ausgangs- und Endpunkt: Mortitx (390 m) zwischen Lluc und Pollença

Zufahrt: Auf der Ma-10 bis Km 10,9; der Parkplatz für etwa fünf Fahrzeuge vor der Finca ist oft schon früh am Tag besetzt (wenige Parkmöglichkeiten neben der Straße); keine öffentliche Verkehrsanbindung

Anforderungen: sehr anspruchsvolle Tour, die auf schmalen Pfaden bzw. verzweigten und oft kaum kenntlichen Pfadspuren durch unwegsames Gras-, Fels- und Küstengelände führt. Mehrere Auf- und Abstiege; Trittsicherheit, Schwindelfreiheit und gutes Orientierungsvermögen unbedingt notwendig. Die Schluchtdurchquerung des Torrent de Mortitx ist noch etwas schwieriger; sie erfordert Klettergewandtheit. Nach starken Regenfällen ist die Schlucht nicht passierbar; kaum Schatten.

Höchster Punkt: 390 m

Gehzeit: gesamt 4.30 Std. (Hinweg 2 Std., Rückweg 2.30 Std.)

Höhenunterschied: 450 Hm Aufstieg, 450 Hm Abstieg

Einkehr: unterwegs keine; Bars und Restaurants in Port de Pollença

Karten: Editorial Alpina E-25 Mallorca, Tramuntana Nord 1:25 000, KOMPASS Nr. 230 »Mallorca« 1:75 000

Routenverlauf: Finca Mortitx – unmarkierte Route zu den Voltes de l'Ulastre (304 m) – Abstieg auf Pfad nach Rafal d'Ariant – über den Coll de la Caleta (127 m) zur Caleta d'Ariant (Coves de ses Bruixes). Rückweg auf derselben Route. Oder ab Rafal d'Ariant zum Gorg des Bec d'oca und durch den Torrent de Mortitx.

Genauer Routenverlauf: www.mallorca-erleben.info › Wandern › Wandern um Lluc › Mortitx – Cova de ses Bruixes

Mallorca

Cuculla de Fartàritx: der Spitzberg

Mallorquí, der Inseldialekt der katalanischen Sprache, ist nicht ganz einfach zu verstehen. Und erst Altmallorquinisch! Da war schon ein Experte nötig, der uns die Bedeutung des Wortes *Cuculla* erklärte: »Spitzberg«. Na, wenn das kein Grund für eine Ersteigung ist!

Der abendlich beleuchtete »Spitzberg« (oben) und der wunderschöne alte Weg dorthin (Mitte und unten). Extrafutter für die Pferde gibt's nicht oft auf Fartàritx (rechte Seite).

Fartàritx ist eine zauberhafte Welt für sich. Vor vielen Jahren konnten wir diese Tatsache noch nicht so recht würdigen, da trieb uns ein Gewitter den langen Weg vom Tomir über diese kleine Hochfläche, die sich vier Kilometer südwestlich von Pollença über dem Vall d'en Marc verbirgt. Während der Himmel hinter uns herrumpelte, kamen wir am einzigen überdachten »Schneehaus« Mallorcas vorbei, einem urtümlichen und gut erhaltenen Steinbau, und an stattlichen schwarzen Stieren, die gottlob friedlich vor sich hingrasten und nichts von ihrer künftigen Karriere in der Stierkampfarena ahnten. Vor dem vordersten der vier kleinen Anwesen, die den Namen Fartàritx tragen, begann es zu hageln und wir verloren den Weg. Zwischen Donner und Dornen erzwangen wir einen überaus nassen Abstieg in die falsche Richtung …

Diesmal bei Sonnenschein

Ganz anders heute: Kaiserwetter und Kräuterduft, den eine angenehme Brise aus der *garrigue* heranträgt. Der uralte, aber erstaunlich gut erhaltene Weg beginnt direkt neben den Gebäuden von Can Huguet und schlängelt sich durch lichte Steineichen- und Kiefernbestände, zwischen raschelndem Dissgras und blühenden Zistrosen empor. Uralte Pflastersteine, Kehre um Kehre, Stufe um Stufe. Immer wieder stoppen wir, um den Tiefblick auf das saftig-grüne Gartenmosaik des Vall d'en Marc zu genießen. Schließlich tappen wir durch Buschgelände zur Mauer von Fartàritx Gran – kein Wunder, dass wir den »Einstieg« damals im Nebel nicht gefunden haben. Hier gilt schon bei Schönwetter: Bitte sich das Steinmännchen für den Rückweg einzuprägen!

Pferde traben uns entgegen, nehmen einen Schluck aus dem Brunnen und blinzeln uns mit erwartungsvollen Augen an. Also gut, wir werden auch ohne unsere Müsliriegel auskommen. Die süße Gabe motiviert die Rösser natürlich, uns auf die große ebene Fläche hinter dem Anwesen nachzutraben. Dort müssen wir allerdings den Waldrand absuchen: Wo führt die Route auf die Cuculla? Breit und felsig steht der Berg vor uns, 250 Meter über der Finca, durchaus eindrucksvoll – aber überhaupt nicht spitz. Wir entdecken Pfadspuren, ein weiteres Wasserbecken, einen roten Pfeil auf einem riesigen, herabgestürzten Felsblock und einen Tunnel, der durchs Gebüsch führt. Das Rätsel, wie der Gip-

Cucculla de Fartàritx: der Spitzberg

felaufbau zu überwinden sei, lösen wieder einmal von kundiger Hand aufgeschichtete Steine. Und schon heißt uns ein großer Steinmann auf der sanft geneigten Gipfelhochfläche willkommen.

Pracht in allen Richtungen

Den höchsten Punkt kennzeichnet eine schön gestaltete Kachel, die uns die Windrichtungen lehrt: Tramuntana (den Nordwind kennen wir schon), Llevant (Ost), Migjorn (Süd) und Ponent (West). In dieser Richtung protzt der kahle Riesenameisenhaufen des Puig Tomir, genau gegenüber öffnet sich die weite Bucht von Pollença mit ihrer gezackten Bergumrahmung, den Halbinseln Formentor (links) und Victòria (rechts). Mit Hilfe der Kachel lassen sich selbst »weiße Flecken« im Gipfelpanorama zuordnen, etwa der Puig Caragoler über dem Ödland von Mortitx im Mestral (Nordwesten), die Serra de Cornavaques im Gregal (Nordosten), die letzten Ausläufer des Tomir-Massivs im Xaloc (Südosten) und die Moleta, unser Nachbargipfel im Llebeig (Südwesten) …

Es dauert, bis wir uns von unserer Schauwarte losreißen können. Beim Abstieg blicken wir noch kurz in den engen Felskamin, der einen supersteilen Abstieg durch die Nordwestflanke ermöglichen würde, kehren aber dann doch auf der Aufstiegroute zurück. Man muss sich auch für die Zukunft Ziele aufheben – Sehnsuchtspunkte, wie die schlanke Steinfigur des Ninot im Abendlicht oder den hohen, unter Canyoning-Fans sehr geschätzten Wasserfall Salt del Molinet nach einer Regenphase. Aber für unsere Neugier hat Mallorca ohnehin noch genug auf Lager!

Toureninformationen

Ausgangs- und Endpunkt: Vall d'en Marc westlich von Pollença (70 m)

Zufahrt: Von der Ma-10 am nordwestlichen Ortsrand von Pollença, stadteinwärts über die Brücke und rechts nach dem Wegweiser »GR Lluc« taleinwärts; Parkmöglichkeit nach ca. 2,5 km neben dem Bachbett des Torrent de la Vall d'en Marc. Bushaltestelle in Pollença, von dort zu Fuß in ca. 40 Min. zum Ausgangspunkt.

Anforderungen: mittelschwere, aber anspruchsvolle und einsame Bergwanderung auf alten Wegen; kurze Felspassagen erfordern Trittsicherheit und Schwindelfreiheit; wenig Schatten

Höchster Punkt: 711 m

Gehzeit: gesamt 3.45 Std. (Aufstieg 2.15 Std.; Abstieg 1.30 Std.)

Höhenunterschied: 650 Hm Aufstieg, 650 Hm Abstieg

Einkehr: unterwegs keine; Bars/Restaurants in Pollença

Karten: Editorial Alpina E-25 Mallorca, Tramuntana Nord 1:25 000, KOMPASS Nr. 230 »Mallorca« 1:75 000

Routenverlauf: Vall d'en Marc – Can Huguet – alter Weg nach Fartàritx Gran (452 m) – Pfad auf die Cucculla de Fartàritx (711 m). Abstieg auf derselben Route

Genauer Routenverlauf: www.mallorca-erleben.info › Wandern › Wandern im Norden › Cucculla de Fartàritx (711 m)

Mallorca

Vall de Bóquer: im Tal der Vögel

Fischadler und Blaumerle, Wiedehopf und Wanderfalke – haben Sie diese Tiere noch nie gesehen? Dann wird es Zeit, mit einem guten Fernglas ins Vall de Bóquer aufzubrechen, so wie viele andere »bird watcher« auch …

Blickpunkte bei einer Bootsfahrt vorbei an der Cala Bóquer (oben), Bewohner der Küstenregion (Mitte) und das auffällige Loch im Kamm der Serra del Cavall Bernat (unten). Tiefblick am Abend ins Vall de Bóquer (rechte Seite).

Dieses kleine Tal im Norden von Port de Pollença gilt unter Ornithologen als Vogelbeobachtungs-Mekka. Leider vermögen wir die gefiederten Flugobjekte kaum voneinander zu unterscheiden – nur ein hakenschlagendes Kaninchen zwischen den zahlreichen Zwergpalmen verrät uns, dass ihm Gefahr von oben droht. Unterscheiden können wir allerdings die Berge beiderseits des Tals: den Morral zur Rechten und die Serra del Cavall Bernat zur Linken: beide nur wenig mehr als 300 Meter hoch, aber reichlich mit Felsen gepanzert.

Ein Kunstwerk aus Fels

Die Serra del Cavall Bernat bildet einen Wall vor der Cala Sant Vicenç, dem noch relativ ruhigen Nachbarbadeort von Port de Pollença. Dort stehen gleich vier kleine Sandstrände und etliche unbekannte Felsgipfel zur Auswahl. Die eigentliche Sehenswürdigkeit bildet aber die senkrechte Mauer direkt über der Bucht, die an manchen Abenden so rot erglüht, dass die Dolomiten neidvoll erblassen würden. Cavall Bernat? Über die Bedeutung dieses Namens gibt es mehrere Ansichten. Die wohl plausibelste besagt, dass er auf das vorromanische Wort *karr* zurückgeht und somit einfach einen Fels bezeichnet. Wahrscheinlich verbirgt sich der Wortstamm auch in Bergnamen wie etwa Puig Caragoler oder hinter der Font des Quer am Esclop.

Derartige Naturerscheinungen regten die Phantasie der Menschen seit jeher an, vielleicht sogar schon in der Zeit um 1800 v. Chr., als sie am Fuß des Berges in künstlich geschaffenen Grabhöhlen ihre Toten bestatteten. Sechs dieser Gebilde sind noch heute am Ortsrand von Cala Sant Vicenç zu sehen, in manchen von ihnen wurden seltsame Ausbuchtungen und halbrunde Nischen aus dem Gestein geschlagen. Warum? Das weiß keiner …

Aug' in Aug' mit den Vögeln

Auf ganz natürliche Weise entstand dagegen das große Felsentor, das sich etwa zwei Meter unter dem Grat der Serra del Cavall Bernat öffnet. Der Wunsch, dort einmal durchzublicken, war nicht mehr aus dem Kopf zu kriegen. So versuchten wir's eben eines Tages und verließen am Coll des Moro den ausgetretenen Weg. Bis in die tiefe Senke etwa in der Mitte des Kammes ging's über Grashänge und Felsstufen ganz gut hinauf, doch die luftige Umgehung des Turms, der westlich davon in die Höhe schießt, erforderte Klettergewandtheit. Aus der Nähe besehen macht das Felsloch dann eigentlich

Vall de Bóquer: im Tal der Vögel

gar nicht so viel her, doch der Tiefblick über die senkrechte Nordseite belohnt wirklich jeden Schweißtropfen. Und nicht zu vergessen: Wir befanden uns auf Augenhöhe mit all den Vögeln, die so viele Besucher ins Vall de Bóquer locken… Wesentlich einfacher ist der höchste Punkt des Kammes – die Talaia Vella – von Cala Sant Vicenç aus zu erreichen. Wir kraxelten eines Abends dort hinauf, ausgerüstet mit einem Rucksack voller Köstlichkeiten und einem Fläschchen Rotwein; sogar in Servietten eingewickelte Gläser hatten wir dabei. Kurz vor dem Gipfel begegneten uns hastig absteigende Wanderer. Auf unsere Frage nach ihrer Eile erklärten sie, rasch ins Hotel zu müssen: »Wenn du am Abend nicht unter den Ersten am Buffet bist, bleibt dir nichts mehr übrig …«. Arme Pensionsgäste! Wir genossen auf 352 Metern Seehöhe Serrano-Schinken und Käse von der Nachbarinsel Menorca, Tomaten, Oliven und Graubrot, danach *Ensaimades*. Dazu stießen wir auf den prachtvollen Sonnenuntergang an, der das 360-Grad-Panorama über der Bucht von Pollença überirdisch beleuchtete… Heute begleiten uns die Erinnerungen an diese Erlebnisse durch das Tal. Vom Coll des Moro schlendern wir hinunter zu den Klippen und Kieseln der Cala Bóquer, kühlen unsere Beine im spiegelglatten Meerwasser und blicken hinüber zum Steinklotz des Pal. Gegenüber wirft sich das steinerne »Nordkap« der Serra del Cavall Bernat in Pose, ein wuchtiger Monolith, der auf der Nordseite eine gewaltige Höhlenkluft aufreißt. Woher wir das wissen? Von einem Schiffsausflug – und das ist definitiv die gemütlichste Möglichkeit, den seltsamen Berg aus der Nähe zu betrachten.

Toureninformationen

Ausgangs- und Endpunkt: Port de Pollença

Zufahrt: Auf der Orts-Umfahrungsstraße Richtung Formentor (Ma-2210), Parkplatz beim dritten Kreisverkehr zwischen der Avinguda Bòcchoris und dem links abzweigenden Fahrweg zur Finca Bóquer (Infotafel). Haltestelle der Buslinie 340 (Palma – Port de Pollença) bzw. der Buslinie 340 am Hafen von Port de Pollença. Von dort spaziert man auf der Strandpromenade Richtung Formentor und auf der links abzweigenden Avinguda de Bòcchoris zum Ausgangspunkt (15 Min.).

Anforderungen: einfache, landschaftlich eindrucksvolle und daher sehr beliebte Kurzwanderung auf breiten Wegen und schmalen Pfaden; kaum Schatten

Höchster Punkt: Coll des Moro (78 m)

Gehzeit: gesamt 2 Std. (Hinweg 1 Std., Rückweg 1 Std.)

Höhenunterschied: 80 Hm Aufstieg, 80 Hm Abstieg

Einkehr: Bars und Restaurants in Port de Pollença

Karten: Editorial Alpina, Kartenset Mallorca 1:50 000; KOMPASS Nr. 230 1:75 000

Routenverlauf: Port de Pollença – Zufahrt zur Finca Bóquer – Weg ins Vall de Bóquer – Coll des Moro (78 m) – Cala Bóquer. Rückweg auf derselben Route.

Genauer Routenverlauf: www.mallorca-erleben.info › Wandern › Wandern im Norden › Vall de Bóquer

Mallorca

Formentor: magic line zum Leuchtturm

Formentor kennen Sie! Ganz bestimmt, denn kaum eine Mallorca-Publikation kommt ohne Formentor-Foto aus. Autofahrer kurven auf der abenteuerlichen Ausflugsstraße über die schroffe Halbinsel, Radfahrer treten bergauf, bergab bis zu ihrer Spitze. Und Wanderer? Ja, auch zu Fuß gelangt man dorthin – schon seit Jahrhunderten.

Kraft, Zuversicht, Ausdauer – das thematisierte Miquel Costa i Llobera (1854–1922) mit allem Pathos des 19. Jahrhunderts in seinem Gedicht »Die Pinie von Formentor«: »Mich hat ein Baum begeistert! Dem Ölstrauch gleich an Jahren, hüllt er die Kraft des Eichstamms in der Orange Grün…und mit den Küstenstürmen, die ihm durchs Laubwerk fahren, misst er sich riesenkühn.«

Der Dichter im Priestergewand kannte die zerzausten Bäume der Halbinsel Formentor gut, denn er verbrachte seine letzten Lebensjahre in einem Haus an der Cala Murta. Diese entlegene Bucht öffnet sich auf der Südseite der zwölf Kilometer langen Landzunge, die wie eine schroffe Gebirgskette ins Meer hineinsticht und damit das »Nordkap« Mallorcas bildet. Die Península de Formentor ist eine Miniaturausgabe der Serra de Tramuntana – eine ganz eigene Welt mit wildzerklüfteten Bergen und einem verborgenen Hochtal dazwischen. Die Fruchtbarkeit des Bodens am dortigen Landgut dürfte der Landzunge auch zu ihrem Namen verholfen haben: Das lateinische Wort *frumentorum* bedeutet soviel wie »Getreide«.

Reif für die Halbinsel

Der höchste Berg auf Formentor – El Pal – misst nur 434 Meter. Aber man kann von seinem Gipfel nahezu senkrecht auf die Wellen schauen, die an seiner Felsbasis zerschellen. Ähnliche Tiefblicke bieten fast alle benachbarten Erhebungen, vor allem die Klippen auf der Nordseite und um das Cap de Formentor. Die berühmte, fast 20 Kilometer lange Straße dorthin ist ein weiteres Werk von Antonio Parietti. Anfang der 1930er-Jahre plante er sie, ähnlich in die Natur eingebunden wie seine Sa-Calobra-Straße.

Von Port de Pollença ausgehend erreicht sie nach gut fünf Kilometern den wohl bekanntesten Aussichtspunkt Mallorcas, den Mirador de Colomer. 250 Meter über Normalnull blickt man dort über eine massive Mauerbrüstung zum Pal und seiner kleinen, vorgelagerten Felseninsel, die wohl wegen ihrer zahlreichen gefiederten Bewohner als »Taubenschlag« bekannt ist. Bis zu 1000 Felstaubenpaare sollen im Frühsommer dort unten brüten! Gut vier Kilometer weiter passiert die Straße die Cala Pi de la Posada. An dieser flachen, von Kiefern gesäumten Sandstrandbucht hatte der

Felsöde auf der Halbinsel Formentor (oben), ihr berühmter Leuchtturm (Mitte) und der Zickzackweg dorthin (unten)

argentinische Schriftsteller Adan Diehl schon 1929 das luxuriöse Hotel Formentor eröffnet; die ersten seiner illustren Gäste mussten noch mit dem Boot anreisen.

Licht am Ende

Seit 1862 steht am Cap de Formentor, 170 Meter über dem Meer, ein 22 Meter hoher Leuchtturm – höher blitzen die Lichtsignale für die Schiffe nirgendwo auf der Insel. Der Bau auf dieser rauen Felskuppe war nicht einfach, die Arbeit der Leuchtturmwärter einsam. Natürlich mussten sie auch an Sonn- und Feiertagen vor Ort sein – als dies der Bischof von Palma erfuhr, ließ er ihnen einen eigenen Altar errichten. Die Stromleitung, die den Leuchtturm ab 1962 mit Energie versorgte, wurde immer wieder von Blitzen zerstört. Heute zucken die Lichtstrahlen von Formentor ferngesteuert und von Solarenergie gespeist übers Meer.

Doch wie kamen die Leuchtturmwärter vor dem Bau der Straße zu ihrem Arbeitsplatz? Per Schiff? Angesichts der senkrechten Klippen am Kap wohl kaum; allein unter der Felskluft des Moll de Patronet kann ein kleines Boot anlegen – aber nur bei ruhiger See. Die Einheimischen nennen Formentor den »Treffpunkt der Winde«, die meist einen entsprechenden Wellengang hervorrufen… Die östlichste Bucht, die man von Port de Pollença aus relativ gefahrlos übers Wasser erreichte, war die Cala Murta, in Luftlinie etwa vier Kilometer vom Kap entfernt. Von dort ließ Königin Isabella II. einen Weg zum Leuchtturm anlegen – eine Trasse, die diese Strecke mit zahlreichen, ausufernd weiten Kehren mindestens um das Dreifache verlängert.

Im Zickzack unterwegs

Schon der Beginn der Wanderung ist ein Erlebnis: eine kleine Kiesbucht unter Grashügeln, kristallklares Wasser und ein

Formentor »geht« auch mit dem Rad (oben). Die Roca Blanca (Mitte) und das Kap vom Meer aus (unten). Der »Ziegen-Methusalem« von Formentor (links).

Mallorca

Tiefblick à la Formentor (oben). Der Fumat: auf einem Bild von Erzherzog Ludwig Salvator (Mitte) und die heutige Realität (unten). Der historische Leuchtturmwärterweg (rechts). Die Halbinsel Formentor mit Wolkenschmuck (rechte Seite).

kurzer Stichweg zur Felsspitze El Castellet, von der man zur Halbinsel La Victòria hinüberblickt. Vom Camí de Cala Murta, der vom Parkplatz an der Formentor-Straße herabzieht, müssen wir dann ein kurzes Stück weglos aufsteigen, bis wir im dichten Gras auf den gut erkennbaren Leuchtturmwärterweg stoßen. Er wurde auf der Talseite sorgfältig mit Trockensteinmauern befestigt und zieht kaum ansteigend dahin; erst nach vielen Spitzkehren gewinnen wir ein wenig an Höhe. Geduldig wie die Maultiere, die einst die Lasten der Leuchtturmwärter trugen, trotten wir aufwärts, in eine Art meditativen Gleichmut versinkend. Hinter dem Felseinschnitt des Coll de la Bretxa erscheint nicht viel Neues: ein grasiger Graben, durch den sich die endlosen Kehren fortsetzen, flach hinab und keinesfalls steiler wieder hinauf. Da legen wir lieber eine Routenvariante über den felsigen, aber einfach begehbaren Südrücken des Fumat ein: Der Tiefblick von diesem 334 Meter hohen Berg, dessen überhängende Nordwand jeden Moment ins blitzblaue Wasser der Cala Figuera zu kippen droht, sucht seinesgleichen!

Bald sind wir über den Ostgrat abgestiegen und erreichen auf dem Coll de la Creu wieder den Leuchtturmwärterweg. Die Felsabstürze, die unterhalb davon bis zum Ufer hinabziehen, überlistet die Formentor-Straße durch einen Tunnel. Auch die Arbeiter, die sein Ostportal anschlugen, mussten hier heraufsteigen, bauten sich aber einen abenteuerlichen Abkürzungsweg hinab zu ihrer Wirkungsstätte: eine Betontreppe, schmal und himmelsteil durch das steile Felsgelände. Da mittlerweile auch das Haltegeländer den Weg alles Irdischen gegangen ist, empfiehlt sich diese Variante nur für Menschen mit einem sehr standhaften Blick nach unten. Alle anderen folgen dem Leuchtturmwärterweg bis knapp über die Straße hinab, dann

geht's durch den Tunnel zum Ausgangspunkt zurück.

Von Ziegen & einem Leuchtturm

Wir wandern jedoch weiter, dem Leuchtturm entgegen, und zwar gleich über den Nachbarberg, die Roca Blanca. Auf dem Pla de sa Punta d'en Tomàs müssen wir kurz der Straße folgen. Dann leiten uns die aufgemauerten Wegkehren teils ober- und teils unterhalb der Fahrbahn durch Gras- und Waldgelände. Der Wander-Meditation stehen nun aber einige von Gras und Garrigue überwucherte Passagen entgegen. Dass sich da jemand durchs Unterholz schlägt, wundert auch einige Ziegen; besonders argwöhnisch beäugt uns ein stattlicher gehörnter Methusalem. Das ständige Auf und Ab macht sich irgendwann in den Beinen bemerkbar – gut, dass eine Anhöhe schließlich den finalen Blick zu unserem gegenüber aufragenden Wanderziel freigibt. Neben einer langen Mauer zickzackt die Trasse in gewohnt aufreizender Manier in die letzte Senke hinab. Wer sich neugierig über die Trockensteinbarriere beugt, versteht, warum sie errichtet wurde: Auch dem mutigsten Maultier sollte man diesen senkrechten Meeresblick nicht zumuten …

Mit den letzten Schritten zum runden Leuchtturm wächst unser Respekt vor jenen Menschen, die über diese Route zu ihrem Arbeitsplatz gingen. Die ehemalige Wohnung der Turmwärter im Untergeschoß des weißen Baus beherbergt heute eine Bar, deren Angebot an schönen Tagen hunderte Ausflügler freut. Einer von ihnen ist so freundlich, uns im Auto zum Parkplatz zurückzubringen …

Toureninformationen

Ausgangs- und Endpunkte: 1. Parkplatz bei den Cases de Cala Murta an der Straße über die Halbinsel Formentor knapp vor Km 13, in der Senke zwischen Cala Murta und Cala Figuera (10 m); 2. der kleine Parkplatz auf dem Pla de sa Punta d'en Tomàs, etwa 150 m vor Km-Stein 15

Zufahrt: Von Port de Pollença auf der Ma-2210 Richtung Formentor; keine öffentliche Verkehrsverbindung

Anforderungen: zwei mittelschwere, landschaftlich und auch historisch interessante Bergwanderungen: 1. Rundtour über den Fumat und 2. Streckenwanderung zum Cap de Formentor und zurück. Man ist auf Fahrwegen, angelegten, aber nicht beschilderten Pfaden unterwegs, da und dort auch im weglosen Gras- und Felsgelände; kaum Schatten.

Höchster Punkt: El Fumat (334 m)

Gehzeit: 1. Rundtour über den Fumat gesamt 2.15 Std. (zur Cala Murta 0.30 Std., auf den Fumat 1 Std., Abstieg 0.45 Std. – Variante über die Roca Blanca 1 Std. mehr); 2. Zum Cap de Formentor gesamt 4 Std. (Hinweg und Rückweg jeweils 2 Std.)

Höhenunterschied: 1. 420 Hm Aufstieg, 420 Hm Abstieg; 2. 200 Hm Aufstieg, 200 Hm Abstieg

Einkehr: unterwegs keine; Bar am Cap de Formentor

Karten: Editorial Alpina, Kartenset Mallorca 1:50 000, KOMPASS Nr. 230 »Mallorca« 1:75 000

Routenverlauf: 1. Parkplatz – Cala Murta – El Fumat (334 m) – Formentor-Straße – Tunnel – Parkplatz; 2. Parkplatz unterhalb der Roca Blanca – Camí Vell de Far – Cap de Formentor, Rückweg auf derselben Route

Genauer Routenverlauf: www.mallorca-erleben.info › Wandern › Wandern im Norden › Auf den Fumat (334 m) bzw. › Camí Vell de Formentor

Wissenswertes

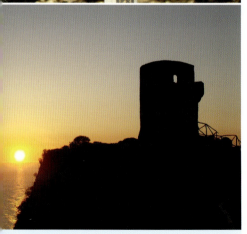

Die Cala de Deià (oben), Orientierungshilfe am GR-221 (Mitte) und ein »Seeräuberturm« beim Sonnenuntergang (Torre de ses Ànimes bei Banyalbufar, unten)

Wichtige katalanische Begriffe

aigua	Wasser	mola	Tafelberg
a la dreta	rechts	molí	Mühle
a l'esquerra	links	mont (munt)	Berg
aljub	überdecktes Wasserbecken	morro	Felskopf
		paret	Wand
avenc	Felsschlund	paret seca	Trockensteinmauer
avinguda	Allee		
badia	weite Bucht	pas	Schlüsselstelle
barraca	Steinhütte	passeig	Spazierweg
barranc	Schlucht	penós	schwierig
bosc	Wald	penya	hoher Fels
cala	Bucht	penyal	Klippe
caló	kleine Bucht	pla	Ebene
camí	Weg	platja	Strand
camí particular	Privatweg	poble	Dorf
camp	Feld	pont	Brücke
can (ca en ...)	Haus von ...	port	Hafen
cap	Kap, Kopf	pou	Brunnen
carena	Kamm, Grat	prohibit passar	Durchgang verboten
carrer	Straße		
carretera	Landstraße	puig	Gipfel
casa	Haus	pujol	Anhöhe
castell	Burg	punta	Landspitze
cingle	Felswand	racó	Ecke, Winkel
clot	Grube	refugi	Schutzhütte
coll	Sattel, Pass	roca	Fels
coma	Talsohle	rotlo de sitja	Köhlerplatz
costa	Küste	rosseguera	Geröllfeld
cova	Höhle	salt	Wasserfall
creu	Kreuz	santntuari	Heiligtum
embassament	Stausee	serra	Bergkette
entrada	Eingang	sitja	Kohlenmeiler
estret	Engpass	Son	besitzanzeigend für ein Landgut
ermita	Einsiedelei		
far	Leuchtturm	talaia	Wachturm
facil	leicht	tanca	Gehegemauer
finca	Landgut	tancar	schließen
font	Quelle	tancat	geschlossen
forn de calç	Kalkofen	torre	Turm
gorg	Klamm	torrent	Wildbach, Trockenbett
illa	Insel		
mar	Meer	vall	Tal
mirador	Aussichtspunkt		

Wichtige katalanische Begriffe

Hinweise zur Aussprache

aig = atsch (z. B. maig = Mai)
c vor e und i = s (Barcelona)
c vor a = k (casa = Haus)
eig = etsch (passeig = Spazierweg)
g vor e und i = sch (Búger)
h = stumm (hora = Stunde)
j vor a, o und u = sch (jardí = Garten)
ll = lj (Mallorca, Lluc, Sóller)
l.l = l (col.lectió = Sammlung)
oig = otsch (roig = rot)

que/qui = ke/ki (perqué = weil)
ss/c oder ç vor Vokalen = ß (Pollença)
tge = dsche (metge = Arzt)
tja = dscha (platja = Strand)
tx = tsch (Andratx)
uig = utsch (puig = Gipfel)
v = b (València)
x = sch (xocolata = Schokolade)
Treffen zwei s- oder sch-Laute aufeinander, wird der erste als t gesprochen.

Ein wenig Grammatik...

Artikel gelten als integrale Bestandteile katalanischer Orts- und Flurnamen. Auf Mallorca verwendet man meist die umgangssprachlichen Artikel es, sa (= der, die), die vor Vokalen und h zu s' verkürzt werden (z. B. s'Albufera). Im Plural lautet der weibliche Artikel ses und der männliche els (vor Konsonanten es, vor Vokalen und h ets). Auch »literarische« Artikel aus dem StandardKatalanischen kommen vor (el, la, l', les). Artikel werden im Katalanischen – auch in Karten – klein geschrieben; in deutschen Texten beginnen sie hingegen mit Großbuchstaben.

Touristische Infos

Offizielle Internetportale:
www.infomallorca.net, www.illesbalears.es

Deutschsprachige Medien auf Mallorca:
www.mallorcamagazin.net, www.mallorcazeitung.es, www.inselradio.com

Reise- und Wanderführer
Lothar Schmidt, Holger Leue »Mallorca – Zeit für das Beste. Highlights – Geheimtipps – Wohlfühladressen«, Bernhard Irlinger »Bruckmanns Wanderführer Mallorca«, Wolfgang Heitzmann »Genusswandern Mallorca. Die Insel erleben auf den 40 schönsten Wegen«, alle Bruckmann Verlag München
KOMPASS Wander- und Ausflugsführer Nr. 5910 »Mallorca«

Übersichtskarten
KOMPASS-Karte Nr. 230 »Mallorca«, Maßstab 1:75 000. Wandern, Rad, Freizeit, Straßenkarte. Mit Cityplan Palma und Aktiv Guide. »Explore Mallorca, Explore Palma«, Maßstab 1:175 000 bzw. 1:35 00, jährlich neu, Edition by Jaume Tort, erhältlich in Palma im Kiosk des Bahnhofs (Estació Intermodal) und in der Casa del Mapa (Carrer Sant Domingo, 11)

Hoch hinaus (Mönchsgeier vor dem Penyal des Migdia, oben), tief hinunter (Sa Fosca, Mitte) und ein Abschied auf mallorquinisch (unten)

Register

Das »andere« Mallorca: Nachwuchs im Unterholz (oben), Borretsch im Frühling (Mitte) und eine garantiert sichere Wettervorhersage (unten)

Aigua Dolça 20
Alaró 110
Alcanella 147
Alcúdia 16
Alfàbia 102
Andratx 42
Artà 20, 24
Avend de Son Pou 108

Banyalbufar 50
Barranc de Biniaraix 64
Bec de Ferrutx 20
Biniaraix 64, 120, 126
Binibassí 64
Binifaldó 74
Bretxa Vella 142

Cabrera 36
Cala Antena 31
Cala Bota 31
Cala de Deià 60
Cala en Basset 44
Cala es Conills 43
Cala Falcó 27
Cala Magraner 30
Cala Murta 157
Cala Pi de sa Posada 156
Cala Pilota 31
Cala Romàntica 28
Cala Sant Vicenç 154
Cala Tuent 124
Cala Varques 30
Cala Virgili 31
Cales de Mallorca 28
Cales de Manacor 28
Caló Blanc 30
Caló de s'Estaca 92
Caló des Soldat 30
Camí de Castelló 60
Camí de Correu 50
Camí dels Presos 27

Camí de sa Costera 124
Camí de s'Arxiduc 58
Camí des Castell 32
Campament de la Victòria 16
Can Tomeví 44
Cap de Formentor 156
Cap des Pinar 19
Cap Ferrutx 26
Capelleta 123
Caragolí 58
Cases de Betlem 21
Castell d'Alaró 110
Castell de Cabrera 36
Castell de Santueri 32
Castell des Moro 59
Códols Blancs 61
Chopin, Frédéric 41, 56, 98
Coll de l'Ofre 66, 126
Coll de na Benet 17
Coll d'en Pelat 23
Coll de sa Batalla 136
Coll de sa Gramola 46
Coll de sa Línia 140, 142
Coll des Cards-Colers 131
Coll de Son Gallard 58
Coll des Prat 72, 138
Coll des Vent 42
Colònia de Sant Jordi 36
Colònia de Sant Pere 20
Coma de n'Arbona 129
Coma Freda 136, 143
Cova Blava 39
Cova de Muleta 116
Cova des Pont 29
Coves del Drac 28
Coves dels Hams 28
Coves de ses bruixes 151
Creu des Picot 32
Cúber (Stausee) 66, 68, 70
Cuculla de Fartàritx 152

Deià 58, 60

El Fumat 158
El Pal 156
Ermita de Betlem 20
Ermita de Honorat 34
Ermita de la Trinitat 94
Ermita de la Victòria 16
Ermita de Sant Salvador 32
Erzherzog Lidwig Salvator 58, 90
Es Capdellà 86
Escola de Margers del Consell de Mallorca 40
Es Frontó 136
Esporles 50, 54
Es Rafal 50
Estellencs 49, 50
Es Trenc 141

Felanitx 32
Ferrutxet 23
Fornalutx 120
Fundación Yannick y Ben Jakober 19

Galatzó 86
GR-221 40
Graves, Robert 60

Hexenhöhlen 149

Illa de sa Dragonera 42
Illot des Porros 21

Jardins d'Alfàbia 102

La Granja d'Esporles 52
La Trapa 44
Lluc 70, 72, 74, 143
Llucalcari 61

Register

Lull, Ramon 34

Mandelbäume 141
Menut 144
Mirador de Can Costa 58
Mirador d'en Josep Sastre 46
Mirador de ses Barques 123
Mirador des Tudons 96
Miramar 90
Mola de s'Esclop 48
Mola de Son Ferrandell 55
Mönchsgeier 148
Monument de na Burguesa 82
Mortix 148
Muleta Gran 62
Muntanya 144

Orient 106, 110

Palma 80
Parc Nacional Marítimoterrestre de l'Arxipèlag de Cabrera 36
Pastoritx 98
Pas de Diable 144
Pas de s'Escaleta 112
Pas Vermell 42
Penìnsula de Formetor 156
Penìnsula de Llevant 24
Penya des Migdia 16
Penyal des Migdia 126, 128
Penya Roja 16
Pla de s'Evangèlica 48
Pla des Pouet 58
Planícia 50
Pollença 74
Pont Romà 76
Port d'Andratx 42
Port de Pollença 154
Port de sa Calobra 122, 132

Port de Sóller 60
Portell de sa Costa 126
Puig de Ca de Mìner 146
Puig de Galatzó 86
Puig de l'Ofre 126
Puig de Massanella 136, 140
Puig d'en Alí 142
Puig d'en Galileu 70
Puig de Randa 34
Puig de sa Creu 24
Puig de sa Morisca 84
Puig de sa Tudossa 26
Puig des Porrassar 27
Puig de ses Bruixes 34
Puig des Carritxó 32
Puig des Boix 147
Puig des Romaní 18
Puig des Teix 58
Puig Major 10, 126
Puig Tomir 74, 144
Punta de sa Foradada 93
Punta de Sóller 116

Raixa 102, 104
Randa 34
Refugi de Muleta 63, 118
Refugi del Pont Romà 76
Refugi des Tossals Verds 69
Refugis 40
Roca Blanca 159
»Roter Blitz« 114
Ruta de Pedra en Sec 40

Sa Bassa Blanca 19
Sa Calobra 122
Sa Coassa 22
Sa Coma d'en Vidal 49
Sa Communa 56
Sa Costera 124
Sa Fosca 134
Salobrar 141

S'Alqueria Vella 24
Salt des Freu 106
Sand, George 98
Santa Ponça 84
Sant Elm 42, 44
Santuari de Cura 34
Santuari de Nostra Senyora de la Gràcia 34
S'Arracó 46
»Seeräuberweg« 47
Serra del Cavall Bernat 154
Serra de na Burguesa 80
Serra de Tramuntana 10
Serres de Llevant 10, 20
Serra des Pinotells 49
Ses Alquerioles 48
S'Estany d'en Mas 28
Sóller 64, 114, 120, 122
Son Cabaspre 54
Son Marroig 90
Son Mico 61
Son Real 20
Steineichen 55

Talaia d'Alcúdia 16
Talaia Freda 20, 24
Talaia Vella 94
Tomàs, Catalina 57
Tort, Jaume 78
Torrent de Mortitx 148
Torrent de Pareis 132
Torrent des Gorg Blau 134
Tren de Sóller 114

Valldemossa 54, 56, 58, 94, 98
Vall de Bóquer 154
Vall d'en Marc 76, 152
Vall de Sant Josep 45

Ziegen 45

Freundlicher Geselle am Weg (oben).
Die Penya Roja bei Alcúdia, vom Meer umrahmt (unten).

Ebenfalls erhältlich ...

ISBN 978-3-7654-5874-3

ISBN 978-3-7654-5409-7

ISBN 978-3-7654-5175-1

Impressum

Die Autoren:
Wolfgang Heitzmann arbeitete 20 Jahre lang als Tourismusberater in verschiedenen europäischen Regionen und ist heute in der Verlagsbranche tätig; **Renate Gabriel** leitet eine soziale Organisation. Gemeinsam sind sie viel in den Bergen unterwegs – von den heimatlichen Tiroler Alpen bis zu südeuropäischen Gebirgen, zu Fuß, mit Ski oder per Mountainbike. Neben zahlreichen Beiträgen für Zeitschriften und Magazine wie den BERGSTEIGER entstanden darüber mehr als 50 Bücher; bei Bruckmann erschien u. a. der Band »Genusswandern Mallorca«. Über die Mittelmeerinsel bauten unsere Autoren auch das erfolgreiche Internetportal www.mallorca-erleben.info auf.

Unser komplettes Programm:
www.bruckmann.de

Produktmanagement: Susanne Kaufmann
Lektorat: Andreas Kubin, Bad Tölz
Umschlaglayout: Fuchs-Design, Sabine Fuchs, München
Layout: Andreas Kubin, Bad Tölz
Repro: Repro Ludwig, Zell am See
Kartografie: Thomas Vogelmann, Mannheim
Herstellung: Anna Katavic
Printed in Italy by Printer Trento

Alle Angaben des Werkes wurden von den Autoren sorgfältig recherchiert und auf den aktuellen Stand gebracht sowie vom Verlag geprüft. Für die Richtigkeit der Angaben kann jedoch keine Haftung übernommen werden. Für Hinweise und Anregungen sind wir jederzeit dankbar. Bitte richten Sie diese an:
Bruckmann Verlag
Postfach 40 02 09
80702 München

Bildnachweis: Alle Aufnahmen stammen von Wolfgang Heitzmann und Renate Gabriel mit folgenden Ausnahmen:

Jaume Tort: Seite 78/79, 140; Alwin Müller: Seite 133 o.; Holger Leue: Seite 165 und 166/167

Umschlagvorderseite: Der »Reitweg des Herzogs« hoch über der Nordwestküste Mallorcas
Umschlagrückseite: Blick zur Mola de s'Esclop über La Palma
Seite 5: Schnurrender Passagier bei der Recherche
Seite 6/7: Wilde Serra de Tramuntana, wilde Nordwestküste: ein Blick ins Gebiet der Cala Tuent
Seite 165: Steinmännchen markieren viele Wege auf Mallorca
Nachsatz: Beim Abflug verbirgt sich die Halbinsel Formentor teilweise hinter Wolken ...

Die Deutsche Nationalbibliothek verzeichnet diese Publikation in der Deutschen Nationalbibliografie; detaillierte bibliografische Daten sind im Internet über http://dnb.d-nb.de abrufbar.

© 2013 Bruckmann Verlag GmbH
ISBN 978-3-7654-5624-4

BRUCKMANN
www.bruckmann.de